“难忘课堂”的理论与实践

姚天勇　主编

东南大学出版社
SOUTHEAST UNIVERSITY PRESS
·南京·

图书在版编目(CIP)数据

“难忘课堂”的理论与实践 / 姚天勇主编. —南京：东南大学出版社，2015.10

(“难忘教育”系列丛书)

ISBN 978-7-5641-6059-3

Ⅰ.①难… Ⅱ.①姚… Ⅲ.①中小学—课堂教学—教学研究 Ⅳ.①G632.421

中国版本图书馆 CIP 数据核字(2015)第 241946 号

“难忘课堂”的理论与实践

出版发行	东南大学出版社
出 版 人	江建中
社　　址	南京市四牌楼 2 号(邮编:210096)
网　　址	http://www.seupress.com
责任编辑	孙松茜(E-mail:ssq19972002@aliyun.com)
经　　销	全国各地新华书店
印　　刷	南通印刷总厂有限公司
开　　本	700mm×1 000mm　1/16
印　　张	19.25
字　　数	388 千字
版　　次	2015 年 10 月第 1 版
印　　次	2015 年 10 月第 1 次印刷
书　　号	ISBN 978-7-5641-6059-3
定　　价	45.80 元

(本社图书若有印装质量问题，请直接与营销部联系。电话：025-83791830)

目录

Contents

“难忘教育”的溯源、发轫与发展 …… 1
“难忘教育”的意蕴、特征与建构 …… 7
“难忘课堂”的内涵、性质与路径 …… 11
“难忘课堂”的操作要义 …… 18
“难忘课堂”的文化观照 …… 26
语文学科“难忘课堂”构建方案 …… 28
数学学科“难忘课堂”构建方案 …… 59
英语学科“难忘课堂”构建方案 …… 87
物理学科“难忘课堂”构建方案 …… 118
化学学科“难忘课堂”构建方案 …… 147
生物学科“难忘课堂”构建方案 …… 166
政治学科“难忘课堂”构建方案 …… 182
历史学科“难忘课堂”构建方案 …… 199
地理学科“难忘课堂”构建方案 …… 217
体育学科“难忘课堂”构建方案 …… 235
艺术学科“难忘课堂”构建方案 …… 248
信息技术学科“难忘课堂”构建方案 …… 271
通用技术学科“难忘课堂”构建方案 …… 292

“难忘教育”的溯源、发轫与发展

“诚恒”是江苏省南通中学百年以来一以贯之的校训，意为“诚于做人，恒于学问”，指向做人和做学问的基本道理，进一步演绎为“追求人品与学问同步卓越”的当代学校办学理念，其内涵就在于教育的育人功能和人文与科学价值。在“八五”到“十五”期间，学校基于“以人为本”和“追求卓越”的办学思想，成功进行了“导学式教学研究”、“学习与学习品质研究”、“人格教育课程研究”等教育实践探索，为继承传统、丰富内涵、形成特色奠定了学校文化和教育实践基础。“十一五”以来，学校整合、拓展、深化和提升前期改革实践和研究成果，形成了以“难忘教育”为核心的学校教育特色，并发展为独树一帜的教育实践流派。“十二五”期间，学校又进一步放大“难忘教育”的研究成果，将其从以德育为中心辐射到课堂教学和学校教育的全域，逐渐构建形成了“难忘课堂”乃至“难忘校园”教育文化生态。

一、“难忘教育”的溯源

“难忘教育”源于南通中学的德育活动。新世纪之初，学校确立“实施‘难忘教育’，达到‘教育难忘’，让校园成为学生辉煌人生的起点”的德育实践目标，[①]宗旨是“通过科学选题，精心设计，亲身实践，让每一次活动都能打动学生的心灵，让孩子终身受益”。[②] 2004 年 9 月，全国首届公民道德论坛在南通举行，学校作为论坛现场，迎来了全国各地的领导、专家以及新闻媒体的众多记者，中宣部、中央文明办有关领导实地考察学校的德育实践之后，给予了“辉煌人生从这里起步”的高度评价。随后，2004 年 11 月，人民日报、新华社、中央电视台等数十家新闻媒体，赴南通作专题采访，并先后报道了“难忘教育”的德育实践。从此，“难忘教育”逐渐受到了教育同行的广泛关注和普遍认同。

提出并践行“难忘教育”的直接原因，是由于新世纪之初，随着世界经济全球化

---

① 龚永泉，申琳. 辉煌人生从这里起步——江苏南通中学德育工作纪实[N]. 人民日报，2004-11-20(02).

② 郑晋鸣，董迅石. 德育从细微之处入手——江苏省南通中学思想道德教育工作扫描[N]. 光明日报，2004-11-10(01).

趋势的进一步加强，我国经济建设和社会发展取得了重大进步，新旧交替的胶着状态致使社会价值取向呈现多元化发展，所有这些社会现状深深地影响着青少年学生，同时也给学校德育带来了新的挑战和机遇。这时，学校从自身的文化传承出发，针对国内乃至世界范围教育共同面临的严峻课题，提炼并形成了“难忘教育”的命题。认为“在学校德育面临新的挑战和机遇的背景下，在教育对象发生时代变化的情况下，我们在德育实践中开掘生活的源头活水，创设给予学生强烈情感撼动的真实而生动的德育情境，给予学生难以忘怀的感受体验，就能获得持久稳定的德育实效”。① 对此，有学者认为，南通中学“以‘难忘教育’作为对时代和社会的回应，表现出了高度的教育使命感、责任感和创造精神”②。

“难忘教育”之所以在南通中学生根、开花、结果，是与学校的文化传承分不开的。建校之初，主要创建者——南通籍清末状元、近代著名实业家、教育家张謇先生订立校训“诚恒”，“诚”者，诚实、诚信、忠实不欺，是为人道德之本；“恒”者，恒定、恒心、始终如一，是读书做学问之道。“诚恒”二字简洁明了，涵盖了教育之要义和本质。百余年来，“诚于做人，恒于学问”始终是全校师生崇德修业之基础和风范，也是全校师生的文化特质和人文标识，学校在教育熏陶和文化传承之中，始终一以贯之、发扬光大，并在教育实践中“以德为先、以诚立身”，创立了道德认知、道德践行、道德内化的“难忘教育”。③

与此相应，“以恒修业”始终是南通中学的师生之风。在学校历史上，姜亮夫、胡风、朱东润等名师大家身体力行，杨乐、范曾、李大潜等杰出校友勤奋笃学，奠定了南通中学“严谨善教”、“好学多思”的教风和学风，并不断注入新的动力和内涵。以“追求卓越”为强大内驱力的自主追问引人入胜，“以人为本，以导为主，以实为要，以活为长”的教学生态源远流长，这些既为“难忘教育”的人文基础，又是“难忘教育”于德、于教、于学的文化路径。④

二、“难忘教育”的发轫

随着“难忘教育”见诸媒体并逐渐被教育同行所关注和认同，学校开始了对“难忘教育”思想特征和实践路径的理性梳理。学校认为，“教育能不能产生效用……

---

① 缪建新. 南通中学教育思想史[M]. 南京：江苏教育出版社，2009：256.

② 陈小娅. 南通中学印象——兼评“难忘教育”[J]. 江苏教育研究，2009(8)：10－11.

③ 姚天勇. 学校文化与品德教育[N]. 德育报，2014－02－28(04).

④ 缪建新. 南通中学教育思想史[M]. 南京：江苏教育出版社，2009：169－207.

与教育的特质、色彩、力度……密切相关”，因为“教育必得经由受教育者的感受、体验，才能进而产生悟解，最终使教育的内容内化为学生的素质，使教育的目的根植于学生的心中”，在此基础上还揭示了“难忘教育”是“感受的”教育、“生活的”教育、“情感的”教育和“情境的”教育等特征，以及包括“持之以恒的规范训练”、“震撼心灵的活动体验”、“感悟人生的自主实践”和“润物无声的环境熏陶”等在内的实践路径。①

对于“难忘教育”是“生活的”教育的阐释，曾引用了陶行知先生“生活教育”理论，认为“生活是教育的源泉，教育如果远离生活，也就远离了儿童、远离了真实、远离了时代与社会，成为与儿童格格不入的东西；教育如果贴近生活、表现生活，将生活的鲜活气息传递到儿童的心中，那么就会牵引着儿童的心灵，让他们在自己熟悉的生活中感悟、体验、享用。‘生活即教育，社会即学校’，这是陶行知先生‘生活教育’的基本理论，他对脱离社会、脱离学生生活实际的那种‘死的教育’深恶痛绝。让学校德育充满生活的气息，让生活充满教育的阳光，是学校德育应该遵循的原则”。②

与“死的教育”对应的是“活的教育”。早在陶行知先生明确提出“活的教育”主张的前后两年，张謇在南通承办了两届中国科学社年会。1920 年 6 月，陶行知在美国学习时的老师、对美国和全世界教育产生巨大影响的著名教育家杜威应邀参加会议，并在南通发表了三次讲演；③1922 年 8 月，张謇又邀请了陶行知等 20 多位教育家和科学家参加第 7 届年会，考察并指导南通教育。④ 之后的 1923 年 4 月，以杜威为名誉会长的中华教育改进社教育专家、美国科学教育家推士博士亲莅南通中学并作演讲报告。⑤ 另外，上世纪 30 年代，南通中学还曾响应陶行知的倡导，招收过 60 个学生，试行“在劳力上劳心”的生利教育，实行“手脑同训练”，并获得陶行知的赞许。⑥ 所以，在上世纪二三十年代，南通的教育直接受到了张謇及杜威、陶

---

① 缪建新.“难忘教育”的理论与实践[J].上海教育科研，2005(10)：75－77；“难忘教育：一种新的素质教育理论与实践[J].江苏教育研究，2006(3)：41－44.

② 缪建新.理解“难忘教育”[J].人民教育，2005(20)：22－23.

③ 苇甄.论教育之乡的认识价值——以南通地方教育为个案[J].南通大学学报(教育科学版)，2008，24(1)：63－67.

④ 张兰馨.张謇研究的历史和现状[J].南通大学学报(社会科学版)，2009，25(5)：124－128.

⑤ 缪建新.南通中学百年发展史[M].南京：江苏教育出版社，2009：40.

⑥ 朱培元.试论陶行知“活的教育”的重要价值[A]//郭毅浩，王建明主编.且行且知——陶行知“活的教育”思想的理论与实践研究[C].南京：江苏凤凰教育出版社，2015：13－22.

行知等教育家的影响，南通中学积淀形成的“难忘教育”也与“活的教育”等思想有着较深的渊源。用“活的教育”思想不仅可以阐释“难忘教育”是“生活的”教育的特征，也能理解“难忘教育”的实践路径。

陶行知先生认为，学校的教育对象是“活的学生”，他们“不但有需要，并且还有能力”，教育儿童“要承认儿童是活的，要按照儿童的心理进行”。[①]“活的教育”思想的现实意义，就是要求一切教育教学行为都要遵循学生的身心发展规律，充分调动学生在教育教学活动中的主观能动性，从而使学生获得最大程度的发展。“难忘教育”实践路径中的“持之以恒的规范训练”就是为了满足学生的成长需要，“感悟人生的自主实践”又恰是让学生通过自己的能力实现自我塑造。其中，“在训练学生的礼仪言行上，坚持滴水穿石的原则”，能让持续的刺激在学生的大脑皮层上留下深刻的印记，从而实现习惯成自然的文明言行，以符合现代社会对公民素质的基本要求；因为“个体在学习过程中，各种记忆分析器（听觉、感知觉、运动觉、思维等）同时参与的学习效果，比一种分析器参与的效果要好”，学校便逐渐建成了军训、社区和法制等多个“难忘教育”基地，尽可能多地调动学生记忆分析器的参与，促进他们通过自主实践和自我体验，实现自主或自我的灵魂净化和境界提升。

“震撼心灵的活动体验”和“润物无声的环境熏陶”等实践路径，也都是将教育对象视作“活的学生”，他们对事物都会有自己的知觉和感受，在教师的精心设计和循循诱导之下，学生面对相关的“活动”和“环境”都会做出积极的反应。所以，“难忘教育”设计了成长仪式、明星评选和校园节日等“层层递进系列化，块块相连一体化”的活动，同时设计建造了雕塑、画廊和小品等人文景观，并编撰了校友英烈传、院士录和群星谱等校本教材，以营造“让每面墙壁说话，让一草一木育人”的环境。这一方面期望以盛大的场面、肃穆的气氛或澎湃的激情等形式多样的活动让学生的心灵产生强烈的震撼；另一方面希冀学校的物质环境和精神环境，能潜移默化、悄无声息地使学生的道德信念得到滋润，道德习惯得以养成。在“难忘教育”的理论框架下，学校积累了丰富的教育资源，北京大学出版社为此出版了《辉煌人生从这里起步》系列丛书，包括理念卷、活动卷、感悟卷和资源卷，这不仅促进了人们对“难忘教育”的理解，同时也促进了“难忘教育”在更大范围的推广和实施。

---

① 陶行知. 陶行知全集（第 1 卷）[C]. 第 2 版. 成都：四川教育出版社，2005：340 - 350.

三、“难忘教育”的发展

事物总是发展变化的，“难忘教育”也因此不断趋于完善。世纪之初，在“难忘教育”崭露头角之时，学校曾自谦“难忘教育”是德育园地的一株新苗，同时又雄心勃勃，认为“它虽幼小年轻，只展露出一点儿动人的身姿，但它富有旺盛的生命力……必能长成一棵伟岸的大树”。① 随着全国教育科学“十一五”规划教育部规划课题“难忘教育研究”的结题，以及江苏省教育科学“十二五”规划课题“难忘教育的课堂教学实践与理论研究”的深入推进，“难忘教育”已经从狭义的德育实践逐渐走向课堂教学以及学校全域。

在此背景下，学校首先从心理学的角度界定了“难忘”，认为“难忘”是“人的一种体验状态，指人受到外界讯息的强烈刺激后，在大脑皮质留下‘深痕’，从而引起一系列的心理反应”。讯息—反应机制长时间地作用于人的脑神经系统，便会积淀为挥之不去的恒久记忆，也就会产生“难忘”的效果。同时，还将“难忘教育”的实践路径调整为“以人为本的教育思想、导学精进的课堂教学、震撼心灵的活动体验和润物无声的环境熏陶”。② 一方面，将原有的“持之以恒的规范训练”和“感悟人生的自主实践”分别并入了“润物无声的环境熏陶”和“震撼心灵的活动体验”之中，因为“规范训练”可以在“环境”中完成，“自主实践”可以在“活动”中体现；另一方面，新增了“以人为本的教育思想”和“导学精进的课堂教学”，这两条新增的实践路径分别指向整个教育和课堂教学，表明了“难忘教育”所涉领域的变化。

相继的“难忘课堂研究”，主张从组织记忆的角度理解“难忘”，认为与“难忘课堂”相对应的记忆是一种组织记忆，是学校形态内以班级为单位进行课堂教学状态时的组织记忆，主要包括对课堂“场域”中通过自主探索、同学合作、师生互动等行为方式获得个体成长体验的铭记；同时，认为“难忘课堂”是“优质高效的课堂、自主学习的课堂、生命成长的课堂和智慧迸发的课堂”，实践路径包括“以生为本的教学思想、共同成长的教学取向、预设生成的教学过程和记忆深远的教学效果”。③ 该实践路径从教学思想、教学取向、教学过程到教学效果，涵盖了教学的全部关键要素，形成了较为完整的理论体系。在“难忘课堂”的理论框架下，经过学校教师的深入研究及学科化建构，又形成了以“课堂文化”为引领由“问题驱动、自主探究、互动

① 缪建新.“难忘教育”：一种新的素质教育理论与实践[J].江苏教育研究，2006(3)：41－44.

② 姚天勇.难忘教育：意蕴、特征与建构[J].江苏教育研究，2011(3A)：32－34.

③ 姚天勇，陆军.难忘课堂：内涵、特征与建构[J].教育理论与实践，2011(7B)：47－49.

合作、知情融合”组成的“难忘课堂”的基本结构和操作要义，使“难忘课堂”的理论不断趋于完善。

“难忘教育”还准备在德育突破、课堂深入的基础上，构建包涵全部教育要素和环境因素的“难忘校园”，让校园真正成为全体学生难以忘怀的、快乐成长的乐园。其中，“难忘教育”从德育范畴到“难忘课堂”的转变，以及将“难忘校园”（也就是全域的“难忘教育”）作为终极目标，是由点到面、由局部到整体的发展变化，而且其实质都是围绕“诚恒”校训的核心做内涵发展的新“文章”。

（陆军　执笔）

“难忘教育”的意蕴、特征与建构

在“难忘教育”发轫以后的2006年，“难忘教育研究”被立项为全国教育科学“十一五”规划教育部规划课题(课题批准号：FEB060269)，该课题经过五年多时间的研究，于2012年2月以“优秀”等级获准结题(证书号：1980)。以下有关“难忘教育”的意蕴、特征与建构等内容摘自《难忘教育研究总报告》中的“研究发现和结论”。①

一、“难忘教育”的意蕴

难忘，是人的一种体验状态，指人受到外界讯息的强烈刺激后，在大脑皮质留下“深痕”，从而引起一系列的心理反应，讯息一反应机制长时间地作用于人的脑神经系统，积淀为挥之不去的恒久记忆，这就是人们平素所说的“难忘”。难忘，既是一种结果状态，同时也是一种过程体验。既是一种对“已然”的描述，同时也是一种对“应然”、“必然”的预约；既是人们可以期盼的结果，同时也是人们主动地采取科学措施以促进目标实现的过程。总言之，它不是人们可遇不可求的境界，而是人们可以在遵循科学理论要求的基础上施加积极影响的一个心理过程。难忘教育着眼于帮助学生对教育讯息形成积极体验、良性反应和恒久记忆，关注学生的学习后效和充分发展、长远发展，藉此形成稳定、优质的个体素质，并企求影响其整个生涯。因此，难忘教育十分强调教育的向度、色彩和力度，努力创设具有强磁力的教育场。

南通中学是南通地区为每个学生所向往的学府，但是走进通中的大门，不仅仅是荣耀，更要具备“通中人”的品格。为此，学校精心设计、隆重实施的入学仪式“向国旗宣誓——做合格的通中学生”，给予刚刚迈入通中的学生一种庄严的情感体验和激昂的心灵震撼。整个仪式从前期准备到隆重举行的全过程，无不贯穿着令所有参与者备受感动的力量。仪式举行的过程中，每个学生接受老师佩戴校徽时，常常热泪盈眶——“我终于成为光荣的通中学生了”；著名校友的报告更令他们充满理想、立志成才；应邀观礼的家长也深受感染——“孩子成人成才需要多重教育场”。由感动而难忘，并转化为成长的内在动力，“向国旗宣誓”仪式因此具有了其

① 摘自：姚天勇. 难忘教育研究总报告[Z]. 江苏：江苏省南通中学，2011.

他形式难以替代的教育效果。

二、“难忘教育”的特征

1. “难忘教育”是“感受的”教育

毛泽东在《实践论》中指出，“任何知识的来源，在于人的肉体感官对客观外界的感觉。”“理性的东西所以靠得住，正是由于它来源于感性。”“难忘教育”不讳言对儿童感性、感觉以及感受性的尊崇。感受性是决定学习后效的重要的心理因素。学习时的感受性强，所学知识不易遗忘，巩固持续经久；反之，则很容易将所学知识“交还给老师”。所以增强感受性，是教学中必须遵循的一条原则。学校课程中的研究性学习等活动，鼓励学生主动参与知识的形成过程，从而感受人类文明的进程，有利于学生从中获得具有广泛普适性的获取知识的方法和技能。

2. “难忘教育”是“生活的”教育

“生活即教育，社会即学校”是陶行知先生“生活教育”的基本理论，他对脱离社会、脱离学生生活实际的那种“死的教育”深恶痛绝。“难忘教育”强调“生活的”教育，就是要让学生在真实的生活里用自己的亲历去感悟。学生面对的，不再是符号化的理念和被分数框限住的“题目”，而是他们真真切切的生活。可以想象，一个在学校没有积极充实的生活体验、没有难以忘怀的生活印记的学生，在日后很难成为一个热爱生活、享受生活、创造生活的人。学校课程结构中的社团活动和社区服务等，许多都直接来源于生活，是学生亲历感悟的巨大空间。

3. “难忘教育”是“情感的”教育

教育家蔡元培先生曾指出，“人人都有感情，但并非都有伟大而高尚的行为。这是由于感情推动力的薄弱。而转弱为强，转薄而为厚，有待于陶养。”“难忘教育”的着眼点不仅在把情感作为手段，更把情感作为目的；不仅把情感看作教育的一种工具，更把情感看作教育本身。所以，情感教育是素质教育乃至整个基础教育不可或缺的重要组成部分。难忘教育是充满教育情感的教育，其教育价值虽不能通过卷面考试来衡量，但却能帮助学生去经历其终生的考试。我校的“爱心基金会”是为救助生活困难学生设立的，能常年不断地接收到匿名捐款捐物，这是学生受到情感熏陶的结果。

4. “难忘教育”是“情境的”教育

儿童教育家李吉林认为，“情境”既强调生活的真实，也强调情感的融入，是“情”与“境”的和谐统一。“难忘教育”既十分注重生活中一个个真实的人物、事件和场景，把生活的原生态（当然是富含教育意蕴的）呈现在学生面前，使学生在切实真切的体验中明是非、辨美丑、知得失；同时，也十分注重精心创设源于生活、又高于生活的教育情境，将优化的、美化的、净化的人物、事件、环境组合成教育心理场，用“场”的磁力紧紧抓牢学生的审美注意和情绪感染。每年高三学生毕业时，学校为他们举行隆重的毕业典礼，学生身着毕业袍，接受校长为他们颁发的毕业贺书，情境的力量将为他们日后的成功奠定坚实的基础。

三、“难忘教育”的建构

1. 以人为本的教育思想

学生是活生生的、成长中的、发展中的人，他们在不同阶段有不同的需要。由于时间具有“绵延”性，满足学生成长需要的学校教育将积淀于学生的生命之中，在他们的生命历程里留下深刻的痕迹，所以，学校教育必须树立“以人为本”的教育思想，以满足学生的成长需要。学校“以人为本”的办学思想，可以追溯到建校之初，当年张謇先生题写的校训“诚恒”二字，就从道德修养和学业态度两方面最大限度地包容了一个人终身发展必备的素质。百年以降，一脉相承，“人本”思想已然成为通中人的共识，其内涵在一代代教师的教育实践中不断丰富。从现代教学论看，人的发展虽然具有阶段性和动态性，但更具基础性和协调性，“以人为本”不仅关注学生的当前，还要关注他们的未来，乃至于终身；不仅指向个别发展，更要指向全面发展。学校从“十五”期间进行“人格教育课程研究”以来，就主张“人格教育是素质教育的本质内核”，一直认为学校教育的根本目的是培养完善的人，教师的责任不仅是传授知识，而且要做学生思想的启蒙者和人生的领路人，为学生的身心成长全面负责。

2. 导学精进的课堂教学

“导学精进”是学校“八五”期间“导学式教学研究”过程中概括出来的课堂教学主张，并且在长期的教学实践中得到了不断的丰富和完善，具体的教学要求是“以导为主线，以学为中心，教师为学而导，学生循导而学；双向交流，和谐共振，启发思维，自主创新；培养学生的学习品质和学习能力，使学生成为学习的主人”，从而全方位调动学生的感觉器官，以提高学习的效率。“导学精进”实际是“以人为本”教育思想在课堂教学中的反映，具体可以有多种教学策略。如在学科教学中创设某种特定的情境，以激发学生的学习动机和好奇心，让学生通过多种探究活动，体验知识的形成过程，享受智慧的挑战及解决问题之后的成功喜悦。再如，科学领域理、化、生等科目的学科教学，可以将一些操作简便、现象明显、安全可靠的实验，安排给学生自己动手完成，甚至可以引导学生参与或自行设计一些简单的探究实验，从而充分调动学生眼、耳、口、手、脑等多种感觉器官，这样使结论的获得与具体的情景和过程有机结合，以增进学生对学科知识的理解和记忆。

3. 震撼心灵的活动体验

要使学生将标准和规范落实到内在的践履之中，离不开滴水穿石的原则，需要花水磨的功夫。要实现教育难忘（特别是德育范畴的教育），还需要利用已开发的德育课程，精心设计多项能使学生的心灵产生强烈震撼的教育活动。在学校活动课程中，属于仪式类活动的有高一入学宣誓仪式、高二成人仪式、高三毕业典礼等。这些仪式或以盛大的场面或以肃穆的气氛或以澎湃的激情让学生的心灵产生强烈的震撼。除了仪式之外，学校还广泛开展评选"每月一星"活动，有宏志之星、才艺之星、关爱之星等等，在此基础上，学校每年还评选"校园十大明星"，奖励各个领域中表现优异的学生，同时激发每个学生的进取心、道德感、成就感。学校每年还有四大节日，即文化节、艺术节、科技节、体育节，每个节都由若干系列活动组成，突出学生的自主性，强调参与性，全校学生参与面在90%以上，已真正成为"学生自己的节日"。这些活动在形式和内容上，层层递进系列化，块块相连一体化，使学生得到深度的、持久的心灵震撼，产生恒远的、深度的记忆。

4. 润物无声的环境熏陶

刚性的道德准则经过审美媒介的柔性处理，能潜移默化地使学生的道德信念得到滋润。其中，能使刚性道德准则得到柔性处理的是情境，具体表现为物质环境和精神环境。学校一方面精心营造物质环境，所有建筑的造型、色彩，楼舍的冠名，乃至草木山池的安排都注意体现出学校的精神内涵和文化底蕴。如面朝大门的巨形黄石上刻着"诚恒"二字，让每一位学生牢记校训；草坪上镌有学校办学理念"追求学问与人品同步卓越"的书形小筑，为学生的发展指明了方向；校园中所有大楼顶部博士帽的变化造型，又引发学生对未来的美好遐想，等等。另一方面学校在百年的办学历程中，积淀了丰厚的文化，构成了独特的精神环境。学校将这些文化结晶以雕刻、塑像、挂图等形式精心布置在校园的有关地方，使整个校园氤氲学校文化精髓，学生随时能呼吸到学校底蕴的芬芳；同时又将那些文化遗产编撰成校本教材，包括学校百年发展史、教育思想史以及校友英烈传、院士录、群星谱等，供学生阅读。这些物质和精神文化构成的"场"，像磁石一样地吸引着学生，使学生在潜移默化中接受学校精神文化的熏陶，在他们的心中留下深深的烙印。

（姚天勇　执笔）

“难忘课堂”的内涵、性质与路径

将“难忘教育”的视角拓展到课堂教学，一方面是因为“难忘教育”并不局限于德育活动，而是学校教育传统和理念与德育实践相结合，所产生的穿透学生心灵的教育张力，它使受教育者内心被震撼而历久弥新，它使教育对象成为实践主体而不是被动者，它更指向学生的整体状态而不只突出某个方面。所以，“难忘教育”是基于学生全面发展、内驱力张扬和实践内化的全部教育过程，其普遍意义和价值当然要深入到教与学的全过程。另一方面，新时期党的教育方针所明确的“培养德智体美全面发展的社会主义建设者和接班人”，以及《国家中长期教育改革和发展规划纲要（2010—2020）》所提出的“改进教学方法，增强课堂教学效果”的要求，也使学校认识到“难忘教育”不仅要让学生在德育范畴内接受的教育“难忘”，还要使课堂教学等其他领域对学生的成长留下深深的烙印，从而实现全面发展的终极目标。

“难忘教育”深入教学和课堂既是继承，又是超越。它继承了学校传统和德育实践成果，又具独特的认知和情感魄力；它顺应了教学改革的步伐，又在更高起点上扬弃和超越。回顾改革开放30多年来中小学教学改革的实践和探索，大致经历了以基础知识和基本技能为中心恢复与重建教学系统，以智力和能力发展为方向推进教学改革，以素质教育为主题关注人的主体性，重建课堂教学以关注人的全面发展和生命价值等四个阶段。[①] 课堂教学重建的视点也从课堂教学规范、课堂教学质量转向课堂教学文化。在恢复高考以后，学校管理和教育教学步入正常秩序，课堂教学逐渐走向正轨，虽然在此过程中不断学习引进国外的教学理论和方式，并产生了诸多新颖的本土化教学方法，但从根本上看，是在恢复、整顿、建立中形成基本教学规范和操作要领的过程，盛行一时的学校“常规管理”，其重心就是课堂教学的规范化，这个过程使课堂和课堂教学基本实现了统一和标准化。在规范化的基础上，“向课堂要质量”自然进入到人们的视野，但当时情况下的“质量”含义比较狭窄，更多指向高考质量，或者说是学业成绩的质量，因而针对性提出了课堂教学的

---

① 张蓉，洪明．我国中小学教学改革30年历程回顾[J]．基础教育，2012(5)：75－80.

有效性和高效性问题，即构建所谓"有效课堂"和"高效课堂"。课堂的有效性主要针对仍旧存在的部分教师能力不足、课堂松散、重点不突出的问题，而"高效课堂"则进一步指向了课堂认知效率，强调投入和产出的效益最大化，把"班级授课"这种集约式学习和知识汲取方式推演到极致，并且在许多地方派生和推行了影响甚广的有效"范式"，如程序式教学、导学案教学等等。在试行、总结并思索之后人们逐步地认识到，从无序和无重点的问题出发，强调课堂教学的针对性和有效性是有道理的，因为过分强调课堂秩序和学习效率，以至于形成快餐式、程序化的课堂教学模式，这是在班级授课制下"工具理性"的极端表现，对学生的自主认知、思维发展和情感活动是不利的，甚至是有害的。因此，教学改革必须关注课堂学习文化的建设与营造。

在将"难忘教育"的视角从德育领域转向课堂教学的初期，也就是"难忘教育的课堂教学实践与理论研究"立项为江苏省教育科学"十二五"规划重点自筹课题（课题编号：B－b/2011/02/058，以下简称"难忘课堂研究"）之前，学校从内涵、性质与路径等方面对"难忘课堂"提出了一些初步的设想。①

一、"难忘课堂"的内涵

1. 记忆与组织记忆

记忆有广义记忆和狭义记忆两大类。广义记忆泛指大自然的记忆和生命体力活动的记忆，而狭义记忆单指大脑的记忆。通常所说的记忆也就指狭义记忆，正如《辞海》中的定义，记忆是"人脑对经验过的事物的识记、保持、再现或再认。"事实表明，人脑能够记忆的内容非常丰富，包括具体形象、词语逻辑、态度体验和动作技能。同时，记忆也可能被遗忘，并且有一定的规律可循。其中，态度体验相对是深刻、自发和情不自禁的，由此记忆的内容可以深刻和牢固地保持在大脑中。

组织记忆是关于组织的记忆，起源于企业管理实践，其概念由 19 世纪社会学 Durkheim 学派"集体心智"的观点演化而来。具体是指"组织中过去的信息或者知识以及与它们相关的处理活动（获取、保存、检索和应用）和结果"。② 从组织发展的意义上来说，任何组织都会逐渐形成自己的组织知识或组织文化，它们存在于组织的个体、群体、整个组织间，具体表现为组织的规则、程序、惯例和文化，并随着组

---

① 姚天勇，陆军. 难忘课堂：内涵、特征与建构[J]. 教育理论与实践，2011，31(7B)：47－49.

② 余意. 组织记忆与大学校园文化建设[J]. 石油教育，2009(6)：59－62.

织成员的相互交流而处于流动的状态。[①] 由此引申出来的学校形态的组织记忆，是指“某一具体学校全体成员共享往事的过程和结果”，包括事实性记忆、体验性记忆、成长性记忆、知识性记忆、符号性记忆等内容，具有组织性、社会性、共有性、文化性、教育性的特征，存在于学校成员、组织结构、规章制度、育人活动、师生作业、文化符号等“场域”之中。[②]

2. 课堂与“难忘课堂”

课堂是学校中最为平常、最为常见、最为细小的细胞。《现代汉语词典》把“课堂”解释为“在用来进行教学活动时”的教室；《百度词典》在此基础上增加的解释为“泛指进行各种教学活动的场所”。新世纪之初，郑金洲教授提出了对课堂的四点基本认识，那就是“课堂不是教师个人表演的舞台，而是师生之间交往、互动的舞台；课堂不是对学生进行训练的场所，而是引导学生发展的场所；课堂不只是传授知识的场所，而且更应该是探究知识的场所；课堂不是教师教学行为模式化运作的场所，而是教师教育智慧充分展现的场所”。[③] 这虽然丰富了“教室”的内涵，但还是没有脱离“场所”的说法。其实，在大规模保持班级授课制的今天，课堂与班级组织相对应，是以班级组织为单位实施各种教学活动时的一种特别状态。

难忘是指“难以忘记，无法忘却”，或是“永远印在脑海里的，值得记忆的”，如“人的一生中总有许多难忘的往事埋藏在心里”。所以，难忘是记忆的结果。而记忆和遗忘规律表明，要学生暂时记住课堂教学中经验过的事物是容易做到的，而要学生长期甚至一辈子都记住课堂教学中感知的全部内容是不可能的，也是没有必要的。为此，与“难忘课堂”相对应的记忆不只是学生个体的心理反应，而是一种组织记忆，是学校形态内以班级为单位进行课堂教学状态时的组织记忆，具体表现为课堂组织知识或组织文化在课堂“场域”中的形成，以及在课堂主体之间的相互交流和影响。所以，“难忘课堂”是班级成员在知识与技能、过程与方法、情感态度与价值观等方面获得全面发展的舞台或场所，“难忘课堂”中的记忆是班级成员共享课堂的过程和结果，主要包括对课堂“场域”中通过自主探索、同学合作、师生互动等行为方式获得个体成长体验等方面的铭记。成尚荣先生在回忆自己 50 多年前

---

① 陈欣，和金生. 个人知识与组织知识相互转化的机理与机制[J]. 中国地质大学学报（社会科学版），2004(6)：13－17.

② 刘云生. 论学校记忆[J]. 教育科学研究，2011(1)：39－44.

③ 郑金洲. 重构课堂[J]. 华东师范大学学报（教育科学版），2001(3)：53－63.

童年时期经历的课堂时曾有这样的记忆："特别让我佩服的是教自然的吴老师……严肃中常常有引你发自内心笑声的幽默，在短暂的笑声后，又复归于教室的安静……""最盼的是作文课，因为我的作文会受到当众朗读的待遇……应该说，自己的作文就是这样被老师'捧'出来的。"①这都是师生互动中闪烁教师智慧的时刻，是学生对课堂难以忘却的重要元素。

二、"难忘课堂"的性质

1. "难忘课堂"是优质高效的课堂

近年来，随着我国基础教育课程改革的不断深入，怎样提高教学的有效性成了人们议论和探索的焦点。众多研究者在西方有效教学研究的基础上，从各自不同的角度对有效教学的涵义和特征进行了探讨。宋秋前教授认为，"有效教学是师生遵循教学活动的客观规律，以最优的速度、效益和效率促进学生在知识与技能、过程与方法、情感态度与价值观'三维目标'上获得整合、协调、可持续的进步和发展，从而有效地实现预期的教学目标，满足社会和个人的教育价值需求而组织实施的教学活动。"②由于"难忘课堂"是学生在知识与技能、过程与方法、情感态度与价值观等方面获得全面发展的舞台或场所。所以，"难忘课堂"首先要追求学生在"三维目标"上的整合、协调和可持续发展，优质高效是"难忘课堂"的第一特征。

2. "难忘课堂"是自主学习的课堂

在传统的课堂教学中，学生往往处于依赖教师讲授的被动接受状态，没有积极的思维活动，缺少应有的体验和实践。这样学生得到的是纯理论的知识，它不仅不能解决实际问题，而且容易被遗忘。现代教学论强调学生获得结论性知识的同时，要亲身经历和体验知识获取的过程。在亲身经历的过程中，学生通过反复观察、感受、实践、探究，对认知、情感、行为和认识的内省体察及心灵感悟，最终能获得某些可以言说或者未必能够言说（只能意会）的知识和技能，养成良好行为习惯，形成相应的观念、情感、态度以及心理品格。换言之，亲身经历的学习过程，可以使学生在自主探索、同学合作和师生互动中获得更多的体验。"难忘课堂"就是倡导学生的自主学习，让学生在课堂"场域"中以及教师的指导或同学的合作下，自主学习、自主探究，经历知识的发生和发展过程。

---

① 成尚荣. 寻找开端：50年代的课堂记忆[J]. 人民教育，2009(18)：38－39.

② 宋秋前. 有效教学的涵义和特征[J]. 教育发展研究，2007(1A)：39－42.

3. “难忘课堂”是生命成长的课堂

现代社会中的每个生命几乎都有最大限度地实现自我、充分发挥自己创造潜能的需求。同时，“世界上没有基因完全相同的两个人，这不仅表现在相貌上，也表现在人的能力、个性等方面。每个个体生命的成长都是在其所处的环境中，依照有巧妙结构的生命原理来活动，并以其独特性来显现自身。”“从生命的视野看，个体生命只能成为生命的独一无二的自己。”[①]于是，“成为自己”是“个体生命成长的一种价值期望”，也是个体生命成长的重要特征。“难忘课堂”主张遵循个体生命发展之道，关注学生个体生命的整体性、差异性、发展性和多样性，注重开发个体生命的潜能，促进学生生动活泼地发展，把每个学生都培养成具有个性的自己，从而使他们都获得成长的积极体验。所以，“难忘课堂”是生命成长的课堂，从“难忘课堂”中走出的学生是社会中充满生机和活力的成员。

4. “难忘课堂”是智慧迸发的课堂

智慧是对事物能迅速、灵活、正确地理解和解决的能力。教育的任务就是要催生学生内心沉睡着的智慧之花，“教学过程应该是学生智慧不断生成的过程，每一堂课都要在恰当的教育教学策略的引导下，让学生经受智慧的洗礼。”[②]而催生学生的智慧，又离不开教师的教育智慧，也就是离不开“教师对于教育教学工作的规律性把握、创造性驾驭和深刻洞悉、敏锐反应以及灵活机智应对的综合能力”。[③]事实也表明，智慧性的活动是学生难以忘却的重要元素。“难忘课堂”是活化已知、探究未知的课堂。在“难忘课堂”中，学生的学习兴趣会得到激发，探究欲望会得到激活，学生会体验到求索的愉悦和求真的快乐，同时教师积极投入教育教学活动，又能实现教育智慧的价值和享受职业成功的幸福。所以，“难忘课堂”中师生的智慧之花会在对话与互动中绽放，智慧迸发是“难忘课堂”的又一特征。

三、“难忘课堂”的路径

1. 以生为本的教学思想

学生是活生生的、成长中的、发展中的人，他们在不同阶段有不同的需要。由

---

① 刘慧. 成为自己：个体生命成长的一种价值期望[J]. 华东师范大学学报（教育科学版），2005，23(2)：36－42.

② 张志勇. 创新教育：中国教育范式的转型[M]. 济南：山东教育出版社，2004：302.

③ 田慧生. 时代呼唤教育智慧及智慧型教师[J]. 教育研究，2005(2)：50－57.

于时间具有“绵延”性，满足学生成长需要的学校教育将积淀于学生的生命之中，在他们的生命历程里留下深刻的痕迹，所以，“难忘课堂”确立“以生为本”的教育思想，围绕满足学生的成长需要展开相应的教学活动。“以生为本”的教学思想转化为教学行动时，首先是研究学生，并结合课程标准，厘清教什么、怎么教和为什么教的有关问题。为此，基于新课程“一标多本”的教科书政策，“以生为本”的教学设计并不满足于现成教科书普适性的某种预设，而经常是以重构教材内容为起点，“根据课程标准、教材内容和学生实际，梳理并确定教学的知识脉络和学生的认知脉络，以使教学既有合理的目标，又贴近学生的情感、贴近学生的知识和能力基础、贴近学生的思维状态。”[①]而教学过程的展开则主要采取平等对话、合作探究等形式，让学生在轻松愉悦的气氛中主动获取知识并生成相应的技能。当然“以生为本”，并不反对必要的“以本为本”。如阅读教学就必须植根于文本，走进文本。因为脱离文本的阅读将会“缘木求鱼”、迷失方向。

2. 共同成长的教学取向

教师和学生是课堂教学中的两个主体，“一切为了每一位学生的发展”只是“难忘课堂”的目标之一，因为“难忘课堂”所追求的“生命成长”蕴涵“教学相长，师生共赢”的质量观，鼓励教师在促进学生全面发展的同时获得自身专业发展层次的不断提升。共同成长，首先是学生的个体成长，其中既包括学生在知识与技能、过程与方法、情感态度与价值观等方面获得整合、协调和可持续的进步，也包括学生心智的成熟和良好心理品格的铸就等发展趋势。有研究表明，在教师的知识结构中，本体性知识（学科知识）和条件性知识（心理学和教育学知识）属于公共知识，而实践性知识属于个人知识。教师的个人知识具有情境性、缄默性和个体性等特征，它是以个体的主观经验参与到具体的教育实践之中，从而不断积累起来的个体的教育经验和教育智慧。因此，“难忘课堂”提倡教师结合课堂教学开展课例研究，将课堂教学中的隐性知识进行经验性与理论性的分析，获取特定教学情境下的教育教学智慧，从而不断改善自己的教学行为，提高课堂教学的决策能力和行动能力，促进自身专业的不断成长，同时为学生的进一步成长提供有力保障。

3. 预设生成的教学过程

随着有效教学研究的不断深入，人们认识到教学过程既是预设的，又是动态生

---

① 陆军. 重构教材内容：新课程教学设计的起点[J]. 化学教育，2010，31(1)：29－31.

成的，是充分预设与动态生成的辩证统一。其中，预设是生成的前提和基础，生成是预设的超越和发展。“难忘课堂”是优质高效的课堂，同样追求预设与生成的和谐和辩证的统一。“难忘课堂”的预设是为各种可能的生成作充分的准备，其生成立足教学的重点和难点，教师是课堂智慧生成的“助产士”、引领者和创造者，“难忘课堂”中的生成是师生智慧迸发的具体表现。如，一位老师执教《阿Q正传》第三课时，预设的教学目标是讨论怎样使阿Q精神进入学生自己的生活。讨论刚开始，“有独特见解的学生”就提出了不同意见，这时老师对自己的教学预设进行了反思，发现“我们平时只注意精神胜利法所追求的结果——求得心理平衡的积极作用，而没有注意这一追求过程中的消极因素”，于是放弃了原来的预设，及时把讨论的主题修正成了“什么才是健康的精神胜利法”，并收到了良好教学效果。① 如果这位老师在课堂教学中不能根据学生的情况及时地进行反思并生成新的讨论主题，课后反思时就会发现“本次”教学留下的无法弥补的遗憾。

4. 记忆深远的教学效果

由于遗忘规律表明学生不可能长期甚至一辈子记住课堂教学中感知的全部内容，所以“难忘课堂”之难忘的重心是学生的个体成长体验。但是“难忘课堂”并不是没有学科知识的“难忘”目标，因为个体成长体验也包括知识的增长，而且从“难忘课堂”走出的学生几乎都要通过高考继续深造，高中阶段的学科知识是他们高考以及将来个体生活的重要支撑。当代著名心理学家布鲁纳曾指出，“不论我们教什么学科，务必使学生理解学科的基本结构”，因为在学科基本结构的基础上所形成的认知结构具有条件化、结构化、自动化和策略化的特点，具有合理认知结构的学生，面对任何背景中的学科问题都能正确地从认知结构中选择和整合有关知识与方法，从而迅速地实现问题解决。因此，学科教学首先要根据学科知识的特点和记忆规律采取相关措施，帮助学生建构起合理的认知结构。另外，由于学科基本观念“具有超越事实的持久价值和迁移价值”，它是学生遗忘学科具体知识之后在头脑中所能留下的东西，所以学科教学要围绕学科基本观念进行教学设计，让学生在学习中形成学科基本观念，为学生将来在生活中解决与学科相关的问题服务，从而取得学科课堂记忆深远的教学效果。

（姚天勇　陆军　执笔）

---

① 陈杰. 语文教学：预设与生成的和谐统一[J]. 语文学习，2006(2)：6－8.

“难忘课堂”的操作要义

课堂教学既是学生集中、快捷学习知识经典的过程，又是认知探究、情感互动的过程。课堂集约了学生发展和进步的主要时空，学生是其中成长着的活生生的完整个体，知识的灌输和程序性操作也许会塑造出一个个“机器人”，但却失去了人的天性、能动性和丰富的社会情感。因此，课堂应当赋予学习活动本应有的猎奇、探究和取舍的精神享受，并且在相互影响、启迪和协作中形成团队的活动方式，这就是课堂文化。值得注意的是，文化是多样的、多元的，课堂文化也是多重的、多向的，既有个体学习经验所形成的学习个性，又有学习团队相互影响而聚合的学习共性；既有一般的学习规律支配的学习进程，又有特定的学校文化所拥有的学习传统和活动特征。所以，课堂文化具有特征性、倾向性，不具规定性、统一性。

贯穿智慧与情感的“难忘课堂”，是教与学灵动、共建的课堂，是积极主动、顿悟内生的课堂，是跌宕起伏、历久弥新的课堂，而课堂教学又是有序实践的过程，建构“难忘课堂”不能脱离课堂教学目标、内容和知识容量，也要借鉴、吸纳各种有效教学策略。随着“难忘课堂研究”和实践探索的不断深入，学校在对“难忘课堂”的内涵、性质与路径等初步假设的基础上，[①]对“难忘课堂”的操作系统有了较为明晰的认识，逐渐提炼形成了以“课堂文化”为引领并以其为归宿的由“问题驱动、自主探究、互动合作、知情融合”组成的“难忘课堂”基本结构（如图 1）和操作要义。

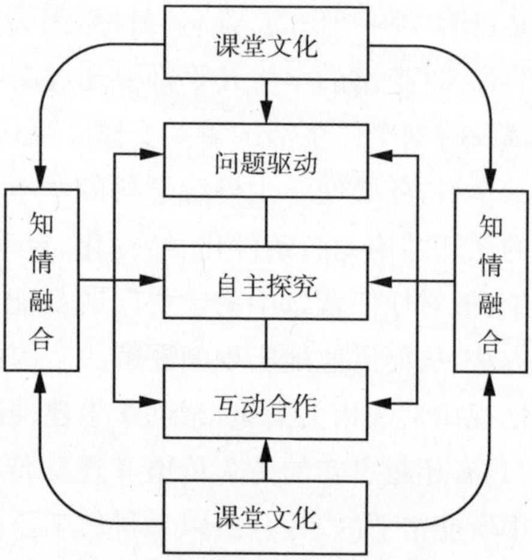

图 1 “难忘课堂”的基本结构

① 姚天勇，陆军. 难忘课堂：内涵、特征与建构[J]. 教育理论与实践，2011，31(7B)：47－49.

一、问题驱动

问题是思维的起点，更是思维的动力。人类社会正是在不断发现问题，又不断解决问题的螺旋上升过程中取得发展进步的，同时也为社会生产和积累了更为丰富的知识。知识的再生产理论认为，教学过程应当以必然的形式重演知识的生产过程。所以，“难忘课堂”倡导用问题引领学生的学习，促进学生通过问题解决建构对知识的理解，同时获得学科素养的全面提升。

问题教学的渊源，一般认为是古希腊苏格拉底的对话式教学，以及近代美国杜威“通过解决问题进行学习”的思想。我国也有一句教育名言：“学起于思，思源于疑”。这说明古人早已认识到问题对学习的驱动价值。用问题驱动学习，不只是教师的提问加学生的回答，而是鼓励学生独立思考、大胆质疑、围绕问题的情境进行多元化与多层次的探究和学习，以突出学生的主体地位，实现培养学生创造精神与实践能力的目的。问题是世间普遍存在的，而对学习活动能真正发挥驱动作用的问题，一定是能触及学生思维起点，并符合其思维规律的问题，包括问题链和主问题等主要形式。

所谓问题链，一般是指教师为了实现一定的教学目标，根据学生的已有知识或经验，针对他们在学习过程中可能产生的困惑，将教材知识转换成的一组有中心、有序列、相对独立而又相互关联的教学问题。[①] 从内容上看，它是问问相连，环环紧扣；从目标上看，则是步步深入，由此及彼。问题链像一条锁链，通过围绕主题层层深入、抽丝剥茧式的追问，把问题与教学目标紧紧地链接在一起，每一问都能使学生的思维产生一次飞跃，问题链的驱动作用决定学生沿着问题的指向一定能到达知识的彼岸。例如，在“直线与平面平行的判定”一节的引入阶段，可以设计以下的问题链：① 在正方体 $A_1B_1C_1D_1-ABCD$ 中直线 A_1B_1 与平面 $ABCD$ 是什么关系？还有类似与平面 $ABCD$ 平行的直线吗？② 你会定义直线与平面平行吗？③ 任意画一条直线与平面 $ABCD$ 平行吗？在平面 $A_1B_1C_1D_1$ 内画 A_1C_1 和其他比较特殊的直线呢？④ 用定义判定起来困难，需要找新的判定工具吗？该问题链以学生已有的知识为背景，按照思维层次由浅入深的方向逐级设计，这样有利于学生循序渐进地领悟知识的内涵，同时能提升学生对知识的理解力。

“主问题”源自语文阅读教学，是“相对于课堂上随意的连问、简单的追问和习惯性的碎问而言的”，“是阅读教学中能从课文整体的角度或学生的整体参与性上

---

① 王后雄.“问题链”的类型及教学功能[J].教育科学研究，2010(5)：50－54.

引发思考、讨论、理解、品味、探究的重要的提问或问题，是能够让阅读研讨深深进入课文的教学问题”。[①] 主问题的教学价值主要表现在精准地指向教学目标、有力地强化教学重点、顺利地推动教学进程等三个方面。所以，“主问题”能用精、少、实、活的提问支撑课堂，让学生成为课堂有序学习活动的主体。例如，关于《林黛玉进贾府》中细节描写的教学，可以设计这样的主问题：“课文中几次写到哭？分别是谁哭？哭所表达的人物感情是否一样？”这样的问题符合学生认知水平，切口小，开掘深，紧紧抓住人物细节，能将大观园内一个个人物的身份、地位、性格、内心世界生动地凸显出来。“主问题”策略也可以迁移到其他学科。例如，对于“金属的电化学腐蚀与防护”的教学，首先可以让学生运用已有的原电池和电解池知识“分析四个装置中金属电极可能发生的变化”，由于问题中的四个装置分别对应析氢腐蚀、吸氧腐蚀、牺牲阳极的阴极保护法和外加电流的阴极保护法，在随后的教学中可以让学生结合前两个装置认识电化学腐蚀的反应原理，结合后两个装置寻找防止金属腐蚀的电化学方法。[②] 所以，“分析四个装置中金属电极可能发生的变化”的问题实际就是本节课的主问题。

从教学功能的角度看，问题链或主问题都有导入、探究、迁移、诊断等多种类型，所以“难忘课堂”不管是选择什么形式的问题来驱动学生的学习，问题的设计都注意紧扣核心内容、立足认知起点、优化思维过程，同时还注意处理预设与生成的关系，只有这样才能保证问题在教学活动中的引领作用。

二、自主探究

儿童有着与生俱来的好奇心，他们在好奇心的驱使下，具有主动探究新异刺激并从自身的体验中理解事物意义的内驱力。如果教学活动能满足学生的探究欲望，他们对周围世界的好奇心就会变得更加强烈，学习就会成为他们主动参与和能动的过程。所以，“难忘课堂”倡导学生通过教师指导下的自主探究活动，获取相关知识并提升探究学习能力。

教学活动中的探究源自科学探究，科学探究原本是指科学家发现问题并解决问题的过程，把科学探究引入学科教学并开展探究式教学就是“要给学生提供模拟科学探究活动的机会，使他们学会科学地思考问题和解决问题，掌握科学探究的方法与技能”。也就是让学生经历提出问题、建立假设、设计方案、检验假设、形成结

---

① 余映潮. 我对阅读教学“主问题”的研究与实践[J]. 中学语文教学，2007(9)：46.

② 陆军. “金属的电化学腐蚀与防护”教学设计[J]. 化学教学，2008(9)：42－44.

论等相应活动，“获得各门科学知识，掌握观察、提问、分类、测量、实验、推理、解释、预测等科学方法，形成实事求是、精益求精、谦虚谨慎等科学态度与追求真理、反对谬误、勇于创新等科学精神”。① 根据教师对探究活动提供指导与帮助程度的不同，即不同探究阶段活动主体的差异，可以把探究教学分为定向探究、指导探究和自主探究等几种类型。“难忘课堂”侧重的探究教学是学生的自主探究或教师指导下的自主探究，在整个探究过程中教师要注意控制对学生的帮助或指导，逐步放手让学生独立完成所有阶段的相应活动。

关于科学探究的要素，在物理、化学、生物等课程标准中都有相应的叙述。学科教学中探究活动的组织，既可以是以一节课为单元的相对较大的探究活动，整个活动几乎包括科学探究的全部要素，也可以在一节课中设计若干个相对较小的探究活动，每一个探究活动只包括一两个要素。这需要根据教学目标和教学内容来确定，而没有千篇一律的固定模式或统一要求。例如，关于能量子概念的教学，可以按照“冶金工业促进了黑体辐射问题的研究→用经典电磁理论解释实验规律→难以解决的矛盾→普朗克能量子的假设→数学推理→与实验事实的对照”的线索展开，让学生在其中经历包括提出问题、猜想与假设、分析论证、形成结论等要素的探究过程。再如，在引入强相互作用时，可以让学生针对“质子带正电，但质子（与中子一起）却能聚在一起构成原子核”的现象进行思考，“对呀，同性相斥啊……可能除了库仑力之外还存在另一种力，使得质子相互吸引，不然怎么会……”这小段教学过程也许只有一两分钟，但它也包含了提出问题、猜想与假设等科学探究的典型要素，也是一段科学探究过程。

探究教学的理念在 20 世纪七八十年代就开始在国内逐步推行，不过真正引起广大教师的关注并在实践中大面积实施，则开始于新一轮国家基础教育课程改革。因为新课程改革的目标之一是为了改进学生的学习方式，所以，《基础教育课程改革纲要（试行）》“倡导学生主动参与、乐于探究、勤于动手，培养学生搜集和处理信息的能力、获取新知识的能力、分析和解决问题的能力”。虽然探究教学是在教学中引入科学探究，为学生提供模拟科学探究活动的机会，但是经过广大教师的探索和实践发现，在语文及人文与社会学习领域相关科目的教学中同样可以实施探究教学。不同的是，在数学和科学领域相关科目运用探究的方式，是为了获取和理解这些学科的知识，以及形成运用知识解决问题的能力；在语文学科运用探究的学习

① 徐学福. 探究教学三题[J]. 教育研究与实验，2000(6)：55 - 58.

方式，则是为了“积淀提升语文素养，培养语言文字的理解运用能力……掌握正确先进的学习方法，体验探究的过程，培养创新意识”。所以，语文探究教学可以是“阅读中积极主动地探讨字词句的含义，探究文章的思想内容及其表达形式，梳理探究并积累语言材料的运用以及段落篇章组合的方法规律，在语言材料和运用规律技巧的操作训练中提升能力等”。①

自主探究的实质是让学生主动参与教学过程，积极从事各种探究活动，亲自发现有关概念和原理，并掌握相应的探究技能。所以，“难忘课堂”对探究教学的设计，首先考虑探究方式与学生兴趣、能力水平等的匹配。又由于不同学科有不同的逻辑结构和组织形式，所以“难忘课堂”还考虑探究方式与学科性质、特点的匹配。同时还注意即使是同一学科，不同的知识单元也可能有不同的探究方式。

三、互动合作

面对驱动学习的问题，或是探究学习的有关任务，如果都由学生各自独立完成，通常是有难度的，往往也是低效的。由于合作不仅能够融洽人际关系，增进团队成员共同成长的感情，而且有利于相互启发和分工合作，提高团队和个体的绩效水平。所以，“难忘课堂”倡导多种形式的合作学习，让学生在师生、生生等的互动合作中产生智慧的火化，实现对知识的有意义建构。

合作学习自 20 世纪 70 年代兴起于美国，80 年代后成为世界范围内备受关注的教学理论与策略体系，同时被介绍到国内并在一定范围开始实践，但真正在国内引起重视也是在新一轮基础教育课程改革启动之后。2001 年国务院颁布的《关于基础教育改革与发展的决定》指出：“鼓励合作学习，促进学生之间相互交流、共同发展，促进师生教学相长。”《基础教育课程改革纲要（试行）》也要求：“改变课程实施过于强调接受学习、死记硬背、机械训练的现象，倡导学生主动参与、乐于探究、合作学习。”

自夸美纽斯创建班级授课制以来，班级教学的构造就包括教学主体、学习内容及人际关系等几个方面。其中，班级教学的人际关系不仅包括师生之间的人际互动，也包括学生之间的人际互动；从互动的单位来看，师生之间的人际互动又包括教师与学生个人之间的互动和教师与学生群体之间的互动。② 实践表明，师生语言互动行为是课堂教学中的主要教学行为，占全部课堂教学行为的 80%左右。因

---

① 郑晓龙. 合作探究教学浅见[J]. 中学语文教学，2007(9)：11 - 14.

② 李德显. 师生互动分析[J]. 教育理论与实践，2004，24(5)：58 - 61.

此，美国弗兰德斯（Ned Flanders）认为，对课堂内师生的语言互动行为进行分析，就能把握课堂教学的实质，并于 20 世纪 60 年代构建了课堂教学师生语言行为互动分析系统，即弗兰德斯互动分析系统（Flanders Interaction Analysis System，简称 FIAS），该系统将课堂师生语言互动行为分为教师语言、学生语言和沉寂三类十种情况。[①] 之后，有多位学者从不同角度对 FIAS 进行了相应的改进。我国顾小清等的基于信息技术的互动分析编码系统（简称 ITIAS），不仅像 FIAS 那样注意了师生和生生的互动，而且还注意了师生与技术的互动，将系统扩展到了四类十八种情况。第一类为教师语言，包括① 教师接纳情感、② 教师鼓励称赞、③ 采用意见、④ 提问开放性的问题、⑤ 提问封闭性的问题、⑥ 讲授、⑦ 指令、⑧ 批评；第二类为学生语言，包括⑨ 应答（被动反应）、⑩ 对话（主动反映）、⑪ 主动提问、⑫ 分组讨论；第三类为沉寂，包括⑬ 沉默或混乱、⑭ 思考问题、⑮ 做练习；第四类为技术，包括⑯ 教师操纵技术、⑰ 学生操纵技术、⑱ 技术作用学生。[②] 课堂互动分析系统的发展，显示了课堂教学中互动的丰富性和多样性。完善的课堂互动分析系统不仅能够全面地进行课堂教学量化评价，还可以促进教师对课堂教学中师生互动，以及与技术互动的深层次认识，反思自己的教学实践，从而更好地组织开展学生的互动合作学习。

合作学习在课堂教学中的组织实施，一般都以问题驱动和自主探究为基础。合作学习的任务可以具有一定的开放性，是大多数学生通过自主探究难以解决的问题，如探索性的思考题、拓展性的训练题、比较性的分析题等，让学生意识到困难，又能在组员的互相帮助下解决问题，难度控制在“跳一跳摘到果子”的“最近发展区”。如物理教学中研究物体的失重与超重现象、测量木板的动摩擦因数、自来水电阻率的测定等探究性内容；政治学科与时事和实际生活有着密切联系的“劳动者权益的保护”、“投资的选择”等生活性问题。在合作学习过程中，小组成员明确的责任分工是活动顺利开展的前提。合作学习小组一般应以异质性混合小组为主，既要照顾日常座位的相对稳定，又要考虑学业成绩、能力倾向等方面的互补。另外，在互动合作的学习过程中，还应该充分发挥教师对学生学习活动的指导作用。教师的引导作用不容忽视，否认教师的“价值引导”就是消解教师的作用，放弃

① Ned Flanders. Intent, Action and Feedback: A Preparation for Teaching[J]. Journal of Teacher Education, 1963, 3(14): 251 - 260.

② 顾小清，王炜. 支持教师专业发展的课堂分析技术新探索[J]. 中国电化教育，2004(7): 18 - 21.

教师的责任；而且没有教师价值引导的自主建构，就不能成其为教育过程，就必然缺乏超越性向度和足够的发展性。所以教师在教学中应该主动与学生互动，把控教学节奏，调整思维走向，以充分调动学生参与学习活动的积极性。

合作学习必须建立在互动的基础上，适当而又适量的互动是合作学习的基础。因此，“难忘课堂”的教学设计也着力从改善师生互动、生生互动以及师生与技术互动等状况入手，以促进师生、生生之间的合作，从而充分发挥学生学习的主动性和能动作用。

四、知情融合

课堂是认知与情感交织共生的世界，一方面认知为情感的产生和发展提供理性基础，另一方面情感对认知活动又具有动力、强化和调节作用，情感和认知在课堂教学中存在着相互联系、相互制约和相互促进的关系。所以，“难忘课堂”追求知情融合的和谐统一，倡导教学过程既是认知训练的过程，又是情感陶冶的过程，让学生在其中获得认知与情感和谐发展。

知情合一思想是由当代美国罗杰斯提出的。他认为认知与情感是浑然一体、密不可分的，教学过程不仅仅是一个认知过程，而且总伴随着一定的情感活动，在其间情感活动是心理整体机能的基础和动力。《基础教育课程改革纲要(试行)》也要求“改变课程过于注重知识传授的倾向，强调形成积极主动的学习态度，使获得基础知识与基本技能的过程同时成为学会学习和形成正确价值观的过程”。因此，“难忘课堂”的教学设计不仅关注基础知识和基本技能，而且注意挖掘有关情感等方面的非智力因素，使教学设计的内容既包括智力因素又关注非智力因素，成为“知情合一”的统一体。这也对教师就提出了以情施教的要求，具体对应挖掘教学内容的情感因素和教学内容的情感化处理等教学策略。

挖掘教学内容的情感因素，主要适用于人文学科的教学，因为人文学科教学内容本身蕴涵着丰富的情感因素。在语文学科的教材中，小说、散文、诗歌、戏剧等文学作品含有丰富的显性情感因素。探寻显性情感因素，可以用美学观点分析和处理教材，以发现作品的语言美、哲理美、意境美和形象美；还可以从写作意图、文章语言、人物形象、表现手法以及层次结构、情节线索等方面探索和挖掘作家赋予作品本身的情感因素。语文学科教材也含有隐性情感因素，主要是说明性文体、文言文知识和语法知识等等。挖掘隐性情感因素，要善于捕捉“疑点”，撷取“知趣”。其策略可以概括为四类十二项：① 以知引情——以教师的认知水平引发学生的情感，包括矛盾冲突法、比照联系法、学科渗透法和示范点拨法；② 以情引情——以教师的情感引发学生的情感体验，包括情感展示法和角色变换法；③ 借境引情——教师借助客观情境引发学生的情感，包括游戏表演法、创设情境法和教具辅助法；④ 以知生情——教师指导学生通过自身的认知过程生发情感，包括课外实践法、“留白”感悟法和小组讨论法。[①]

对教学内容进行情感化处理的策略，主要适用于以数理逻辑和实验为基础的学科教学，具体是在向学生呈现教学内容的过程中，教师从情感角度着眼，对教学内容进行必要的加工处理，设法赋予教学内容以某种情感色彩，使之能充分发挥情感因素的积极作用。相应的情感化处理方式可以有情感迁移法、情感诱发法、言语情趣法、拟人比喻法、轶事插入法和美感引发法等。[②] 对于体育学科的教学内容也可以进行情感化处理。如心理匹配策略，包括认知匹配策略和形式匹配策略；超出预期策略，包括由超出预期的刺激引起惊奇和由惊奇转化为兴趣；等等。[③]

“难忘课堂”倡导知情融合，就是期望通过教学过程的充分展开，使学生在认知的同时能获得积极的情绪调动和愉悦的情感体验，在此基础上使学生逐步形成积极、主动的学习态度和正确的价值观，促进每一个学生都能获得全面而又充分的发展。

（姚天勇　陆军　执笔）

---

① 严雯靖. 中学语文课堂教学情感性处理策略的研究[J]. 上海教育科研，2003(10)：48－49.

② 卢家榻. 理科类教学内容的情感性处理[J]. 课程・教材・教法，1994，14(12)：12－15.

③ 梁智恒. 对体育教学内容的情感化处理策略研究[J]. 哈尔滨体育学院学报，2007，25(2)：146－147.

“难忘课堂”的文化观照

从课堂实施和活动方式上看，问题驱动、自主探究、互动合作、知情融合具有可操作性，它们分别从某个方面和教学策略上突出了“难忘课堂”的实施要领和组织方式。切入实际也许会有操作痕迹，这是理念转化为实践的再生过程；也许是有意为之，这是实施者在转变着以往的教学惯性；也许是有顾虑和压力，毕竟课堂教学有明确的目标和教学任务。但超越一般的课堂认知方式，体现特定的课堂教学文化，必须有一个认识、实践、再认识、再实践的过程，这个过程既是领悟和掌握具体操作方法的过程，又是融会贯通、潜心创设的过程。事实上，以上四个方面并不是相对独立于课堂之中，刻意打造所谓“问题课堂”、“探究课堂”、“合作课堂”、“知情课堂”，也不是完成一个程序再进入下一个程序，成为模式化的教学套路，而是在具体问题、具体情境、具体进程中，相互关联、渗透、依托并融为一体的，其核心在于激发学生的认知热情，把握学生的认知规律，丰富学生的认知情感。当学生主体地进入课堂，并积极地走出课堂时，课堂教学作为一种文化现象就充满了生命力和诗意，所谓“难忘课堂”不仅是成长的经历和记忆，而是动感的、坚实的、富有创造力的文化实践过程。实现这个过程需要方法论支撑，但关键还在于理念和实践的融合。这种融合既有学校文化的共性，又有教师自身的文化个性。学校文化共性聚合了“课堂文化”，而教师领悟、发挥、创造和个性化实践，实现了“文化课堂”。

“文化课堂”是在学校课堂文化基础上自省、自觉的课堂，它是实践者作为具体学校的文化使者演绎着各自精彩的课堂文化，它包容和聚合了各种文化元素使课堂教学的目标、任务在圆润的活动中得以实现。因此，前行者会不断超越在这些问题上的纠结。

第一是“有痕”和“无痕”。具体的教学方法如果是一种外在的教学和组织手段是要暴露痕迹的。痕迹是突兀和粗糙，是一种不自在、不流畅，是教学过程的磕磕碰碰、流于形式。可能刚刚领会和尝试新的课堂操作要义时会有这个过程，一旦真正领悟、贯穿和得心应手，则会获得理念与方法的“内化”。内化并自如就是“无痕”，就是自然而然的认知体验，就是教与学的交融挥洒，就是个体教学风格的闪现。“无痕课堂”是难忘课堂的载体。

第二是“有意”和“无意”。课堂教学是有明确目标要求的，这种目标要求时时在实施者心中，成为“有意”行动。因此，教师总要研读和熟记课程标准，并在课堂实施中逐一呈现。但恰恰是教师该讲的都讲了，学生却难有完整领悟和发展。比如“知识与技能、过程与方法、情感态度与价值观”三维目标，教师总在有形和无形、有意和无意之间纠结。何为知识？何为技能？如何在认知体验中领会方法？如何贯穿情感、态度、价值观？等等。要是作为“教条”去默念和机械照搬是难有作为的。其实三维目标是为课程实施者搭建的一个学生发展的时空框架，它让教师和学生驰骋于其中，实现课堂的立体效果。教者固用意精良，而“有意”却在“无意”之中，学生在课堂的潜移默化中自我体验、有感而发、水到渠成。“无意课堂”是难忘课堂的流动。

第三是“有为”和“无为”。课堂教学的效果自然是实施者心中的量度和成就使然。有些效果是内隐的、长效的，有些效果是外显的、即时的，而外显的、即时的效果恰恰是可当前测量的，并且是学业成绩的证明所在。教师往往被它们所左右，采取非常手段去加压和堆砌，其实这是“黔驴技穷”所透露的不自信，是“有为”而不可为。教育是“慢功夫”，是成长的积淀、人格的历练，是主体的感悟、实践的内化，指望短期的直接效果，必欲速则不达，且损害整体根基而奇异变形。所以，高明的教学组织者和引导者会使课堂透射出“知情融合”的认知魅力，赋予课堂宽广的认知背景和丰富营养，顺乎自然且向其所然，回避功利且积极进取，在情绪昂扬和日积月累中获得成长和成功的满足。教育者“心中有为”，然“取代无为”，学习者“漫步无为”，然“脚下有为”。“无为课堂”是难忘课堂的意蕴。

“无痕”、“无意”和“无为”看似飘逸而豁达，却功夫深厚、志存高远，是教育者不断追寻的课堂文化意境。“难忘课堂”作为其中的一个实践范例，是通中人共同创造并走向远方的文化观照。

（姚天勇　执笔）

语文学科“难忘课堂”构建方案

20世纪80年代中期以来，围绕积极推进素质教育，许多基础教育工作者积极进行各种理论探索和教改实验，并取得了不少成果，如“情境教育”“成功教育”“经历教育”“体验教育”“愉快教育”以及我校的“难忘教育”等，国内外涌现出很多教育模式。

“难忘课堂”是我校德育领域研究成果向课堂教学延伸和深化的必然。“难忘课堂”是贯穿智慧与情感的文化课堂，是教学目标和智情发展圆满实现的课堂。学校对“难忘课堂”的操作系统也有了比较明晰的要求，提炼形成了包括“问题驱动、自主探究、互动合作和知情融合”在内的“难忘课堂”操作要义。

如何将“难忘课堂”学科化，打造语文“难忘课堂”教学模式是我们的当务之急。

一、语文学科“难忘课堂”教学模式构建的研究起点

1. 利用期刊报纸，学习已有经验

现在，就我们语文学科而言，语文教学艺术镜头是个非常热门的话题。我们难忘课堂教学模式建构的研究起点，或者说研究的第一步是研究难忘的语文教学艺术镜头。国内不少语文刊物均辟有相关的栏目，如《语文学习》的“镜头”，《中学语文教学》的“教学创新”，《语文建设》的“创新瞬间”，《中学语文教学参考》的“教学创意”等。对此，笔者爬罗剔抉，梳理整合。发现这些教学镜头都融含了“难忘”因子。因为——

(1) 这些镜头是能激发学生兴趣、激活思维、培养创新精神，在真善美的陶冶中不断提高语文能力、提升语文素养，从而形成健全人格的语文教学活动。其核心是情感性、创造性。

(2) 这些镜头是来自教学实践、凝集了教师们的心血，或用推拉摇移的手法，或用特写放大的镜头，将一幅幅清新可人的教学画面和教师的睿智展示出来，给人以深刻启迪的教学片段或场景。

(3) 这些镜头应当是在语文课堂上发生的对教育学生具有一定意义的能够引

起学生密切注意并持久记忆的即时性片段。

(4) 这些镜头必须是来自学生当中而教者作了积极的、正面的、符合教学规律的引导的一些生动的场景。

(5) 这些镜头应当是符合教育教学理论的、符合新课程理念的、渗透着三维教学观的教学镜头。

对这些镜头进行系统、深入的剖析,借鉴已有成果,弥补自身缺陷,会对我们实施语文"难忘课堂"教学产生积极的促进、完善作用,不至于走向偏与怪。

2. 借助科研课题,构建教学模式

学校语文学科自 1993 年一直是"南通市高中语文学科基地",连续近 20 年承担了南通市的高中语文教学、高考复习的研究指导工作。我们以课题研究为抓手,不断提高教学研究的层次和水平;结合语文学科实际情况,开展不同规模、形式多样的教育教学研究和交流活动。

特级教师姚明老师主持、业已结题的《语文难忘教育研究》,学科带头人徐晓岚老师正在研究的《"助发现"教学策略与自主探究学习方式研究》以及《江苏省高中语文"e 学习"拓展课程基地》建设项目等学科专家、教学名师、骨干教师的科研课题为学科教学模式的构建提供了支撑。

二、语文学科"难忘课堂"的基本理念与遵循原则

语文学科"难忘课堂"教学模式是在一定的教育思想、教学理论和学习理论指导下的,为完成特定的语文教学目标和内容,围绕某一主题而形成的比较稳定且简明的语文教学结构理论框架及其具体可操作的教学活动方式。

1. 基本理念

(1) 正确把握语文教育的特点,全面提高学生的语文素养,充分发挥语文课程的育人功能。

(2) 注重语文应用、审美与探究能力的培养,促进学生均衡而有个性地发展。

(3) 积极倡导自主、合作、探究的学习方式。

2. 遵循原则

① 直观性原则;② 启发性原则;③ 系统性原则(循序渐进原则);④ 巩固性原则;⑤ 量力性原则(可接受性原则);⑥ 因材施教原则。

三、语文学科"难忘课堂"的教学环节

难忘语文课堂教学模式是指在教学过程中,学生在教师指导下,通过以"自主、

探究、合作”为特征的学习方式对当前教学内容中的主要知识进行自主学习、深入探究并进行合作交流，从而高效、难忘地达成课程标准中关于“知识和能力”“过程和方法”“情感态度和价值观”三个方面目标的一种教学模式。难忘语文课堂教学模式主要涉及以下五个教学环节。

1. 创设情境，设置问题

难忘语文课堂教学的生命是理论联系实际，其手段之一就是课堂上创设丰富的教学情境，并设置精当的核心问题。学习兴趣是学习动机中的重要组成部分，是学习中最现实、最活跃的因素，也是推动学生谋求知识，从事学习活动的强大心理因素，对创造力的形成及发展有启动和导向作用。

时代的相隔，生活境遇的不同，使今天的高中生对作家作品容易产生隔膜。所以，教师在教学中创设情境营造氛围必不可少。教师通过创设情境营造氛围，创设与学生现代生活气息和年龄特征相符合的情境，才能使学生对课文产生亲切感，使他们的求知欲望有效地被激发，从而形成良好的专注感受鉴赏的心理机制。教师创设问题情境必须认真选择情境材料，以激发学生的兴趣，吸引学生的注意力。

2. 自主学习，思考领悟

学生在明确学习任务后，首先进入了自主学习的阶段。这一阶段，要求学生了解课文大意及作者行文思路，初步感悟课文的思想感情，提出不懂的问题。因此教师在实施这一环节时：第一，要明确自读自悟的要求；第二，要保证学生自学的充分时间；第三，要教给学生读书的方法。

学生根据学习目标和教师精心设计的问题在规定时间内自主完成基础知识的学习任务。通过学生自主学习，让每个学生静下心来、动起脑来阅读教材，研习问题，自主完成教师设计的问题。学生通过自主学习后，若有自己解决不了的疑问，要注意圈点勾画。教师做好巡视监督工作，指导学生时要言简意赅，注重启发点拨，引而不发，注意鼓励合作探究。

3. 合作交流，评价释疑

小组合作是学生相互学习共同促进的关键环节。各小组围绕问题进行交流、讨论甚至争论。让每个学生通过合作交流发表自己的见解，激发思想火花，培养团队精神，充分发挥学生间的互补作用，为全体学生，尤其为学困生提供更多的课堂参与机会，并将个人独立思考的成果转化为全组、全班共有的认知成果。仍然解决不了的问题，要做好勾画记录。教师全面掌控，注意探究时要控制好时间，保证进行有效探究。

展示交流环节对自主学习和小组合作探究中出现的各种结果，运用展示、分析、比较、评价等方式进行集体交流，在各小组得出的结论之间建立联系并达成共识，以求得最佳的答案。教师根据收集到的信息以学习小组为单位安排展示，展示方式不拘一格，或口头或书面，或向全班展示或进行小组间展示，可根据具体课题灵活运用但要求高效。教师还要灵活运用多元的评价形式，引导学生对展示的结论进行自我评价、生生评价和师生评价。

语文教学这个阶段主要是：通过学生互动、师生互动，学生加深对语言文字和思想内容的探究，培养学生提出问题、分析问题的能力。

4. 积累整合，巩固反思

学生经过激烈的探究评价，思维比较活跃，此时教师要引导学生对本节课知识做最后的知识性回顾，使知识能系统地留在学生的脑海中。同时引导学生在学习的方法，思维的形式结论的概括上进行归纳、整合。就学生而言，学习中获得的感知必须多次重复呈现，才能促进理解，而理解的知识通过应用，才能牢固掌握，也有利于技能技巧的培养。

5. 拓展延伸，发现创新

在前面环节的基础上，教师应以教材为依据，以学生实际为出发点，设计具有拓展性、开放性、探究性的问题，对学习达成的阶段性目标进行深度的质疑、挖掘和引申，促使学生进行举一反三和由此及彼的联想、想象等发散性思维或迁移性训练，使学生真正能把知识消化吸收并加以提高创新。

此环节是一节课的点睛之笔，让学生的知识得到延伸、思维更加开阔、认识得到升华。实施这一环节要让学生从语言文字和思想内容的结合上对课文作深入探究，让学生真正理解课文内容，深入感悟课文的思想感情。

四、语文学科“难忘课堂”的主要教学模式

难忘语文课堂教学模式围绕“文本研习”“问题探究”“活动体验”三大教学方式，不仅可以较为深入地达成课程标准所提出的“积累·整合”“感受·鉴赏”“思考·领悟”“应用·拓展”“发现·创新”五大方面的目标，更有利于塑造健全人格和培养创新人才。难忘语文课堂教学模式通常分为阅读教学模式、作文评改模式和优质复习模式三类。

1. 阅读教学模式

(1) 基本特征。

教师活动特征:导入激趣—导读提示—导引点拨—导情设境—导标反馈—导练拓展。

学生参与特征:唤起参与—自读质疑—精读评议—披文入情—自我小结—举一反三。

认知动态过程:认知准备—整体感知—深入理解—情感内化—理性加工—巩固运用。

当然,上述特征只反映教学中各环节的基本关系,具体到每一篇课文或每一节课是因人而异、因文而异、因时而异的,可作适当的调整。

(2) 操作程序。

导入激趣。课前导入设计的基本原则是形象、多样、新颖、简洁,主要任务是激发学生的学习兴趣,驱动学生的学习需要。这一环节要善于运用电教媒体、网络平台等手段,创设平等、民主、和谐的学习氛围,唤起学生参与的欲望,引起学生参与的兴趣,产生良好的教学心态和学习心态,心理准备充分,做到"课伊始,趣亦生"。

导读提示。这一环节的操作要求:在整体上让学生初步感知全文,了解课文内容,引导、鼓励学生质疑问难,提高学生发现问题、提出问题、解决问题的能力。

导引点拨。这一环节的操作要求:教师要善于抓住机会,先精心设问,让学生"碰壁"、"遇险";接着组织课中评议,并适时点拨;再引导学生反复诵读,读中理解,理解再读,品评课文的语言美、结构美、思想美,使学生深入理解课文,主动积累,运用语言。

导情设境。这一环节的操作要求:教师要进入课文角色,创设情境,带着学生一起去体验文章所表达的感情,让学生在不知不觉中将这种感情内化为自己的情感因素。

导标反馈。这一环节的操作要求:教师要依据课前的既定目标,引导学生主动回顾自己的学习过程,进行理性加工,自我小结这节课所学的知识和所用的学法,并将结果反馈给教师,培养学生学习新知的能力。

导练拓展。这一环节的操作要求:教师要依据目标设计有层次、多形式的练习题,帮助学生巩固和运用所学知识,举一反三,顺向迁移。

2. 作文评改模式

作文评改模式包括写、读、议、评、改五个步骤,分激发情趣——写作阅读、主动探究——讨论评价、巩固运用——自主评改、交流反馈———展示批改四个阶段。

(1) 写读——激发情趣。

(2) 评议——主动探究。

(3) 改文——巩固运用。

(4) 展示——交流反馈。

学生在写出作文后，老师(可以同备课组指定一名)浏览筛选例文(优秀的或是典型的"问题文")，发现问题，总结规律，写出"指导"和"批改例析"，连同筛选的例文印成作文讲评报，以引导学生批改。

根据克拉克"范例教学"理论要求"教师教给学生的东西必须是经过教师精心挑选的具有代表性的内容"，老师筛选例文、总结规律、写出"指导"及"分析"来指导学生自主评改，从而实现"例文—规律—自改—能力"的写作培养模式。

这样的指导，不仅便于学生掌握写作知识，还提高了学生对写作的认知程度。布鲁姆掌握教学理论认为："学生认知前提能力对学生达成度的影响占 50%"。这样，认识能力提高了，智力同时得到发展，通过自主评议，学生的能力无疑会得到提高，从而实现"知识—智力—自改—能力"的学养形成模式。

训练序列分两个方面：能力训练序列、文体训练序列，这两个方面也可交叉进行。如能力包括认识能力和表达能力，而认识能力又包括观察力、思维力、联想力和想象力四种，而表达能力主要指：审题、立意、布局谋篇、遣词造句、选择表达方式、文章修改以及把握作文速度等七种。

以上这七种能力又可结合记叙文、议论文、说明文、应用文四种文体加以训练。

3. 优质复习模式

优质复习模式为四步，即明确考点(含考点表述、考点解读)—典型题例—解题思路—实战演练。围绕这一课型还有很多辅助的工作，如对历年高考题型的研究，课程标准的要求、江苏省考试说明的细化，学生知识、学习心理的储备。

复习课直接面向高考，比其他课型更讲究解题能力的培养，对类型题精讲精练多练、使学生做到触类旁通、举一反三，形成解题能力。

课堂是学生自我发展的主要精神阵地，其主体是成长的生命。为此，我们学科教师会坚持从生命的高度，用动态生成的观点满腔热情地投入难忘课堂教学，课堂形式实现从"知识课堂""智能课堂"向"生命课堂"的迈进，即师生把课堂生活作为自己生命的一段重要的构成部分，在课堂的教与学过程中，通过主体间的各种交往活动，不仅使学生通过简单的技术学习能有感而发、触类旁通，达到学科融合，而且使学生的心灵得到健全、丰富与发展，让课堂生活成为师生共同学习与探究知识、智慧展示与能力发展、情意交融与人性养育的殿堂。教学不再只停留在技术层面，而是努力提升到文化层面。

歌德说："理论是灰色的，生命之树常青。"语文难忘课堂教学模式必须借助我们语文教师的实践来进一步丰富和完善。我们反对模式化，但不反对一定的模式。通中语文教学的优良传统应该且必须继承。这正如鲁迅所说，给孩子洗澡，在倒洗脚水的时候，千万别把澡盆里的孩子倒掉。

（金卫　执笔）

示例 1

锦　瑟

一、课题来源

江苏教育出版社《语文必修四》"笔落惊风雨"专题的"诗从肺腑出"板块中的第四首诗。

二、政策要求

《普通高中语文课程标准》要求：阅读优秀作品，品味语言，感受其思想、艺术魅力，发展想象力和审美力。

三、学情基础

对高中学生而言，虽然他们接触了不少诗歌，但对诗歌的解读仍然停留在较为肤浅的层次，对李商隐的诗歌又比较陌生，且《锦瑟》是李商隐诗中最晦涩难懂的代表作，因此，对这首诗的理解，也就见仁见智，莫衷一是。故拟作逐句赏析，加入一己之见，以期抛砖引玉。

四、教学目标

提升品味诗歌语言的能力；掌握"还原画面，感受诗境，体味诗情"的鉴赏方法；感受李商隐诗歌的艺术魅力，激发对中国古典诗歌的热爱之情。

由于这首诗歌意境朦胧且具有"多义性"的特点，因此本课的教学重点设定为帮助学生运用联想、想象去补充、丰富诗歌画面，从而感受诗人的纷繁意绪。这也是教学难点所在。

五、教学过程

1. 简介作者及其诗歌特点

师:今天我们一起来学习晚唐著名诗人李商隐的一首诗歌《锦瑟》,提起李商隐,大家都很熟悉吧?

“春蚕到死丝方尽——(生)蜡炬成灰泪始干”;

“身无彩凤双飞翼——(生)心有灵犀一点通”

“何当共剪西窗烛——(生)却话巴山夜雨时”

李商隐最擅长以象征、暗示等手法,创造朦胧的境界,表达朦胧的情思。也正是这个原因,他的诗歌往往使人在感受到美的同时,却又很难说得清。《锦瑟》就是其中极具代表性的一篇。所以我们今天的学习是很富挑战性的哟。

2. 创设情境,设置问题

师:首先,我们一起来朗读一下,请大家一定要注意轻重音以及节拍的长短变化。

(生齐读)

师:我先不点评,下面我们一起来聆听古诗文吟诵专家王更生教授的吟诵,请大家注意王教授吟诵时的情感投入。

(听录音)

师:跟大家的朗读相比,有什么不一样?

生:我认为他带有了一点富有节奏的音律美,他能投入对这首诗的理解,带有感情,我们是生硬的。

师:他是唱的。这是一门即将失传的绝学呀。最关键是他的情感投入比我们多。我们读起来好像挺有节奏的,但要我们的感情被淹没在单调的节奏里了。没关系,我们还没来得及慢慢体会呢。等我们体会出来了,也不一定比他差!

师:那么既然要体会,我们首先就要了解这首诗究竟写了什么,表达了怎样的情感。

师:还需要再想想?那自己在下面再读读。

(生自由读)

生:我觉得这首诗表现了李商隐晚年郁郁不得志的情感。

师:诗中有没有直接点明作者情感的诗句?

生:最后两句,前面一句点明了"怀念、追忆",后面一句直接抒发了情感:迷惘的、惘然的。

板书:追忆　惘然

师:从内容看,诗歌写的是对往昔华年逝岁的追忆,在追忆中传达出来的是一种惘然的心情。这个是在首尾两联中就告诉给我们的。那么是什么逗引起他对"华年"的追忆的呢?

生:由锦瑟,看到它五十弦,诗中说"一弦一柱思华年"表明他想起了过去的日子。

师:是锦瑟的五十弦逗引他的,好像李商隐有点无理。"锦瑟无端五十弦"。锦瑟五十弦碍你什么事了?你干吗要埋怨它呢?

生:看到锦瑟五十弦,就想到自己的很多往事。

生:"五十弦"是《史记》中一个典故,天帝让素女弹奏五十弦瑟,其音悲不可禁。"五十弦"在这里表现了李商隐当时的心情。

师:有可能是诗人听到锦瑟五十弦弹奏的繁复的音调,逗引起了很多的回忆,本来是他内心情感的郁积,却反而去责怪锦瑟。这个"一弦一柱"让他回想起了太多的点点滴滴,所以心中无限感慨。

师:如果我们要读好这首诗,还要特别注意哪些地方?

生:应该读得更有节奏,应该在"锦瑟无端"的"端"后断句,"一弦一柱"的"柱"后断句,从而读出情感。

生:二三句都是写的典故,每个典故都有不同的意思,比如说"沧海月明珠有泪"它有两个典故,一个是沧海月明,一个是珠有泪,最好分开读。

师:根据大家的提示,我也想读一读,我读的时候,请大家特别关注中间两联是如何表现诗人内心的惘然的。

3. 研习文本,思考领悟

(1) 揣摩阅读方法。

师:有没有感觉到作者的惘然了?(**生**:感觉到了)是表扬我,还是……?作者是如何表达惘然之情的?

生:作者说"此情可待成追忆,只是当时已惘然",最后一句的音调听起来表达了作者的惘然之情;还有"庄生晓梦迷蝴蝶"也让人仿佛感受到了作者当时像庄生一样神游化外的感觉。

师:我感觉你还是在表扬我,我也来跟大家交流一下我当时的阅读体验。我读第一遍的时候，是感觉到挺美的，所以我就要探寻一下，作者是如何表达惘然之情的，可是探寻的结果是我自己惘然了，诗中到底在表达怎样的思绪，是否有具体针对的事件，我是一头雾水，而且有一种雾里看花的感觉。我相信大家和我的感觉也会差不多，知道这感觉哪儿来的吗？为什么会有这样的感觉呢？

投影：为什么会有雾里看花的感觉呢？

生：因为用典太多，而且每个典故意思都不一样，没有记叙实事，所以让大家一头雾水，雾里看花。

投影：A. 诗歌中用了大量的典故。

师：典故如果用得好，能在有限的字句中包含丰富的、多层次的内容。这里用典太多了，那么内容就太丰富了。

生：刚才讲的是用典太多，如果典故中讲的都是可以代替作者自己的事情，那么我们就可以很清楚他想表达什么，但这里的典故并不能清楚地让我们感受到他到底想要讲什么，有什么跟他自己的事情有关系。

师：对，李商隐用典跟人家不一样，他另类，他着眼点并不在典故原来的事理，而是着眼于典故所传达的情思韵味，用来制造气氛，牵引情绪。

师：除此以外，有没有其他原因了？

生：还没想好。

师：我们不妨与一般的抒情诗作个比较，看看这首诗情感的表现方法上有没有不一样的地方。大家拿出昨天发的讲义，马致远的《天净沙·秋思》，这首小令历来备受推崇，堪称"秋思之祖"（《中原音韵》）。我们一起朗读一下。

投影：

天净沙·秋思

马致远

枯藤老树昏鸦，
小桥流水人家，
古道西风瘦马。
夕阳西下，
断肠人在天涯。

师：这首小令表达了一个漂泊天涯的游子孤寂愁苦之情，作者是如何表达感情的？

生：借景抒情，通过描写枯藤、老树、昏鸦、小桥、流水、人家这几个景物来抒发自己的愁苦、寂寥的心情。

师:作者描绘了一幅图画,在我们脑海中便形成了一种意境,让我们体味到作者的情感。一般抒情诗有套路,它往往是借助于眼前景象的选择、组合,构建一幅完整的画面,创设一种意境,从而传达出诗人的内心情感。

师:大家再来看看李商隐的《锦瑟》,中间两联选择了哪些意象?

生:蝴蝶、杜鹃、海、月、珠、泪、蓝田、日、玉、烟。

师:这些意象是诗人的眼前之景吗?(不是)

师:如果说眼中所见我们称之为实景,那么这里的意象就应该是虚景了,所谓虚景,说穿了,就是诗人的心中所见,反映的是心境,是心象。大家都做过梦吧,就跟你的梦境差不多。也就是说,此时,诗人已经把自己的心灵世界直接作为表现对象,呈现在大家面前。

投影 B. 以大量虚景入诗,呈现诗人内心。

师:这些意象能不能简单地连缀成一个完整的画面呢?

生:不能。

师:各意象之间的跳跃性太大,不受任何的时空限制,这就跟我们的梦境一样,上天入地,有时还搞点穿越。所以,我们想要深达诗人内心,就要尽量还原诗人心中的画面,而要还原这像梦境般的画面,就得凭借我们的联想、想象去补充、丰富画面,唯有这样,才能感受诗人的纷繁意绪。这就是我们本堂课最重要的一个实践性任务。

投影:用联想、想象去补充画面,还原诗人心中的镜像。

(2) 示范阅读。

师:好,我们下面不妨就结合对诗中典故的理解,以这种方法去细细品读一下颔、颈两联。体味一下,诗歌是如何表达惘然之情的。先跟大家交流一下我的品读心得:

> 中间两联四句中我最喜欢"沧海月明珠有泪"这句。课文下面的注解告诉我们,这一句合用了"沧海月明"和"南海鲛人泣泪成珠"两个典故。对于第一个典故,我没有明显感到它的感情色彩,而对第二个,我有直觉的悲凉感,于是在我脑海中形成了一幅以深青色的大海和天上的一轮明月为背景,以鲛人泣泪成珠为主体形象的画面。
>
> 月明海静,蚌向月张开,蚌中珍珠得月之光华,显得分外晶莹。月华如水,耀亮了珍珠,珠光若月,映射着大海。意境虽清冷,却是那样的美。

但此时此刻，在清风之中，鲛人泣泪，颗颗成珠，似乎诉说着无尽的哀怨与彷徨、凄凉与迷惘。珠光、泪光融成一片，难以分清了。清冷的意境中，又平添了许多寂寥和悲苦。我不知道美丽和悲哀、失落怎么总是结合在一起，试想，鲛人在痛苦中哭泣，其泪却化为人们喜爱的珍珠，其中有多少情味呀！此时，在我的心里，鲛人的形象已经渐渐幻化为诗人的形象了。诗人在对华年逝岁的追思中，也许早已潸然泪下，内心一片凄冷的世界，充盈着无尽的寂寥与怅惘。

板书：冷——怅惘

4. 自主分析，合作探究

师：我刚才首先理解典故，然后借此想象画面，感受意境，从而体味诗人的情感。好，下面给大家几分钟时间，大家也交流交流，根据我刚才的方法，读一读，体味体味，把你认为最美的你最喜欢的诗句挑出来。

师：好，我们交流一下。（指名答）

“蓝田日暖玉生烟”

生：我最喜欢“蓝田日暖玉生烟”，诗歌中四个典故其实都是讲作者淡淡的哀思，它们都是以这个相贯穿的，并且是作者人到暮年郁郁不得志的情感，但是又相对独立，前面是以美丽、悲哀相结合，而这一句让我感觉到更加的苍凉。因为“日暖”给人一种舒适的感觉，是一种温暖的色调，“玉”给人稍微有些清冷，但还是非常温润的、美的，但是它下面又说到表现的是一种“可望而不可置于眉睫之前”，这样一种美好的东西，它虽然在我的眼前，却不能触摸到它，就是我只能看到它，可望而不可即，这种情感其实比看不到它更加的难过。让人有一种模糊的距离，更让作者感受到十分的无奈和凄苦。

师：说到我心里去了，她首先对整首诗的情感意境作了一个准确的把握，然后重点感受了一下这一句，她认为这一句在一种暖色调的前提下，又给人一种清冷的感觉，在一种温暖的心理镜像之中，又蕴含着清冷所带来的对美好往事触摸不到的迷惘。

板书：暖

师：还有没有同学也喜欢这一句的？刚才下面有同学问我，这个“蓝田日暖玉生烟”到底是什么意思。你想啊，这种温暖的色调反映的是温暖的心境，必然是作者想起了一些让他感到内心温暖的往事，那么，这一句是不是就仅仅表现了诗人回忆美好往事时的内心温暖的感觉呢？不是的，刚才这位同学回答得很好，这个典故，“蓝田日暖，良玉生烟”是代表了“可望而不可置于眉睫之前”的诗家之景。所谓“可望而不可置于眉睫之前”就是你远看则有，近看则杳，也就是作者回忆那些美好往事时，感觉那些美好就在那里，想要走近它，却又像那缕缕轻烟一样飘散了。那丝丝缕缕的轻烟又难免使作者陷入一种往事如烟的虚无缥缈之境了。

板书：暖——怅惘

“望帝春心托杜鹃”

生：我最喜欢的是“望帝春心托杜鹃”这一句，讲的是杜宇本来是个帝王，后来失国身死，化为杜鹃鸟，整日啼叫，直至口中流血。这里的春心指的是对青春、爱情或理想的向往和追求。整个典故表现的是凄苦、悲凉的情感。我觉得李商隐也是有春心的，但是他在政治上不得意，这让他生活上很悲苦、凄凉。这典故与他自己是有一定的联系的，能很好地体现他凄苦悲凉的心境。

师：好，知人论世了。还有喜欢这一句的同学吗？

生：我读了这一句就仿佛看到一只杜鹃，它在人间的二月，遥望着人间的美好景色，那是一种和和睦睦、其乐融融的景象，它就无声地流下泪，吐出血来，表达了它对一些美好事物的渴望，但永远得不到的悲苦和失望，只能遥遥望着那些事物，但永远接近不了的无奈和悲苦。

师：你想象的画面很准确，但杜鹃是会叫的，你说它是无声的远望。

生：那就是杜鹃啼叫。

师：这位同学是通过想象画面揣摩情感，他不仅有典故分析，而第一位同学更多的是结合典故分析。两位同学感觉都挺准确的。这里面用了杜鹃啼血这个典故，杜宇是因为失去国家，国破家亡了，他化为杜鹃日日悲啼，那么作者是因为失去什么？结合“春心”的理解，他失去的是青春、爱情、理想等等，这一切可能的美好事物。所以当作者在追忆往事时，当他意识到，青春再也不在，理想破灭，一切美好的东西都已远离作者而去，再也无法追寻，作者的心里除了空虚幻灭，还能剩下什么呢？只能是无尽的伤痛、悲哀和无奈怅惘。

板书：哀——怅惘

师：我们同学的理解真的很容易到位。我本来还设计了一个问题，正如刚才同学所讲的，这句诗所呈现的画面是单一的，只有一个形象——杜鹃啼血。那么我们需不需要给它增添一个背景呢？或者如果可以的话，可以增添一个怎样的背景呢？后来我一想，这问题完全是多余的，根本不需要背景。我们就让这幅画面留下大片的空白，甚至连天空这样的背景都不要，我想，那种伤痛、那种悲哀、那种迷惘，可能更是铺满在纸上，充斥于我们内心的每一个角落。假如让你们加背景，你们会加什么背景？

生：我会加春天，因为杜鹃是春天出现的。

师：是江南的春天，还是北方的早春？

生：应该是北方的春天，因为这样肃杀凄凉的感觉才能更好地衬托出来。

师：这是一种怎样的衬托？

生：正面的衬托。

师：有没有不同意见？

生：我觉得应该是秋天，江南的秋天。刚刚度过春天、夏天，这样感觉会更加凄凉。因为刚刚度过美好的时刻，这时候又失去了一切。

师：好，两位同学其实加背景的一个最高原则是依托于背景的衬托来表达情感。那么，我想的是什么呢？跟大家不一样。我想的是前一句。对蝴蝶，我一直感觉特美好，而且感觉它特快乐。我觉得用这种快乐的画面来衬托凄楚悲哀的心情，便形成一种极大的落差，所谓以乐景写哀，一倍增其哀乐。

师：假如要读好这一句，最关键要读好哪个字？

生："托"。

师：请一位同学来示范一下。

（一生读）

师：是呀，托的是春心，所寄托之物却是杜鹃的悲啼，这种反差怎能不让人心痛呢？

"庄生晓梦迷蝴蝶"

师：接下来是"庄生晓梦迷蝴蝶"，刚才在下面转的时候，我发现好多同学都喜欢这一句。

生：喜欢这一句，是因为首先蝴蝶是非常美好的意象，庄生在梦里梦见他变成了蝴蝶，醒来后却不知是自己变成了蝴蝶，还是蝴蝶在梦中化为了他，我认为他已经分不清自己究竟是谁，或者说已经找不到自己的定位。就是那种迷惘，一个"迷"字，能看出他其实化为蝴蝶，蝴蝶是个美好的意象，但是他醒来后发现，现实跟梦境有一个极大的落差，所以内心的无措、迷惘能更好地体现出来。

师：我替你稍微理一下，我觉得你这里面讲了两种情绪交杂在一起。首先从蝴蝶是一种快乐的形象入手，觉得他内心可能有一段时间是挺快乐的，然后这种快乐

过去之后，就是迷惘了。（生点头）

生：我觉得这里写梦，他迷梦，他是分不清梦和现实，我觉得他也是分不清回忆和现实，迷失在对过去的回忆当中了。

师：太精准了！回忆和现实，他已搞不清了。大家的感觉都很准确，但我估计可能还有些同学不能完全感觉到位，如果我们跟着庄生、跟着作者一起做一下那个关于蝴蝶的梦，我想我们的感受可能会更深一点。大家把眼睛闭上，想一想，想我成了蝴蝶了。我成了蝴蝶，在你的眼中，你会看到一个怎样的世界呢？

生：这个世界本来是站在人的角度，现在站在蝴蝶的角度，世界变得更大了。

师：它会看到怎样的情景呢？

生：还没想好。

生：首先想到蝴蝶，我就想到春天，因为春天的时候我们很容易看到蝴蝶。蝴蝶是很美好的事物，然后我就想到与它相似的花，因为花是很美丽的。古往今来，有很多人用花来表达自己对自然的一种喜爱，对生活的一种向往，所以，我觉得对蝴蝶可以用花来陪衬它的美好。

师：蝴蝶是离不开花的，我们可以想象，在自然的世界里，你化成蝴蝶了，你可能看到什么呢？你可能看到小朋友在花丛中奔跑，你可能还看到花儿的悄然绽放，你可能还听到花儿的喃喃细语，你可能还听到鸟儿的雄雌鸣和，情意绵绵。总而言之，这蝴蝶就着花丛把“鸳鸯蝴蝶梦”唱了个酣畅淋漓。也就是说，此时，作者像庄生，也像我们一样，已经乐而不知身处何处了。

板书：乐

师：但是这种快乐，就像梦一样，是很短的，特别就像破晓之前的梦，一下子就醒了。我们推想一下，作者或者庄生或者你我从这样美好的梦中醒来，是一种怎样的感觉呢？

师：一种失落、一种空虚、一种幻灭、一种迷惘。（生应和）

师：我们刚才做的这个梦其实就是印证了刚才同学的解说。

板书：乐——迷惘

师总结：中间两联四幅图画虽然各有主色调，但作者或喜或悲、或冷或暖的心理感受早已纠缠在一起，哪里分得清了呢？这种种心灵景观在作者心里时隐时现，我们知道，诗人在极度的迷茫失落之中，他已经意乱而情迷了，他的内心纠结于希望与绝望，已经形成了一个怪圈，再也走不出去了。

板书：意乱而情迷

师：带着刚才的体会，我们一起把这首诗再来读一遍，把那种惘然之情读出来。（生齐读）

5. 积累整合，巩固反思

师：最后总结一下，对于这样一首另类的、以大量虚景入诗、直接呈现诗人内心世界的抒情诗，我们是怎样解读的？

投影：

理解典故　　还原画面
紧抓意象　　感受诗境
想象联想　　体味诗情

我们首先结合典故的理解，紧抓蕴含丰富情感的意象，然后通过感情的灌注和想象的补充，还原了诗人心中的镜像，从而感受到了作者时光追忆中的伤痛、怀念、无奈、迷茫。

可是怎样的往事让诗人如此“惘然”呢？诗人究竟在苦恋什么呢？如果你有兴趣，不妨也像那些专家学者那样，多收集一些资料，做些研究，也许你也会有新的见解。

板书：

锦瑟　李商隐

乐　　哀　　思年华
　惘然
冷　　暖　　意乱情迷

六、教学反思

面对这样一首意蕴丰富的诗歌，不能引导学生们把它当作快餐来吃，非细细品读、慢慢咀嚼不足以体会其妙处。如何教会学生层层剥笋，从表面的文字直抵情感的、思想的内核呢？解决这个问题尤其难。为此，在教学设计中，我着重考虑了这样两个问题：

1. 强化课堂的铺垫

在语文课堂上，教师不可能一下子就引入核心问题，那样容易造成课堂上的“冷场”现象。比如学习《锦瑟》这首诗时，如果直截了当地问“作者是如何表达惘然之情的”，效果肯定不会好，学生也许无话可说或者不知从何谈起，即使能勉强地一问一答，也可能把丰富的知识生成过程简单化了。于是，我进行了三次铺垫。第一次，引导学生反复地朗读吟诵，以整体感知诗歌的情感；第二次，与马致远的《天净沙·秋思》进行比较阅读，让学生从中总结出一般古典抒情诗的抒情套路，并以此为参照物，找到解读此类诗歌的方法；第三次，在细读品味环节，和学生交流深入阅读后的“品读心得”，根本目的在于给学生接下来的自主阅读作一个示范。在这样的层层铺垫中，学生的鉴赏的兴味逐渐浓厚，知识体系逐渐形成，能力的内化渐显端倪。

2. 强化感性的阅读

生活本身就是感性的，文学正反映了感性的生活。所以对文学的欣赏需要更多的感性的体悟。

首先是吟咏。吟咏的教学意义在于：通过反复吟咏，使这首诗的语言刺激学生本有的诗歌语言经验世界，并使之产生反作用，从而直接感知诗歌所表达的情感。正如钱理群先生所言：“也许你读完作品，只有一些朦胧的感觉、若隐若现的人物身影，只有说不清、道不明的情感的涌动，思绪的感悟，或者某种想象、创造的冲动，这样的第一（原初）感觉、感悟，涌动、冲动是最可贵与最重要的，它是文学阅读（欣赏）的最基本的要求，也是以后的文学分析的基础。”因此，在课堂教学中，我尽量采用了多样的诵读方式：齐读—听吟诵—教师读—学生自由读；并且，在过程中突显了这一环节的目的，那就是体味、把握诗歌情感。比如，学生齐读和听王更生教授吟诵，其目的是让学生在比较中感受王教授吟诵情感的投入，由此顺势进入对诗歌情感的揣摩，再接下来根据自己对情感的把握，思考如何通过朗诵把自己的理解呈现出来，最后再以教师的朗读和学生的自由读检验和强化对诗歌情感的把握。

其次是想象。个人心绪的真实再现，需要靠想象，这种想象主要基于读者与作者在情感情绪上的“息息相通”。这种再现，是作者的，有时更是读者的。因此，在与马致远的《天净沙·秋思》进行比较阅读后，我和学生达成了共识：“诗歌以大量虚景入诗，来呈现诗人内心，我们想要深达诗人内心，就要尽量还原诗人心中的画面，而要还原这像梦境般的画面，就得凭借我们的联想、想象去补充、丰富画面，唯有这样，才能感受诗人的纷繁意绪。”于是，在我作了充分的示范后，学生进行自主阅读。这个环节中，学生联系典故，紧抓蕴含丰富情感的意象，通过想象和联想，以自己的理解去还原了诗人心中的镜像，从而感受到了作者时光追忆中的伤痛、怀念、无奈、迷茫。显然，这是种用形象感受形象的方法。如果作为文学批评，这可能不利于学说的确定性，但在鉴赏中，特别是在初学鉴赏者的学习中，却远远比单纯的理性术语评价来得深入。而且，也许语文课堂的语文味正由此而体现出来了。

上完课后，感受很多，最深刻的有三点：第一，语文课一定要上成语文课。语文是用语言文字来打动人心提升人性的课程。对于学生而言，如果能从人人可见的文字表层，挖出未必人人能见的深意，是一个充满创造乐趣的过程；第二，无论多么精心的设计，每一堂语文课总会有“意外”发生，尤其当把更多的课堂主动权交给学生时，自然“意外”迭出，这就要求我们教师不断加深加厚阅读积淀，这样才能求得课堂上的从容调度；第三，课堂推进中，所有称得上技巧的教学手段，其实都有一个共同的特点，那就是遵循了学生学习的规律。正如德国教育家第斯多惠所说：“教学艺术的本质不在于传授的本领，而在于激励、唤醒和鼓舞。”

（夏立东　供稿）

示例 2

登　　高

一、课题来源

江苏教育出版社《语文必修四》第三专题“笔落惊风雨”的“诗从肺腑出”板块中的第二首诗。

二、学情基础

学生因为生活积累不多，情感体验有限，再加上古诗词的语言高度凝练，阅读时，学生对古诗词作品的理解往往很笼统、模糊，对情感的感悟无法准确到位，在方法上也比较呆板机械。久而久之，学生对古诗词的学习兴趣逐渐淡化，也就无法领略到中国古诗词的真正魅力。

三、教学目标

了解杜甫生平以及对其诗歌创作的影响，赏析情景交融、气象宏伟、沉郁顿挫的艺术特点。

利用 E 学习平台，运用诵读法、合作探究法、互评法等完成教学目标。

感受诗人深沉的苦痛与忧思。

教学的重点与难点分别是 E 学习平台和传统教学形式的有效结合，以及感知抑扬顿挫的律诗中所沉淀的深沉情感。

四、教学过程

1. 熟悉文本，初步感知

（1）熟读作品。

(2) 了解杜甫生平。

(3) 把《登高》中关于景物描写的文字改写为现代散文(写在《日知录》上)。

附:预习资料

[诗人简介]杜甫(712—770),字子美,生于河南巩县(今河南省巩县),是名诗人杜审言的孙子。因曾居长安城南少陵,故自称少陵野老,世称杜少陵。三十五岁以前读书与游历。天宝年间到长安,仕进无门,困顿了十年,才获得右卫率府胄曹参军的小职。安史之乱开始,他流亡颠沛,竟为叛军所俘;脱险后,授官左拾遗。乾元二年(759年),他弃官西行,最后到四川,定居成都,一度在剑南节度使严武幕中任检校工部员外郎,故又有杜工部之称。晚年举家东迁,途中留滞夔州二年,出峡。漂泊鄂、湘一带,贫病而卒。

杜甫生活在唐朝由盛转衰的历史时期,其诗作多涉笔及社会动荡、政治黑暗、人民疾苦,被誉为"诗史"。其人忧国忧民,人格高尚,诗艺精湛,被奉为"诗圣"。

设计意图:通过熟读的方法,学生可以熟悉诗作,并结合预习作业为课堂教学做准备。

2. 创设情境,激发兴趣

带着同学回顾一首学过的古诗《九月九日忆山东兄弟》,其中体现了重阳节登高的习俗,进一步引导同学回想古人重阳节的习俗还有哪些。

九月九日忆山东兄弟

王　维

独在异乡为异客,
每逢佳节倍思亲。
遥知兄弟登高处,
遍插茱萸少一人。

农历九月初九是中国传统的重阳节,是全家人一起登高、插茱萸叶、喝菊花酒、祈求长寿的欢快节日。而1200多年前的那个重阳节,一位老人朝山上走来。他衣衫褴褛,老眼浑浊,蓬头垢面。老人步履蹒跚,跌跌撞撞。他已经满身疾病,有肺病、疟疾、风痹,而且已经"右臂偏枯耳半聋",这位可怜的老人就是杜甫。

设计意图:通过回顾已学诗歌作品,带学生进入本节课的情景。

3. 自主学习,感知形象

选定《登高》全诗,请同学们在平板上用醒目的颜色勾画出意象。

风急天高猿啸哀，渚清沙白鸟飞回。
无边落木萧萧下，不尽长江滚滚来。

结合诗句随机挑选同学进行展示，同时进行讨论整合。

讨论结果：意象集中在前两联的四句中，以天、风、沙、渚、啸猿、飞鸟、落木、江水构成一幅秋景图。

教师小结：古诗词中的某些意象和相应的情感构成相对固定的组合，而不同的意象组合在一起构成了一幅幅别样的图景。

设计意图：古诗词中的意象确认是解读诗歌的把手，也是学生以后自主阅读所应具备的能力。

4. 合作交流，评价释疑

选定《登高》全诗，让同学们使用平板的拍照功能，把课前预习工作中的景物描写的改写拍下，并上传到平台。

风急天高猿啸哀，渚清沙白鸟飞回。
无边落木萧萧下，不尽长江滚滚来。

平台显示：

同学展示①：秋风刮过，蓝天高远，猿声哀伤。水中小洲水清沙白，天上的鸟儿盘旋飞翔，无边无际的落叶萧萧掉落，无尽头的长江滚滚而来。

同学展示②：江风疾狂，撕扯着两岸的声声猿啸，哀伤了人心，清秋独有的天空显得愈发高远，映衬着江上的一片灰白。江中的小洲积蓄着清寒，掩映着黄白的沙石。这时节，孤独的鸟儿在空中不停地盘旋，悲风辗转，转落了两岸的片片秋叶，汹涌的江水从上游滚滚而来。

讨论及评价：

展示①对于诗句的转换过于简单，没有把画面完全展开，诗歌的意境不够。

展示②的描写生动、细致，画面感极强，把原诗中的诸多意象融入到秋景的描绘中，意境全开，将读者在赏读原作时的真实感受加以立体化的呈现。

同学展示③：急切的秋风，高远的天空，悲凉的猿啼在回鸣；江水澄碧，流沙雪白，孤独的鸟儿在沙洲上空飞来飞去。无边的旷野，风儿吹荡着落叶萧萧地坠下，不尽的长江啊，波涛滚滚奔流不息。

在刚才的讨论之后，不少同学对自己改写的内容作了修改，下面我们可以进一步思考，当我们读着自己改写的这段充满现代散文气息的文字时，我们会对这样的图景作怎样的评价呢?

让学生利用平板的手写功能,用一些词语概括自己的感受,同时上传到平台。

讨论及评价:

同学展示:萧瑟　孤独　凄凉

结论:

既雄浑高远,又肃杀凄凉,有一种宏大的气势。

面对如此的景象,诗人抒发了怎样的感慨?从后两联中找出一个字概括诗人的情感,并找出相应的依据。学生用平板直接圈画,小组讨论。

讨论及评价:悲/苦

万里/作客,悲秋,多病,独,艰难苦恨,霜鬓,新停浊酒杯

诗人的悲苦不是单一的,而是多重的,层层叠加的,沉重而频繁地打击着诗人。

结论:

一悲清秋萧瑟 二悲生命短暂 三悲羁旅万里 四悲年暮垂老

五悲多病缠身 六悲孤独一人 七悲时世艰难 八悲功业无成

设计意图:充分利用E学习平台,学生自由地展示自己的见解,产生师生、生生互动的课堂效果。

5. 积累整合,以文考证

【创作背景】　这首诗是杜甫大历二年(767)秋在夔州所作。夔州位于长江之滨、瞿塘峡口,以水急、风大、多猿著称。诗中抒发的不只是诗人个人的不幸。当时,安史之乱已经结束四年了,但地方割据势力又乘隙而起,相互争夺地盘,造成社会动乱,民不聊生。在这种形势下,诗人只得继续"漂泊西南天地间"。他的郁闷是多种因素造成的,这里有时代的苦难,也有家道的艰辛,个人多病和壮志未酬,再加上好友李白、高适、严武的相继辞世。为了排遣浓云一样时时压在心头的郁闷,他抱病登台,但悲凉萧瑟的江峡秋景反倒使他增添了新的悲哀。

颠沛流离,坎坎坷坷——几乎一直伴随着杜甫的一生。这里既有国家的艰难,又有个人的苦难,二者都有。他既忧国,忧民,又忧身。应该特别强调杜甫的一个独特之处,就是:古代许多知识分子常以"达则兼济天下,穷则独善其身"作为处世准则,而杜甫却是无论穷达,都是兼济天下。

设计意图:此时再引入这首诗诗人创作的背景,可以让学生更深刻地感受诗人深沉的苦痛与忧思。

6. 探究方法，巩固训练

意象分析法　抓住诗中的形象，紧扣表现形象特征的词语，体味情感。

移情入境法　展开想象与诗人形成共鸣，甚至让自己化身为诗人，体味诗人的情思。

知人论世法　能尽可能了解诗人生活的时代特征和其自身境况。

我们的学生在学习古诗词时，如果仅仅把它当成一种任务，就会学得非常痛苦。作为教师，我们应该带着学生借助诗词阅读的方法，进入诗词的世界，走入诗词作者的内心世界。诗词的学习，不必机械地解读，不要支离破碎地解读，那会让学生失去学习古诗词的兴趣。

设计意图：带着学生归纳一些诗歌阅读中常用的方法，更好地感知抑扬顿挫的律诗中所沉淀的深沉情感。

7. 布置作业，课外拓展

杜甫一生的诗歌创作经历了四个阶段：

(1) 读书和漫游时期(三十五岁以前)。

(2) 困居长安时期(三十五至四十四岁)。

(3) 陷贼和为官时期(四十五至四十八岁)。

(4) 西南漂泊时期(四十八至五十八岁)。

从这四个阶段中，各找一首杜甫的诗歌作品，进行赏析，特别注意诗人在不同人生阶段情感的变化。

设计意图：可以让学生结合作品串联杜甫的一生，对杜甫的悲惨而伟大认识更深刻。

附：板书设计：

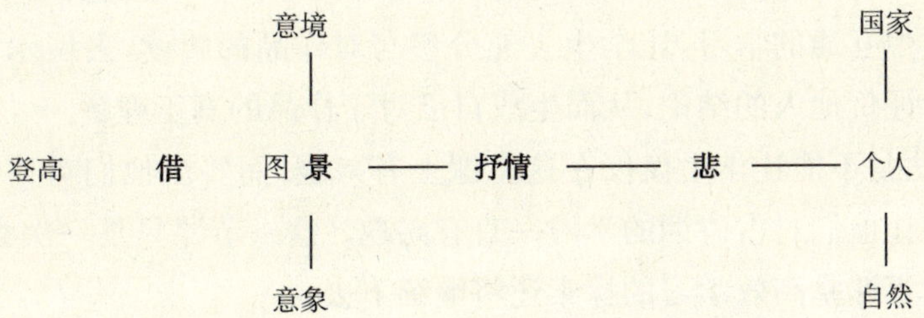

五、教学反思

1. 文本

《登高》是杜甫大历二年(767)秋在夔州时所写。当时诗人病卧夔州,夔州在长江之滨。全诗通过登高所见秋江景色,倾诉了诗人长年漂泊、老病孤愁的复杂感情,慷慨激越,动人心弦。杨伦称赞此诗为“杜集七言律诗第一”(《杜诗镜铨》),胡应麟《诗薮》更推重此诗精光万丈,是古今七言律诗之冠。

这首诗的教学目标重点放在了赏析情景交融、气象宏伟、沉郁顿挫的艺术特点和感受诗人深沉的苦痛与忧思上。

2. 学生

学生在课堂上学习古诗词,不是为了课后会背诵这首诗词,也不是为了记住某些现成的鉴赏结论。古诗词是我国古代文化中宝贵的财富,我们的学生应该对传统中精华的部分加以继承。所以我们应该让学生从对机械考试的疲于应付中走出来,真正走入古诗词作者的内心去体验他们的情感,而不是功利地肢解文本,呆板地记忆。

3. 教法与学法

杜甫是唐代诗歌的两座巅峰之一,我们的学生以前也许学过杜甫的一些作品,但可能仅仅限于通过传统的教学方式来进行对某首诗的单向解读,对于杜甫的人生际遇、复杂情感未必有非常深刻的体会。所以这节课我借助了“E学习”的形式,学生明显对于使用平板这种E学习的形式非常感兴趣,这次“E学习”的课堂教学中,通过平台推送的方式,同步展示同学的分析,或拍照,或涂鸦,或文字输入,或手写的方式,极大地调动了同学们的学习兴趣,所以能够比较积极主动地参与到教学活动中,让学生在一个与以往完全不同的学习环境中,在一个灵活互动的平台上,进行师生、生生互通的学习,让学生去充分参与对作品的解读,去展示自己的思维成果,去思考评价他人的结论,从而生成自己对于作品的真正理解。

我的想法是不能让学生仅仅在这堂课上有兴趣,而要让他们对这种教学形式一直有兴趣,让他们对古诗词的学习一直有兴趣。这一节课只是一次尝试,只是一小步,我们对于课堂高效学习的探索还将继续下去。

(薛德荣　供稿)

示例3

我的一位国文老师

一、课题来源

江苏教育出版社选修教材《现代散文选读》第一板块“活生生的这一个”。

二、学情基础

学生在九年的义务制教育阶段，能够熟练掌握分析写人类型的记叙文的方法，即通过分析人物外貌、语言、动作及心理活动，揣摩人物内心，把握人物个性特征。到了高中，由于苏教版教材编订的限制，学生反而较少接触写人的文本了，在长时间的古诗文学习中，在疲于应付机械考试的过程中，已经丧失了真正走入作者内心情感的兴趣，变为功利地解读文本，字斟句酌的习惯不见了，上课时语文味儿变淡了。而课标要求高中生能够学习鉴赏散文的基本方法，理解作品的思想内涵，领悟作品的艺术魅力，所以，如何让学生更加深入文本，培养鉴赏散文作品的浓厚兴趣，丰富自己的情感世界，建立学生和文本之间的链接，建立学生经验和作者体验之间的链接成了本文要解决的一个问题。

三、教学目标

品味梁实秋幽默风趣语言特点，感知徐锦澄先生凶悍、认真、尽职的形象。

合作探究文本抓细节，忌虚字，起笔健，用譬喻等写作技巧，并学以致用。

体会作者对先生的情感变化，从觉得可怕到亲切可敬及深深的缅怀之情。

教学重点：感知人物形象，体会作者情感。

教学难点：如何理解先生的骂人。

四、教学过程

1. 创设情境，激发兴趣

师：画面上这位就是被誉为散文一代宗师的梁实秋先生，他在离开徐锦澄先生老师将近50年后，怀着无限的怅惘和敬慕写下了这篇著名怀人名作——《我的一位国文老师》。

师：我试图找寻徐先生的照片，可是无果。但幸好有梁大师的这篇文章，同学们进行了预习，在梁实秋的文字的引导下，根据自己的理解，各自绘制出了自己心

目中的画像，请欣赏两幅作品。（利用平台推送至所有同学的平板电脑上，展示同学的画作）

2. 文画结合，感知形象

请同学比较分析两幅漫画并据此概括人物形象。

生：这两幅图有区别，比如脸型上，张天曦同学画的是尖头，五官比较集中；马小邓同学画的是方脸，还有酒糟鼻。

（张天曦 作）

（马小邓 作）

生：眼镜也有不同，一圆一方长。

生：袍子一个是干净的，一个有污渍。

生：一个有鼻涕，一个没画。

生：我觉得她们俩画的有异曲同工之处，一个是画了头上一团怒火，表示正在发作，表现出了老师的凶悍，一个则是画成手持武器，且头上生角，表示是个夜叉形象。

生：我还发现俩人都把先生的额头画得亮亮的。

师：两位同学还是画出了人物的基本特征的，漫画是以线条，以适当的变形和夸张手法，来画出人物的外形，更让我们感受到人物的神韵。而同学可以画出这样的效果，当然这要归功于梁实秋先生的文字功力。请马小邓同学作为绘制同学代表说明一下你是怎么构思的。

生：我觉得梁实秋先生的文字非常形象，穿着打扮，相貌轮廓，形状色彩，都交代得很清楚，几乎不用怎么思考，只要跟着他的文字就描摹出来了，比如文中“头很尖，秃秃的，亮亮的，脸形却是方方的，扁扁的"，"鼻子眼睛嘴好像是过分地集中在脸上很小的一块区域里"也很幽默风趣，"鼻尖有一些红，像酒糟的，鼻孔里常川的藏着两筒清水鼻涕，不时的吸溜着，说一两句话就要用力的吸溜一声，有板有眼有节奏，也有时忘了吸溜，走了板眼，上唇上便亮晶晶的吊出两根玉箸"，所以我想可以把他画丑一些，凶一些，邋遢一点。

师：是的，在梁实秋笔下，呈现出了一个相貌丑、性格凶、好骂、不修边幅、不拘小节、行为邋遢的徐先生的形象。

3. 合作交流，评价释疑

师：值得一提的是两位同学在漫画上都添加了徐先生的经典语录，即后来广为传诵的一句："你是什么东西，我一眼把你望到底"。请张鑫灿同学表演一下。（略）

师：徐先生的一头怒火到底从何而来？是喝了酒微醺而来撒了点酒疯，还是同学插嘴所以忍不住勃然大怒大发脾气，课也没上，还骂了一整节的课？如果放在现在估计要遭学生和家长投诉，可是梁实秋对这一行为的评价又是什么？

生：梁实秋认为徐先生的骂人是一种正当防卫。

师：如何理解老师的骂人是一种正当防卫呢？请联系上下文，结合预习时请大家查找的梁实秋所上学校的概况，了解来龙去脉，小组合作探究分析原因。

展示阅读平台推送的资料，请学生概括背景。

生：庚子赔款后创办清华学堂，这是美国人进行的西式教育，学制特殊。课程安排上特别重视英文，上午的课，如英文、作文、生物、化学、政治学、社会学等一律用美国出版的教科书，一律用英语讲授；国文、历史、修辞等都放在下午。毕业时上午的课必须要及格，而下午的成绩则根本不在考虑之列，所以大部分学生都轻视中文课程。

师：形势如此，文中的学生处于怎样的学习状态呢？

生：梁实秋在文中真实记录了同学们的学习状态：因为成绩与毕业无关，所以学生上课：睡觉，看书，写家信，走神发呆，甚至开先生玩笑，总之不务正业，课堂纪律松散。

师：作者干吗了呢？相反吗？

生：不是，他自称是个上午捣乱下午安分的学生。

师：这里的安分是极为认真听课吗？

生：不是，他常常做的一件事情正是——画漫画，在这个语境中，安分并不是真正的安分，只是不捣乱而已，但其实缺乏对老师起码的尊重。

师：对，这对老师缺乏起码的尊重的行为正是文中糟糕的情形，这种情形下的骂人绝非简单地喝了点酒，而是徐先生在恶劣的学习环境下的"正当防卫"，因为学生的行为是对他深爱的国文的亵渎、不敬，骂人是为了维护自身起码的尊严，也是为了引起孩子们的重视。

师：据此，能否与其他老师的态度比较一下，这样一个徐先生又带给了你怎样的感受？

生：与其他老师奉行故事、乐得敷衍相比，徐先生其实是尽职认真，决不懈怠，用心良苦，是因孩子的不懂事而忧虑心急。

师：梁实秋在《骂人的艺术》中说：古今中外没有一个不骂人的人。骂人就是有道德观念的意思，因为在骂人的时候，至少在骂人者自己总觉得那人有该骂的地方。何者该骂，何者不该骂，这个抉择的标准，是极道德的。所以根本不骂人，大可不必。或许这就是对本文骂人事件最好的注脚。

如此看来，联系这一背景，徐先生正是以自己的怒不可遏，严厉呵斥在警醒孩子做人的道理，而梁实秋也是带着自己的情感，带着对老师的理解和尊重和体谅，在写他的骂人。而骂人事件后，师生之间反而走得更近了，梁实秋忘不了这位国文老师的根本原因正是作为老师的徐先生给予他的东西。

4. 积累整合，以文考证。

师：梁实秋在文中用了哪些语句表现出了徐老师对他国文学习的影响？

生："我对于国文的兴趣因此而提高了不少。"

生："好文章掷地作金石声，那也许是过分夸张，但必须可以琅琅上口，那确是真的。"

生："如果我以后写文章还能不多说废话，还能有一点点硬朗挺拔之气，还知道一点'割爱'的道理，就不能不归功于我这位老师的教诲。"

生："徐先生教我许多作文的技巧。""诸如此类的心得，他传授我不少，我至今受用。"

师：这是梁实秋心中真正的国文老师，不管是选编教材用心独到，介绍作者亲切，还是诵读课文有腔有调，讲解文章富有激情，眉飞色舞，作文批改指导有方，都使其获益匪浅。

当然其中最重要的是老师传授的作文技巧。文中连用了三个"他告诉我"，有引用老师的原话，还有两处已经是融入了自己的理解后的技巧。请同学找准范围，迅速筛选徐先生传授的作文技巧，概括三个方面的内容，可以文字输入，也可写在纸上拍照上传，展示讨论。

生：概括：忌虚字、起笔健、用譬喻。

既然作者言至今受用，那么我们不妨就以本文为例，看看得老师真传的梁实秋是如何学以致用的，也许对老师最好的怀念不仅仅是记住老师的话，更是将老师所传授的东西运用得炉火纯青给我们这些读者以更多的启发。小组讨论后交流，各举一例说明。

生：本文的起笔矫健，开门见山，两个“最”字，至今不忘，突出强调了在我记忆中的位置。

生：用语简洁，不多虚字，比如作者在写老师的时候说“他念得有腔有调，有板有眼，有情感，有气势”，我们自己就喜欢添加一些什么“不但”、“而且”之类的。

生：使用譬喻，使得形象鲜明，比如“鼻孔里常川的藏着两筒清水鼻涕……忘了吸溜，走了板眼，上唇上便亮晶晶的吊出两根玉箸”，“玉箸”一词就是比喻，形象写出了那两筒清水鼻涕垂直挂下而且晶莹透亮的感觉。

生：“他的大墨杠子打得是地方，把虚泡囊肿的地方全削去了，剩下的全是筋骨。”“虚泡囊肿”和“筋骨”也是比喻，指没有必要的不起作用的部分和有力道的可以支撑起文章的部分。

师：除了这三个，徐先生还教会了梁实秋该接硬接，该转硬转的写作技巧，谁再来举个例子说明一下。

生：比如文中写了徐先生的骂人之后，马上就用“但是”一词硬转了。

师：转的是什么？

生：老师对我的态度转变了，由骂到器重我；我对老师的态度也转变了，甚至我对国文的兴趣程度的变化，由觉得老师可笑可怕到觉得亲切可敬，由原先的“安分”到“提高了不少兴趣”。

师：从内容看，从写法上看，前文竭尽调侃之能事，开玩笑，吐槽，幽默风趣，甚至还有大不敬之意，可是后文则显得较为庄重典雅。后半部分你看到过一次老先生吸溜鼻涕吗，留意过一次他的长袍吗？前文的丑后文中一点都没有提及，这是由师生间前后不同的关系决定的。一个普通的学生眼中会极力去捕捉老师的丑，老师的好笑，老师的种种劣习，而一个逐渐上进的学生用心感受到的则是老师的好，老师的敬业负责爱生，老师的水平素养能力功底。这也正是老师的人格学识胸襟对学生的影响。

到这里，这篇文章绝不只是初读时“一眼望到底”的那种有趣，跟着大师的文字，我们领略了徐先生的教学风采，体会了他的良苦用心。还是透过文字，我们感受到了颇得真传的弟子梁实秋的功力以及对恩师的一片深情。

5. 探究方法，巩固训练

学以致用，写一写自己身边的老师，并通过平台推送的方式，请同学自己随机选择作品，当堂展示点评。

施一秋：“周教授”最大的特点就是天马行空。一日，未见其人先见其凳，同学们颇为疑惑。不一会儿，教授踏着铃声走上讲台，神情整肃，“同学们——”同学们忙竖起耳朵，静待下文，只见教授伸手扶了扶眼镜，英俊潇洒的脸上现出一丝痛苦：“我这个假期体检查出了个病——”同学们顿时炸开了锅，不少同学们纷纷表示难以接受这个残酷的现实，不少女粉丝还作“掩面而泣”状。忽见教授狡黠一笑，“腰椎间盘突出症——”还不等大家长舒一口气，又亮点似的加了一句，“大家都写个条子来安慰我吧，记得用哲学原理啊！”要我们复习还用这种猎奇的方式？呜呼，此其所以为教授也！

生：语言幽默风趣，文白杂用，而且抓住人物特征，抓住了一些神情动作的细节。

吴楠：入眼，便是深深浅浅的蓝，从皮筋到鞋，无一不是。她有一双丹凤眼，眼尾挑得很高，颧骨微突，让人感觉霸气外露。她做事爽利嗓门大，节奏快速不拖拉。但我最喜欢的是她那双发现的眼，柔软的心。是她，告诉我们教学楼前那株静静开放的花树正是诗文中“空结雨中愁”的丁香，叮嘱我们再去品读一下戴望舒的《雨巷》。是她，亲手播下含羞草的种子，用相机记录下了它的发芽全过程，也教会我们留意生活，慢慢欣赏。是她，会在班会课上碰着同学的日知录，读着同学的开学有感，渐渐地润湿了眼眶，也润湿了我们的心灵。是的，我们在她的带领下一起成长。

生：我感觉这段描写更富情感，写得很细腻，不仅是观察仔细，而且还用心体会了生活中的很多细节。

师：每个学生都会遇到许多老师，每个学生也都有自己心目中的好老师，有循循善诱和风细雨的，有严厉直接当头棒喝的，梁实秋带着敬慕但也带着怅惘去写了这篇散文，而我们正是趁现在把自己脑子里的思想情绪翻译成语言文字，写自己身边的活生生的人，是我们熟悉的，朝夕相处的人，是跟自己有各种交集的人，同学们运用大师们传授的方法技巧，也倾注自己的情感，那么大家呈现出来的文字就一定不会是拙劣的。

6. 布置作业，课外拓展

阅读梁实秋的《听戏》，结合课文所学知识，赏析《听戏》中的作文技巧及其语言风格，不少于 600 字，在规定时间内上传至平台。

附：板书设计：

	作文技巧			写人方法
	忌虚字			抓特征
徐先生	起笔健	⟹	梁大师	描细节
	用譬喻			突身份
	（做人道理）			（用情为文）

五、教学反思

1. 文本

这是一篇不可多得的写人散文。从教学实际看，高中生接触的写人文本不是很多，而这个文本看似浅显简单，“一眼望到底”，但值得深挖的内隐的有价值的东西其实很多。比如徐先生的人物形象，文中“我”这个人物的视角，“我”的定位，“我”在文中思想情感的变化，比如梁实秋散文语言的谐趣和典雅的特点。但梁实秋说过散文“要深要远，不要长”，我想教一篇文章也应该是要深要远不要全。所以从文体特征看，从学以致用的角度想，最终将教学目标重点定在了研究“写人”上，学着“写人”上。所以我处理教材的一个关键词是来自文本中徐先生主张的“割爱”。

2. 学生

我的第二个关键词是考虑到学生这个对象，能够实现文本中梁实秋所言之“受用”。

学习一篇文章，不是仅为了解，更是为了吃透后的运用。在长时间的古诗古文的学习中，在疲于应付机械考试中已经丧失了真正走入作者内心体验情感的兴趣，变得功利地解读文本。同学们已经有多久没有“慢慢走欣赏”了？比如前一段时间，我们高三的阶段考试中的现代文阅读《落叶是疲倦的蝴蝶》，评讲时带着同学读，品，有不少女生在偷偷地抹眼泪，考试的时候根本就没有细看。所以我们更应重视课堂对学生的指导作用。徐先生交给学生的是技巧，也有道理，梁实秋带给我们的也不仅仅是手法，更有情感。感激，敬慕，但也不无怅惘。诚如同学所言老师影响深远，一言一行塑造了我。人常常会回忆过去的时光，却忽略了现在的身边的美好。所以在大师的带领启发下，在师生共同合作参与下，运用本课学到的要领，让他们写一写身边熟悉的人，倾注自己的感情，那么文字就一定不是拙劣的。

3. 教法与学法

一堂课剖析再深刻，不能被学生重视接受化为自己的东西，就是毫无意义的。一堂课，更应该充分调动学生的积极性，激发他们的兴趣，因为学生的潜能无限。备课时看到梁实秋以漫画式的文字活画出人物的形与神时，我不禁萌生了一个想法：先让同学们从文到画，其实也是个识人的过程，当然最后设计从画到人，就是写人了，这个首尾呼应也是平日里留心生活和注意积累的产物，收集了不少，正好派上用场了。

最后安排同学们自己来点评、我几乎隐没的原因是，同学们对老师最熟悉，背后议论得也最多，如果得到了同学们的笑声与掌声，那就代表写的是成功的，让学生充分发挥，充分活动，充分运用，学生也可能成为自己最好的老师。

最后一方面的关键词就是徐先生通过自己独特的授课让梁实秋提高的学习国文的“兴趣”。这次“E学习”的课堂教学中，通过平台推送的方式，上传预习资料，展示同学的漫画作品，同步展示同学的分析，或拍照，或涂鸦，或文字输入，或手写的方式，极大地调动了同学们的学习兴趣，使每位学生都不只是坐在课堂上，有的只是等着听其他同学的回答，而是必须参与进来，老师可以随机呈现出他的答案交给同学们一起分析。上课的节奏也明显加快了。当然现在只是尝试的阶段，或许熟练的操作、功能的进一步利用、效率的进一步提高是下一阶段的目标。

（方莺　供稿）

数学学科“难忘课堂”构建方案

一、数学学科“难忘课堂”的探究历程

南通中学数学学科从 2007 年就开始主持全国教育科学规划教育部“十一五”规划课题“难忘教育研究”子课题“难忘教育的数学课程实施研究”(2012 年 6 月结题),课题组在此基础上进行了较有开拓性的研究,对“南通中学数学难忘课堂”进行了探索与实践,形成了“南通中学数学难忘课堂的”基本雏形——“问题—互动”模式,这一学科建构方案与学校的“难忘课堂”总课题的“十六字核心内涵”完全一致,它是学校难忘课堂学科化的充分体现。该学科建构方案先后被南通市、江苏省作为“十二五”教科研规划课题立项,研究成果分别在《教学与管理》和《中学数学教学参考》等全国中文核心期刊上发表①②。

二、数学学科“难忘课堂”的核心要素

经过(2007—2015)八年的实践求索,也基于高中数学学科的特征,课题组逐渐将数学学科“难忘课堂”的核心要素概括为“问题”与“互动”。立足“问题—互动”的“难忘课堂”,是以“问题”为课堂核心,“互动”为课堂手段以到达教学目标的一种教学模式。

著名数学教育家波利亚说过:“问题是数学的心脏。”数学因为问题而丰富多彩,因为问题而更具价值和意义。问题也是数学教学的源泉活水,因为问题能促使学生去思考、去探究解决的方法;问题能为学生提供独立思考、自主探索、合作交流的平台,从而问题也就为“互动”提供了可能。高中的数学学科教学,教师遵循知识的逻辑体系,将数学知识的生成、发展和提高的过程,通过问题以及问题组预设的方式呈现,以问题作为课堂教学的主线已成为人们的共识,“问题—互动”课堂教学也正是对这一共识的具体实践。

---

① 杨建楠. 高中数学“问题—互动”教学的探索与实践[J]. 教学与管理,2013(2):66－68.

② 杨建楠. 让高三复习课成为学生的“难忘课堂”[J]. 中学数学教学参考,2013(12):44－46.

现代教学论认为：教学是教师的教与学生的学的和谐统一，这一和谐统一的实质即是师生之间的互动。课堂教学中的互动，是指在课堂教学这一时空内，师生之间、生生之间发生的一切交互作用和影响，它既指交互作用和相互影响的方式与过程，同时也指师生间、生生间通过信息交换和行为交换所导致的相互间心理上、行为上的改变。学生在教师指导下，师生之间通过尝试、探究、体验、合作、实践等“互动”手段发现问题、解决问题、获取知识。“互动”是解决问题的重要手段。

“问题—互动”缘何使人难忘？因为数学教学不只是传授知识与培养学生的解题能力，而是要通过数学的学习来促进学生数学素养的提升，它将把数学应用到非常规问题和现实问题，从现实生活中的问题和数学本身的命题出发，去引导学生发现问题、探索问题，并通过参与“问题解决”，获得与加深对数学知识、数学思想方法的理解。“问题—互动”模式的着重点是：在问题解决中突出了课堂中“互动”的作用，实施“互动”是为了更好地为“问题”服务。在课堂上，学生因问题序列的不断展开，其热烈的情绪可以达到沸腾的状态，通过师生、生生的激情互动，会促使学生的思维处于最佳状态，他们积极思考，主动思考，从而迸发出一个接一个的智慧火花，并燃烧、升腾，获得成功的快乐，构建成一道道令人难忘的数学学习场景。

三、数学学科“难忘课堂”的深远意义

1. 践行新课程标准

《普通高中数学课程标准》指出：“学生的数学学习活动不应该只限于接受、记忆、模仿和练习，高中数学还应当倡导主动探索、动手实践、合作交流、阅读自学等学习方式。”《普通高中数学课程标准》还指出：应该把研究性学习渗透到平时的教学工作中，以激发学生学习的主动性，鼓励和帮助学生在学习过程中养成独立思考、积极探索的习惯，使学生的学习过程成为教师引导下的“再创造”过程，最终形成能综合应用数学知识发现、探索、提炼、研究和解决问题的品质。可见，《高中新课程标准》的核心内容就是“问题—互动”。

2. 提高课堂教学效率

从学生角度：高效课堂是学生主动学习、积极思考的课堂，他们必须带着问题思考与学习。课堂上的师生互动、生生互动是他们对所学内容主动实现意义建构的要求，是高效的保证。从教师角度：一方面当合理地确定“三维教学目标”后，在课堂“互动”活动中发现教学目标预设与课堂实际情况不完全吻合时，则需要教师在教学过程中对教学目标作出适时调整，最大限度地面向全体学生，使其更好地体

现教学目标的适切性。另一方面教师需要利用“互动”手段,采取灵活机动的教学策略调动学生学习的积极性,积极引导学生思维,给予学生更多的时间和机会进行必要的合作和展示,使全体学生分享彼此的学习成果。“问题—互动”是高效课堂的需要和保证。

3. 有利于将“知识”转化为“能力”

数学教育的价值并非单纯地通过数学事实来实现,它更多地通过对重要的数学思想方法的领悟、对数学活动经验的条理化、对数学知识的自我组织等活动来实现。学生的数学学习过程是一个主动构建自己对数学知识的理解过程:他们带着自己原有的知识背景、活动经验和理解走进学习活动,通过观察、实验、猜想、验证、推理与交流等丰富多彩的数学活动去构建对数学的理解。教师应在可能的条件下组织协作学习,提出适当的问题以引起学生的思考和讨论,通过课堂中的“互动”把问题引向深入以加深学生对所学内容的理解,使之朝有利于意义建构的方向发展。这样通过课堂上的“问题—互动”不仅仅是培养学生解题的能力,更重要的是培养学生自主探索、动手操作、质疑批判、求异创新的能力和组织协作、与人沟通的能力。

四、数学学科“难忘课堂”的操作路径

1. 创设情境,激发兴趣

从生活情境入手、从数学基础知识出发,把需要解决的问题有意识地、巧妙地寓于符合学生实际的基础知识之中,以“互动”做到:探究—深思—发现—解决问题的教学导入,把学生引入到与问题有关的情境中,给学生在心理上造成一种悬念,使他们的认知结构的最近发展区中的注意、记忆、思维凝聚在一起,从而激发学生的探究兴趣和求知欲。

创设问题情境的主要方法:

(1) 从教材中数学知识的本身引入问题情境。如:从一个简单的解方程问题:$x^2-x+1=0$ 引入复数知识的探究。

(2) 从数学逻辑推理中导出问题情境。

(3) 在课堂“互动”中产生问题情境。如:椭圆教学中,在学完椭圆的第一定义以后学习椭圆的第二定义时,教师从抛物线的定义引出椭圆的第二定义,在课堂的“互动”中学生提出:两个定义之间有什么内在的联系?引发新的问题情境。

(4) 在例题的变式中发现新的问题情境。

案例:高三复习课上的例题讲解

例题:已知:点 P 在椭圆 $x^2+4y^2=4$ 上运动,求定点 $A(0,2)$ 到动点 P 的距离 AP 的最大值.

这是一道简单题,学生很容易求出结论。解完以后教师引导学生进一步思考,如果把题目改变一下会出现什么样不同的情况?通过课堂的"互动"学生给出了这样的几个变题:

变式 1 将求 AP 的最大值改为求 AP 的最小值.

变式 2 将椭圆改为双曲线 $x^2-4y^2=4$,结论改为求 AP 的最小值.

变式 3 将椭圆改为抛物线 $y^2=2x$,结论改为求 AP 的最小值.

变式 4 已知点 P 在椭圆 $x^2+4y^2=4$ 上运动,定点 $A(0,a)$ $(a>0)$,求 AP 的最大值.

变式 5 动点 Q 在圆 $x^2+y^2-4y+3=0$ 上运动,动点 P 在椭圆 $x^2+4y^2=4$ 上运动,求 PQ 的最大值.

变式 6 求三角式 $(\cos\alpha-2\cos\beta)^2+(2+\sin\alpha-\sin\beta)^2$ 的最大值.

通过这样的"互动"使学生能探索出新的问题,训练了学生思维的递进性,培养了学生思维的深刻性和变通性,拓展了思维的广阔性。

(5) 利用录像、电脑动画、图片、实物或模型等多种媒体创造形象直观的问题情境。

2. 合理引导,培养能力

引导是课堂活动的前提,有效的"互动"首先必须要有效的引导。有效的引导过程其实也是一个具体的"互动"过程,同时也是为"互动"做准备。

学生在尝试问题解决的过程中,常常会难以把握思维方向,会难以建立起新旧知识间的联系,以及判断知识运用是否正确、方法选择是否有效、问题的解是否准确等,这就需要教师充分以课堂活动为载体,进行合理的引导。

常用课堂活动的启发引导方式:重温与问题有关的知识;阅读教材,学习新概念;重视审题、分析,发掘隐含条件,引导学生联想、猜测、类比、归纳、推理等;指导学生通过网络收集信息和资料;组织学生开展小组讨论和全班交流。

3. 组织互动,促进发展

培养学生发现问题、探究问题、解决问题的能力,就必须要让学生在课堂上反复经历多次的“互动”过程，这就需要教师在课堂上把“问题—互动”这一教学模式作为一个教学任务长期贯穿下去，从而也为学生的长远发展打下坚实的基础。

4. 梳理归纳，有效训练

课堂中要根据学生的认知特点，及时通过“互动”手段培养学生主动梳理知识、主动运用知识的意识，以达到使学生更好地掌握知识、掌握知识之间的相互关系以及相关的数学思想方法等目的。课堂及课后要合理选择和设计好例题与练习，进行有效训练，进一步巩固课堂教学成果，完善“问题—互动”教学模式。

常用练习形式：

(1) 让学生讨论例题的变式。

(2) 让学生进行错解剖析。

(3) 让学生根据要求进行自主命题与成果交流。

常用总结方式：

(1) 在概念学习后，组织学生以辨析、类比等“互动”方式进行总结。

(2) 对解题过程进行反思总结活动。

(3) 从数学知识、数学能力、学习启示三个层面进行课堂总结。

(4) 指导学生开展研究性课题研究以及写好数学小论文。

五、数学学科“难忘课堂”的操作要义

1. 问题的设计要有利于互动

“问题—互动”教学模式的核心是问题，模式运用成功的首要条件是要有合适的问题。教学中要给出一种实际情境和需求，以解决现实困难为标志，对引入的问题情境要有探究性，要有利于课堂教学中的互动。在设计问题时要做好两个阶段的工作：

(1) 课前阶段。要分析以往教学中存在的问题和学生存在的难点、疑点、障碍点，确定课堂教学所要解决的核心问题。① 学科知识的本体：包括知识的类型、知识间内在的逻辑关系、理解知识需要知识的储备与能力要求等。② 学生的学情：包括学生已有知识的基础与能力水平、认知水平、当前认知需求以及学生的学习态度等。③ 教材的结构：包括知识在教材中的呈现方式、呈现顺序、教材设计意图以及内容的深度和广度等。

(2) 课堂实施阶段。设计核心问题时要思考问题的层次、问题的内在逻辑关系、问题的表达方式、问题的变式、问题解决后所获得的规律的迁移和解决问题应

该给学生提供怎样的素材与资料。

案例：在不等式证明的教学中，把教材上的一例题设计如下：

(1) 糖水加糖更甜，盐水加盐更咸。

(2) 建筑学规定：民用住房的窗户面积必须小于地板面积，窗户面积与地板面积的比应不小于10%，这个比例越大，采光条件越好。

(3) 数列$\frac{1}{2}$，$\frac{2}{3}$，$\frac{3}{4}$，$\frac{4}{5}$，$\frac{5}{6}$，…，是一个递增的数列。

请根据以上提供的信息抽象出一个不等式，并证明你的结论。

(1) 学生尝试发现：$\frac{1}{2}<\frac{2}{3}=\frac{1+1}{2+1}$，$\frac{2}{3}<\frac{3}{4}=\frac{2+1}{3+1}$，$\frac{3}{4}<\frac{4}{5}=\frac{3+1}{4+1}$，…

(2) 归纳建模：设a，b，m为正实数，且$a<b$，依题意有：$\frac{a}{b}<\frac{a+m}{b+m}$。

(3) 寻求证明方法。

题目提供的信息从学生的日常生活经历入手，先定性加以说明；再从建筑学的角度，逐渐以定量的形式给学生提供解题的方向；最后以一个递增数列回归到数学上来，信息层层递进，激发学生的强烈的探究欲望，利于课堂上互动的开展。

另外在互动中为了培养学生的思维的独立性、创新性设计问题可以不一定有解，答案不一定唯一，问题的条件可以变化，探索实验的方案可以自己设计、小组讨论，研究的成果在全班进行交流等等。

2. 互动必须围绕问题展开

互动应该是两个方面的：一方面学生是课堂的“主体”，课堂教学活动过程中，学生这个“主体”要有强烈的互动和参与意识，学生在课堂上有了强烈的互动意识，他们就能在课堂上主动发现和分析问题，能联系新旧知识，能在独立思考的基础上，与同伴开展交流、讨论，能提出解决问题的各种方法，并努力进行验证。另一方面，教师这个课堂的“组织者和引导者”要在课堂教学活动过程中创造性地设计教学过程，洞察课堂中发生的各种问题，并准确地判断发生问题的原因，能动地、有效地处理问题，把握教学活动的主动权，提高课堂教学中的互动效率。有效的互动才能达到高效解决问题的目的。互动方式的几个策略：

(1) 探究策略。教学中教师应该为学生提供动手实践的机会和探究的时间，引导学生大胆质疑，鼓励学生发表不同意见和独特见解。

(2) 激发策略。教学中教师应该通过多种教学手段把学生注意力吸引到数学知识上来，通过互动学习活动，让学生体验参与互动的快乐，感悟互动过程中获取知识的愉悦，从而激发他们对互动教学活动的参与热情。

(3) 分层策略。教学中问题的提出要从易到难，对问题的探究要从简单到复杂，问题提出和互动的形式都要符合学生的认知规律，要让不同层次的学生都能体验到分析问题、解决问题的思考过程，领悟寻找真理、发现规律的方法和思想。

教师设计的课堂互动形式要多层次：① 对于稍加思考即可解决的问题，可以让学生独立完成，使学生体会到运用数学思想方法解决问题的快乐；② 对于有一定难度的问题，应该让学生有充足的时间独立思考，再进行尝试解决；③ 对于思维力度较大的问题，应在学生独立思考、小组讨论和全班交流的基础上，通过合作共同解决。这样使每一个学生在互动活动的参与过程中，提高认识能力和增强情感体验、情感控制能力，发展个性特长。

3. 互动中容易出现的问题及对策

(1) 形式单调，多师生互动，少生生互动。课堂互动中，要注意教师与学生学习小组、学生个体与个体、群体与个体、群体与群体等多向主体的互动。

(2) 内容偏颇，多认知互动，少情感互动和行为互动。课堂互动中，要舍得花时间让学生交换意见，发出和体验彼此的心声；要舍得花时间让学生展示个性化的学习方式，借鉴和研究彼此的长处。课堂互动不仅仅要体现在认知的矛盾发生和解决过程上，同时也要体现情感的升华、人格的提升等过程。

(3) 深度不够，多一问一答，少深层思考的互动。课堂互动中，要避免一问一答看似热闹，但缺乏教师对学生的深入启发、缺乏学生对教师问题的深入思考的互动。互动中要允许师生、生生之间激烈的辩论、思维的碰撞、矛盾的激化，情绪的激动。

(4) 互动失衡，多老师“导”，少学生“动”的互动。课堂互动中，要克服教师对学生的“控制服从”影响，改变教师常常作为唯一的信息源指向学生，在互动作用中占据强势地位。

要在互动活动中充分体现学生的“主体”地位。

通过“问题—互动”课堂教学的探索与实践，使我们能在课堂教学中形成稳定的简明教学理论框架和操作性较强的数学课堂教学模式，其目的就是在课堂教学中找到培养学生的“三维教学目标”与课程教材知识体系学习之间的互补与平衡，在明确课堂操作任务的前提下，有目标地促进学生的数学意识、逻辑推理、信息交流、思维品质等数学素质的提高，为学生的自主学习、个性发展打下良好基础。“问题—互动”教学模式，既能使学生肯定性地获得知识和能力，同时又在课堂“互动”

中使得学生的情感和价值观得到很好的发展。

六、数学学科“难忘课堂”的实践反思

“难忘课堂”基于“难忘”，其目标与过程不仅仅着眼于学生的当前感受、而且指向更恒远的影响和记忆。“难忘课堂”中的“难忘”在何处？教师要在课堂的核心要素与关键过程上下功夫，设计教学方案时首先要考虑的是，课堂上应该在哪个核心点、哪个关键过程中能够吸引住学生、打动学生，使其记忆犹新、难以忘怀；其次要从内容到形式去考虑每一节课中的独特地方与意义，使学生能深深被吸引与感染，从而能引起学生的思维碰撞和思维实践；再次教学设计还要能使课后为课堂的思维活动所留住，并跃跃欲试，欲罢不能地进入新的知识和过程。

“难忘课堂”既是有形的又是无形的，“有形”之处在于有明确的课堂理念和较为固定的课堂模式：通过激发认知、调动思维、打动心智的精心设计和实施，达到课堂难忘；“无形”的是需要教师根据具体的内容、对象、时机和进程，创造性地发挥教师的智慧，达到教与学的和谐的统一。

（杨建楠　执笔）

示例 1

直线的斜率（第 1 课时）

一、课题来源

江苏教育出版社《数学 2》第 2 章“平面解析几何初步”第 1 节“直线与方程”。

二、政策要求

《直线的斜率》一课是解析几何的起始之课，认真研究教材和课程标准是上好本节课的前提和保证。

《课程标准》对直线的斜率总要求是：在平面直角坐标系中，结合具体图形，探索确定直线位置的几何要素。理解直线的斜率的概念，经历用代数方法刻画直线斜率的过程，掌握过两点的直线斜率的计算公式。

教学建议如下：首先将几何问题代数化，用代数语言描述几何要素及其关系，进而将几何问题转化为代数问题；分析代数结果的几何含义，最终解决几何问题，让学生感受用解析法研究问题的一般程序：其本质是用代数方法研究图形的几何性质，体现了数形结合的重要数学思想。对本节内容的具体要求是：能从实际情境

中抽象出直线的斜率;掌握由两点坐标求斜率的公式方法。

根据课标的要求,结合学生的认知特点,本节课重在引导学生经历几何问题转化为代数思维的过程,以体悟数形结合的数学美,不仅对直线斜率内容难忘,还要对探索、解决问题的过程难忘。

三、学情基础

直线既是初中所学内容,也是高中解析几何的主要研究对象,它与圆的关系是本章内容的核心,直线的斜率是研究直线方程的关键条件,所以学好直线的斜率对后继研究直线方程的几种形式具有较重要的地位和作用。由坡度引入斜率,得到公式,在“旧知”中孕育“新知”类比迁移、过渡自然,一方面,通过前面初中的学习,学生头脑里已有了直线倾斜程度的数形结合的思想;另一方面坐标系的引入,这些都是学习本节内容的基础。

本节内容总体来说比较简单,学生理解接受的难度也不大。因为学生在初中已经对直线有非常直观的了解,但是由于学生用代数方法研究几何的经验,所以情境引入,激发学生的兴趣非常重要。在运用公式求斜率时,对含参问题的进行分类讨论及时渗透数学思想方法非常必要,这些都需要教师在课堂教学过程中具备扎实的教学基础,给学生适时的点拨、引导和总结。

四、教学目标

理解直线的斜率,掌握经过两点的直线的斜率公式;感受直线的方向与斜率之间的对应关系,体会研究直线的方向的变化规律只需研究直线的斜率的变化规律;感觉解析几何的本质,用代数的方法解决形的问题。

由生活背景认知来研究直线的方向;刻画形的特征即直线的倾斜程度可以用数来完成,体会形与数之间的对应关系;结合实际,用实际问题带动数学学习、思维训练,借助图像帮助理解。

在参与问题讨论并获得解决中,养成观察、归纳的思维品质,认识事物之间的相互联系,学会用联系的观点看问题,培养学生思维的严密性;在民主、和谐的教学气氛中,体验师生的情感交流。

五、教学过程

1. 创设情境,导入新课

[多媒体演示:北京奥运会主体育馆美丽的流线造型、夜间灯光闪烁。]

师:现实世界中,到处都有美妙的曲线。气势恢宏的奥运主会场:完美的流线造型;华丽的直线灯光给世人留下难忘的记忆。大家能否举一些我们学过的曲线的例子?

生:二次函数、反比例函数。

师:还有最简单的图像——直线,同学们回忆一下:我们如何研究这些函数的图像及其性质的?

此时课堂一片静寂,全班同学都沉浸在回忆、思索中。此时,教师需要适时引导。

师:我们是将这些曲线放置在直角坐标系中,借助数形结合的思想方法来研究的。(学生有所顿悟,老师进而简单介绍解析几何有关内容和研究方法)用纯几何的方法研究抛物线、双曲线一类曲线是一件非常困难的事情。对于其他复杂的曲线研究更是如此。因此借助于坐标系,用坐标表示点,运用代数计算的方法研究曲线,无疑是一个崭新的思路,这种研究曲线的方法——称为解析法,用这种方法研究的几何又称解析几何。随着计算机的发展,复杂的运算已不再可怕,因而解析法了更广阔的应用空间。今天开始我们就来学习用解析法研究曲线。让我们先从最简单的直线开始。

2. 观察感悟,启发引导

师:同学们从小时候都玩过跷跷板,激发学生的好奇心和兴趣!它为什么会上下运动呢?(动画演示跷跷板)

生:过一个点有无数条直线。

师:如何才能确定一条直线呢?

生:经过两点可以确定一条直线。

此时教师画出过一点的两条相交直线,它们的倾斜程度不同。接着问道:还可以由什么条件确定一条直线。受到启发学生很快发现:一点沿着确定的方向就可以画出一条直线。

师:我们曾经学过的一个刻画倾斜程度的量是什么?$\left(\text{引导学生回忆初中所学知识坡度的概念,看看我们熟悉的楼梯台阶、山坡等,回顾:坡度}=\dfrac{\text{高度}}{\text{宽度}}\right)$

[多媒体演示两种不同倾斜程度楼梯,帮助学生回忆坡度的概念,以便迁移到新知中来。]

师:如果任意给出两条直线,你能判断出他们的倾斜程度吗?如何准确地刻画直线的倾斜程度？类比坡度的求法，自然引出直线的斜率的概念。

3. 讨论辨析，形成概念

定义：两点 $P(x_1,y_1)$，$Q(x_2,y_2)$，如果 $x_1\neq x_2$，则直线 PQ 的斜率(slope)为 $k=\dfrac{y_2-y_1}{x_2-x_1}=\dfrac{\Delta y}{\Delta x}(x_1\neq x_2)$。

问题 1：当 $x_1=x_2$ 时，PQ 直线位置如何？

学生一起回答：当 $x_1=x_2$ 时，即直线与 x 轴垂直，斜率不存在。

问题 2：对于一条与 x 轴不垂直的定直线，这条直线的斜率是定值吗？小组交流讨论后回答。

生：通过构造相似三角形，运用所学定义证明出直线的斜率与直线上点的选取无关，是一个定值。

4. 示例应用，扎实训练

例 1 如图，直线 l_1，l_2，l_3 都经过点 $P(3,2)$，又 l_1，l_2，l_3 分别经过点 $Q_1(-2,-1)$，$Q_2(4,-2)$，$Q_3(-3,2)$，试计算直线 l_1，l_2，l_3 的斜率。

生：设 l_1，l_2，l_3 的斜率分别为 k_1，k_2，k_3，则

$$k_1=\frac{-1-2}{-2-3}=\frac{3}{5},k_2=\frac{-2-2}{4-3}=-4,k_3=\frac{2-2}{-3-3}=0$$

师：从例 1 中看到当斜率分别为正数、负数和零时，直线的位置有何特点？小组交流讨论。

生：(1) 当直线的斜率为正时，直线从左下方向右上方倾斜。

(2) 当直线的斜率为负时，直线从左上方向右下方倾斜。

(3) 当直线的斜率为 0 时，直线与 x 轴平行或重合。

变式练习：(1) 仿照例 1 自编两题，使斜率分别为正数和负数。

(2) 若我们把 $Q_1(-2,-1)$改为 $Q_1(a,-1)$直线 l_1 的斜率又会是多少呢？

第一个问题：

生 1：斜率为正的点 $Q_1(1,1)$，$Q_2(3,3)$；斜率为负的点 $Q_1(1,1)$，$Q_3(3,-3)$；

生 2：斜率为正的点 $Q_1(0,0)$，$Q_2(2,2)$；斜率为负的点 $Q_1(0,0)$，$Q_3(2,-2)$；

同学们很快发现第二同学选取原点(0,0)时，答案简单、快捷。

第二个问题：

生 3：直线 PQ_1 的斜率$=\dfrac{-1-2}{a-3}$。(有学生表现出有不同见解的声音)该生立

刻补充道：此时 $a\neq3$，当 $a=3$ 时，直线 PQ_1 的斜率不存在。(同学们会心地笑了)

例 2 经过点(3,2)画直线，使直线的斜率分别为：(1) $\frac{3}{4}$；(2) $-\frac{4}{5}$。

[先让学生独立思考，明确两点确定一条直线，只需再确定直线上另一个点的位置即可画出直线。]

例 3 求证：$A(1,5)$，$B(0,2)$，$C(2,8)$三点共线。

生：要证 A、B、C 三点共线只要证它们的斜率相等，即 $k_{AB}=\frac{2-5}{0-1}=3=k_{AC}=\frac{8-5}{2-1}=3$。

师反问道：由三点所确定的斜率相等，就一定证明它们共线吗？

生：还必须过同一点 A 才行。

变式：已知三点 $A(1,-1)$，$B(3,3)$，$C(5,a)$在一条直线上，求实数 a 的值。

生：由所学斜率公式知：$k_{AB}=\frac{3+1}{3-1}=k_{AC}=\frac{a+1}{5-1}=2$，可得 $a=7$。

5. 拓展探究，综合应用

师：魔术师的地毯：如下图，正方形边长 1.3 米，裁剪拼贴成矩形长 2.1 米，宽 0.8 米，你能发现端倪吗？

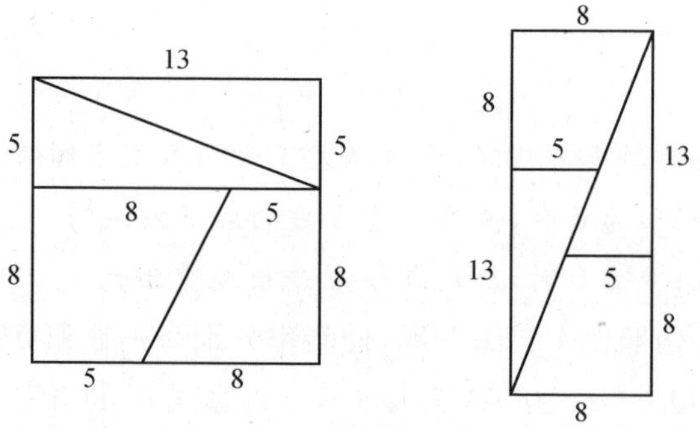

生：好奇地思考着，有学生发现：正方形面积 1.69 米，矩形面积 1.68 平方米，少 0.01 平方米。

师：如何揭开魔术师的伎俩？

生：矩形对角线上的四点其实不共线。

师：为什么四点不共线？

生：它们两两连线的斜率不相等……

六、教学反思

本节课的课堂教学对学生而言，之所以达到难忘效果是因为学生不仅学习了直线的斜率的新知识，而且亲身经历了学习过程，让自己在自编问题、探索求解、同学合作和师生和谐互动中获得更多的帮助与成功体验。对教师来说，其难忘原因是借助丰富多彩的多媒体——北京奥运会主体育馆美丽的流线造型、夜间灯光闪烁引入课题，学生激动的情绪一下就调动起来，随着师生互动交流不断深入，学生的情感投入不断加深。课堂教学，在成就学生发展的同时，充分感受教师的价值和教育的力量，也促进了自己专业能力的不断提升，还收获了课堂当中生成的许多精彩的瞬间，让教师的教学过程充满激情和想象。

1. 制定正确而恰当的教学设计

我们追求课堂教学的效果的难忘，首先是建立我们在教学价值取向上的正确性，即教学目标等的设计要有效。以前的教学设计过于关注学科知识，而新课程要求我们从知识形态走向对生命意义的关注。所以，我们的思路不要局限于通过学习学生应掌握哪些知识，更要考虑通过什么样的活动方式，让学生自主投入到学习中来，经历知识生成过程，体验探究的乐趣，体会学习的价值。基于此，在制定课堂教学设计时，应由“关注知识”转向“关注学生”。所以，我们应从学生出发制定科学合理的教学设计。本节课中，从引导学生回忆初中所学知识坡度的概念，看看我们熟悉的楼梯台阶、山坡等，回顾：坡度$=\frac{\text{高度}}{\text{宽度}}$。由刻画楼梯的坡度这个学生已有的学习经验类比迁移到新知——直线的斜率，从三个例题的选取到各自的变式拓展的设计都很好的体现这种设计理念。

2. 创设生动而和谐的学习情境

难忘课堂需要生动而和谐的学习情境，这是课堂令人难忘的关键所在。生动的学习情境是激起学生热烈情绪，促使其全身心沉浸其中的课堂环境，它有助于学生自主学习与合作交流。和谐的学习情境是指师生、生生关系融洽、平等尊重、氛围轻松的“心理场”，教师给予学生充分的思维与交流的空间，学生乐于思维，愿意在对话与协商中相互激励，和谐地促进全面发展。

(1) 创设贴近学生生活的情境。数学教育专家张奠宙认为：贴近学生生活的实例才是好的课堂教学素材。难忘课堂其实就是生活中的课堂。学生熟悉的情境使学生感到学习来源于生活，贴近生活，从而体会学习的作用，激发学习的动力。

如：本节课开始引入，北京奥运会主体育馆美丽的流线造型、闪烁的线型灯光一下子激起学生的好奇，学生们被美丽的动态的画面吸引，惊奇地叫了起来，学习热情高涨起来。

(2) 创设和谐师生关系情境。现代教育心理学研究指出，学生的学习过程应该成为学生一种愉悦的情绪生活和积极的情感体验。学生的学习过程不仅是一个接受知识的过程，而且也是一个发现问题、分析问题、解决问题的过程。在课堂中教师更多地扮演好组织者、引导者、合作者的角色，当学生遇到困难时——鼓励、启迪；当学生发生争议时——倾听、提醒；当学生探究出现错误时——纠正、调整；当学生获得成功时——赞赏、激励。为学生创设一个和谐、民主的师生关系情境，比如学生自己自编问题时，当面对不确定的条件就会主动向教师询问，小组的同学有时还会质疑他的问题，而通过教师的点拨，师生间互动，帮助学生分析自编问题的漏洞，学生会发自肺腑地感慨“咳，我就差那么一点点！”。在这样的课堂上，因思维的启迪，师生关系得到升华，是一种自然、和谐的师生关系情境，这样的课堂才是高效的、难忘的课堂。

(3) 创设能产生认知冲突的情境。情境的创设是为了更好地学习数学内容，学生置身教师所创设的情境之中，教师要引导学生全面地分析情境内容，充分发表自己的想法、看法，让学生潜意识中的理解都充分展现，在学生、老师的质疑、探索中主动建构自己的知识。如：例 1 的变式(2)中：若我们把 $Q_1(-2,-1)$ 改为 $Q_1(a,-1)$ 直线 l_1 的斜率又会是多少呢？学生开始直接套用斜率公式，发现问题(分母可能为零)时，才领悟到此时需要分类讨论，才会联想到数学中一般字母含参问题的处理方法。由于教师所提供的情境，让学生发现了与原始观念不一致的地方、自相矛盾的地方、解释不通的地方，这就是认知冲突情境的作用，数学学科的学习内容，只有经历越多的认知冲突情境，学生才会产生突破，并形成科学的概念。这既是启智思维的时刻，也是加深记忆的时刻，更是学生难忘的时刻。

(4) 创设具有挑战性的情境。苏联著名教育家赞科夫提出的五大教学原则之一：以高难度进行教学的原则。他说：“儿童的智力也像肌肉一样，如果不给以适当负担，加以锻炼，它就会萎缩、退化。”他以心理学家维果茨基的“最近发展区”理论为依据，强调教学要充分利用儿童智力上的潜在发展水平，适当超前进行。提出实行有难度的教学，目的在于以一定难度的内容，充分调动和发挥学生的精神力量，促其更快发展。

在课堂教学中，教师的问题情境应当具有挑战性和一定难度，如：魔术师的地毯，这一问题情境一下子吸引了学生的注意力，许多同学苦思不得其解，当学生不能独立解决，需要同学互助或老师的点拨、引导才能解决时，问题情境达到了让学生挑战自我、锻炼思维的目的，这样的课堂学生才会持久难忘。

3. 开展丰富而开放的思维训练

难忘课堂需要有效的训练展示学生灵动的思维，放飞学生想象的翅膀，激发学生思维的潜能。根据学生的学段特点以及发展需要，开展丰富而开放的思维活动，能让学生在课堂中充分张扬个性、展示自我，从而真正实现课堂高效、难忘的目的。

（1）机智把握课堂预设与生成。苏霍姆林斯基说过："教学的技巧并不在于能预见课的所有细节，而在于根据当时的具体情况，巧妙地在学生不知不觉之中做出相应的变动。"因此，教师在课堂教学中不能机械地执行预设教案，教师要充分运用自己的智慧，根据师生、生生互动的情况，顺着学生的思路，适时调整教学思路、教学进程或教学方法，让学生在获得知识的同时，获得丰富的情感体验。

（2）充分关注学生主体性与差异。首先，要求教师有"对象"意识。教学不是唱独角戏，离开"学"，就无所谓"教"，因此，教师必须确立学生的主体地位，树立"一切为了学生的发展"的思想。其次，要求教师必须养成正确的学生观，充分认识、发挥学生的主体性，这样才能充分激发课堂的生命活力，才能还课堂以智慧，还教育以生命的真谛。第三，教师要因材施教，课堂教学关注学生差异，在教学中要对学生提出差异性要求，设计差异性作业，进行差异性辅导，实施差异性评价，这是实施难忘课堂教学对教师提出的"面向全体，以人为本"的基本要求。实践证明，通过实施差异教学，能激发每个学生学习数学的积极性，让每个学生都得到充分发展，从而提高全体学生的数学素质。

4. 设计灵活而多样的课堂练习

课堂练习是学生课堂独立活动中的一项重要活动，它一方面能使学生将刚刚理解的知识加以应用，在应用中加深对新知识的理解；另一方面，能即时暴露学生对新知识理解应用上的不足，以使师生双方及时订正、改正错误和不足。总之，练习与反馈是难忘课堂教学的重要环节，是提高难忘课堂教学质量的重要保证。

（1）设计有层次和整体性相结合的练习。练习设计的好坏，直接体现在练习的层次性中。根据学生的学习过程，按照循序渐进的原则，精心设计练习层次，这既是学生能力转化的客观规律所制约的，又是学生认知规律的反映。在认真研读教材和学生实际水平的基础之上，认真选用练习，做到不唯书、要唯实。比如：本课中，三个例题及变式的选用富有层次性，其应用的深入，体现出对学生能力的不同要求。

(2) 设计思考性和开放性相结合的练习。兴趣对学生的学习可以起到定向、保持和强化的作用。学生对所学知识一旦产生了浓厚的兴趣，就可以在课堂练习中主动地、轻松地、持久地、集中地投入到练习中来，这样有助于学生知识能力的提高。个人的练习，可以促进学生独立思考；小组练习，要以培养学生合作精神，增强探究知识的能力；全班练习交流，可以让学生集思广益，拓宽学生思路，提高学生思维能力。所以，我们的练习设计要能激发学生的学习兴趣，体现知识的趣味性，让学生在愉快的环境中完成学习任务。

（张义成　供稿）

示例 2

任 意 角

一、课题来源

江苏教育出版社《数学 4》第 1 章“三角函数”第一节“任意角和弧度制”第一课时——1.1.1 任意角。

二、政策要求

教材是课程的载体，课堂教学是教材的活化。从必修④模块看，任意角的三角函数是一个核心概念，理解这个概念的实质，把握这个概念的生成所反映的思想和方法，是三角函数学习的基础和前提，是任意角三角函数的概念核心。

从任意角的三角函数这个整章来看，“任意角”这块内容，在教材中有着重要的地位和作用。这节的内容繁琐、概念多，花时间较少，知识不深，但有着深远的意义。“任意角” 蕴含着深刻的数学思想和方法，其知识的延伸和拓展，对培养学生的完善认知结构、逻辑思维能力具有重要的作用：一是从运动的角度，在旋转量和旋转方向两方面重新拓展角的概念，克服了静态的思维模式，同时还引入了周期性模型，培养了学生思维的灵活性和应变性；二是终边相同的角的产生，引入了角的集合概念，把学生的思维从特殊引到一般，从具体引到抽象；三是象限角的引入，为“数形结合”的埋下了伏笔，为后面学习任意角的三角函数，提供了知识的生长点和思想方法的准备。

三、学情基础

三角函数是描述周期现象的重要数学模型，而“任意角”是学生初中阶段已经学习的角的知识的进一步推广和延伸，是进一步学习三角函数知识的基础，引领着三角函数的发生、发展和变化。

任意角是三角函数的第一节内容，是本章教学内容的基本概念，而任意角概念及其应用不仅体现了数形结合的数学思想，又为下面的弧度制和三角函数提供了知识基础。

学习本节前，学生已经掌握了 0°到 360°之间的角以及角的静态概念，为任意角的寻找做好了知识准备，又是下面学习弧度制、三角函数等内容的必要准备；高一上学期学习指数、对数函数图像时，已带领学生学习了基本作图方法、几何画板等基础知识，学生已经具备了初步的作图能力，能够制作简单的动画，开展数学实验。

四、教学目标

体验角的概念推广的必要性，经历任意角的概念的知识形成过程；理解并掌握任意角、象限角的概念；初步学会在平面直角坐标系中讨论任意角，会用集合语言表示终边相同的角。

五、教学过程

1. 创设情境，引入新题

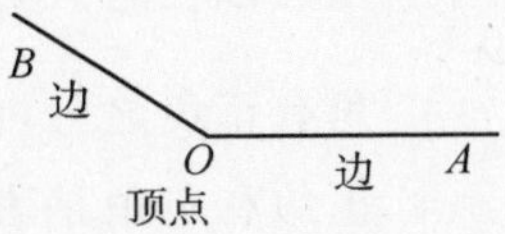

(1) 复习：初中阶段我们是如何定义角的？

具有公共端点的两条射线组成的图形叫做角(angle)。

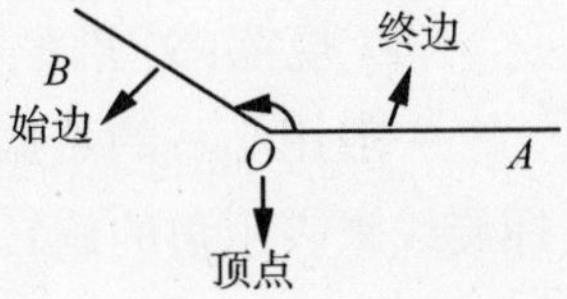

这个公共端点叫做角的顶点，这两条射线叫做角的两条边。（静态定义）

一个角可以看做由平面内一条射线绕着它的端点从一个位置旋转到另一个位置所形成的图形。（动态定义）

顶点：射线的端点；

始边：射线旋转的开始位置；

终边：射线旋转的终止位置。

角的取值范围：0°到 360°，一般研究的是小于平角的角。

(2) 情境：一只时钟，快了 15 分钟，怎样拨动分针，可尽快校准？如果慢了 1 小时 15 分钟呢？

(3) 思考：时钟如果快了 15 分钟，分针要逆时针方向旋转 90°；如果时钟慢了 1 小时 15 分钟，分针要顺时针方向旋转 450°，这里的 450°已经不是我们初中所熟悉的角了。

(4) 问题：从哪个角度来解释上述问题中所遇到的“角”才更科学、更合理呢？

学生讨论：旋转定义角更科学合理。从大小、方向两方面推广角的定义，从而将角从 0°到 360°范围推广到任意角。

设计意图说明： 从初中的角的定义复习入手，提出角的动态和静态两种定义，再用时钟这个熟悉的模型，提出一个不熟悉的 450°角，让学生对角的认识从 0°到 360°，拓展到任意角的范围。

2. 合理引导，建构理论

(1) 角的概念。

(2) 正角、负角、零角。

按逆时针方向旋转所形成的角叫正角(positive angle)。

按顺时针方向旋转所形成的角叫负角(negative angle)。

如果射线没有作任何旋转，那么也把它看成一个角，叫做零角(zero angle)。

(3) 意义：用“旋转”定义角之后，角的范围扩大到“任意角”(any angle)。

角可以任意大，角的大小由旋转量决定，如 450°即旋转 $1\frac{1}{4}$ 圈；

角有正负之分，由旋转方向决定，如：时钟问题中 $\alpha=90°$，$\beta=-450°$；

正角和负角是表示具有相反意义的旋转量，它的正负规定纯属习惯，就像与正数、负数的规定一样，零角无正负，就好像数零无正负一样。

(4) 规范：文字语言、图形语言、符号语言的使用。

一般用小写的希腊字母 α、β、γ 来表示角；用带箭头的螺旋线来表示角的旋转量和旋转方向。

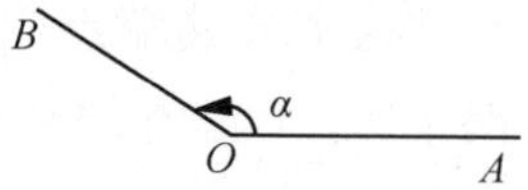

3. 互动合作，探究拓展

请分别画出下列各组角：

① 30°，−330°，390°，750°；

② 240°，−120°，600°，960°；

③ 180°，−180°，540°，900°.

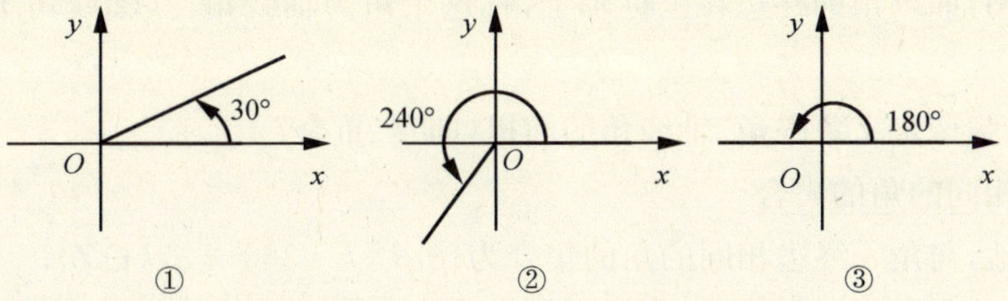

(1) 探究：观察每一组角的图形，有何特征？（学生讨论）

(2) 分析：

① 将每组角的始边和顶点重合，终边也重合，发现同一个图形表示不同的角。

② 提出将角置于直角坐标系中研究的必要性：

将角置于直角坐标系中，即角的顶点与坐标原点重合，角的始边与 x 轴正半轴重合，这样在同一"参照系"下，可以使角的讨论得到简化同时还能有效地表现角的终边位置"周而复始"的现象。

③ 将角置于直角坐标系中后，发现任意角的终边只能落在四个象限和两条坐标轴上，从而定义象限角和轴线角。

(3) 拓展：观察第一组角，回答：

① 锐角是第几象限角？（第一象限角）第一象限角都是锐角吗？（不是，如图中的 $-330°$，$390°$ 等）

② 以 $30°$ 为例，归纳与 $30°$ 角终边相同的角的集合，从而推广到与任意角 α 终边相同的角的集合。（从"数、形"两方面理解）

从"数"的角度：		从"形"的角度：
$-330°=(-1)\cdot 360°+30°$；	⟹	$30°$ 角的终边顺时针旋转 1 周；
$30°=0\times 360°+30°$；	⟹	$30°$ 角的终边不作旋转；
$390°=1\times 360°+30°$；	⟹	$30°$ 角的终边逆时针旋转 1 周；
$750°=2\times 360°+30°$；	⟹	$30°$ 角的终边逆时针旋转 2 周；
⋮		⋮
$\{\beta \mid \beta=k\cdot 360°+30°, k\in \mathbf{Z}\}$		周而复始的旋转（PPT 演示）

(4) 结论

<u>象限角、轴线角</u>

以角的顶点为坐标原点，角的始边为 x 轴的正半轴，建立平面直角坐标系。

象限角：角的终边（除端点外）在第几象限，就说这个角是第几象限角。

轴线角：如果角的终边在坐标轴上，称这个角为轴线角。（轴线角不属于任何象限）

注意：强调定义象限角、轴线角的前提，即“二重合”。

<u>终边相同的角的集合</u>

一般地，与角 α 终边相同的角的集合为 $\{\beta|\beta=k\cdot 360^\circ+\alpha, k\in\mathbf{Z}\}$。

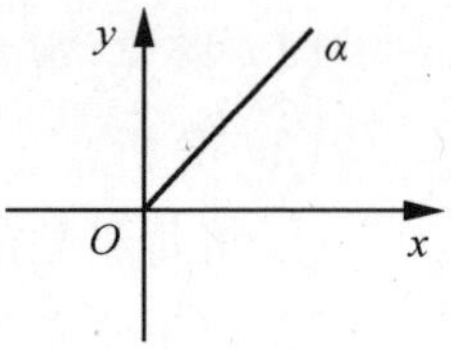

注意：数形结合，理解定义

从“数”的角度：

终边相同的角有无数个，它们相差 360°的整数倍；

从“形”的角度：

$k>0$ 时，按逆时针方向旋转 k 圈后角的终边重合；

$k<0$ 时，按顺时针方向旋转 k 圈后角的终边重合；

$k=0$ 时，角 α 的终边没有转动。

设计意图说明：介绍完任意角的概念后，请学生在直角坐标系中作出三组角，并且让学生自主观察每组角的特征。横向观察每组角，将角的终边分类，发现象限角和轴线角；纵向观察每组角，总结出终边相同的角的集合。学生在这样的互动探究中，从“数、形”两方面加深了对任意角的认识。

4. 梳理归纳，有效训练

例 1 在 0°到 360°范围内，找出与 960°角终边相同的角，并判断它是第几象限角。

解法一：（定义法）

从旋转角度解释：$960^\circ-360^\circ=600^\circ$

$600^\circ-360^\circ=240^\circ$

表示 960°角的终边顺时针方向旋转 2 周后，与 240°角的终边重合。

所以，960°角是第三象限角。

解法二：（赋值法）利用终边相同的角的集合的表达形式。

$\because 960^\circ=2\times 360^\circ+240^\circ$

$\therefore$ 960°角与 240°角终边相同，是第三象限角。

【思考题】

−360°到 720°范围内，能找到几个与 960°角终边相同的角呢？

解：（赋值法）

与 960°终边相同的角可以表示为 $\alpha=k\cdot 360^\circ+240^\circ, k\in\mathbf{Z}$

取 $k=-1$,则 $\alpha=-120^\circ$;

取 $k=0$,则 $\alpha=240^\circ$;

取 $k=1$,则 $\alpha=600^\circ$。

设计意图说明:

(1) 通过这道题,今后我们如何判断任意一个角是第几象限角?

借助本题让学生体会研究终边相同的角的意义,即把角从 0° 到 360° 范围,拓展到任意角之后,现在借助于终边相同的角,又可以把研究任意角的位置问题化归为研究 0° 到 360° 范围内的角来研究。

(2) 通过变式题还可以让学生体会到,每 360° 内只有一个与 960° 终边相同的角。

(3) 解题过程中,学生可能呈现多种解法,充分让学生体会数形结合、一题多解。

例 2 已知 α 与 240° 角的终边相同,判断 $\frac{\alpha}{2}$ 是第几象限角。

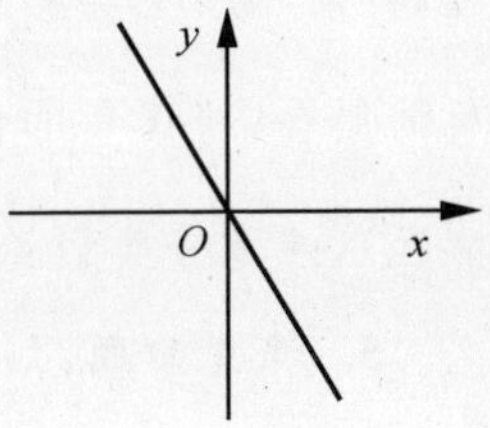

解法一:从"形"的角度(特殊性解决)

$\because \alpha=k\cdot 360^\circ+240^\circ, k\in \mathbf{Z}$

$\therefore \frac{\alpha}{2}=k\cdot 180^\circ+120^\circ, k\in \mathbf{Z}$

取 $k=0,1,2,3,4\cdots$

发现:当 k 取偶数时,角的终边落在第二象限;

当 k 取奇数时,角的终边落在第四象限;

即 120° 角的终边,每转过 180°,角的终边就落在第二象限或第四象限。

解法二:从"数"的角度(一般性解决)

$\because \alpha=k\cdot 360^\circ+240^\circ(k\in \mathbf{Z})$

$\therefore \frac{\alpha}{2}=\frac{k}{2}\cdot 360^\circ+120^\circ(k\in \mathbf{Z})$

(1) 若 k 为偶数,设 $k=2n, n\in \mathbf{Z}$,则 $\frac{\alpha}{2}=n\cdot 360^\circ+120^\circ(n\in \mathbf{Z})$

$\frac{\alpha}{2}$ 与 120° 终边相同,在第二象限;

(2) 若 k 为奇数,设 $k=2n+1, n\in \mathbf{Z}$,则 $\frac{\alpha}{2}=n\cdot 360^\circ+360^\circ(n\in \mathbf{Z})$

$\frac{\alpha}{2}$与 300°终边相同，在第四象限；

所以，$\frac{\alpha}{2}$为第二或第四象限角.

再从“形”的角度验证：

当 k 为偶数时，$k \cdot 180°$表示角的终边落在 x 轴正半轴，然后再逆时针旋转 120°，角的终边落在第二象限；

当 k 为奇数时，$k \cdot 180°$表示角的终边落在 x 轴负半轴，然后再逆时针旋转 120°，角的终边落在第四象限。

【思考题】

已知 α 与 240°角的终边相同，$\frac{\alpha}{3}$，$\frac{\alpha}{4}$，…是第几象限的角呢？

设计意图说明：例题 2 的解决首先从“形”入手，取特殊值体验角可能所在的位置，再从“数”上去验证所得的结论，再从“形”的角度，利用之前学习的终边相同的角的集合，验证角的位置。而思考题中$\frac{\alpha}{3}=\frac{k}{3}\cdot 360°+80°$，$k\in\mathbf{Z}$（讨论 k 除以 3 的情况），注意分类讨论的思想。思考题旨在拓展学生思维的延续性。

5. 课堂回顾，知识梳理

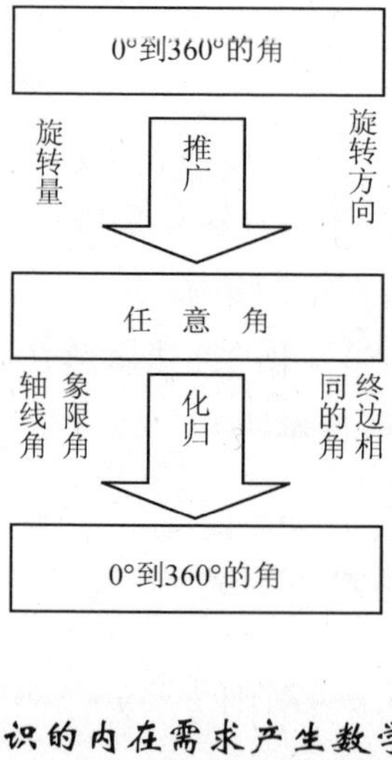

六、教学反思

1. 一个中心：以学生对知识的内在需求产生数学思维的“难忘”

本课复习了初中对角的定义以后，以学生熟悉的时钟问题，创设课堂情境，发现 450°已经不是初中角的定义所能解决的，使学生产生认知上的冲突，说明从“旋转量”和“旋转方向”两个方面对角的概念的推广的必要性，同时激发学生的学习兴趣和主动探究的精神。

将角从 0°到 360°拓展到“任意角”之后，让学生自己动手画四组角，从而观察这些角的图形的特征，发现这些角始边和顶点重合后，终边才能重合，从而产生了将角放到直角坐标系中想法，这样产生了象限角和轴线角。将角放到直角坐标系后发现，同一组图形可以表示不同的角，自然想到研究这些角之间的数量关系，从特殊到一般，发现终边相同的角的集合。让学生自行尝试，培养学生处理数学问题的动手能力及其猜想、探究能力。

2. 两个基本点：以“数形”统一形成对学科性质的“难忘”

在拓展“任意角”角的概念时，从“大小”和“方向”两方面引导学生思考，紧抓数形两方面；在引入终边相同的角的集合时，先从“形”入手，观察这些角的图形特征，再从“数”入手，归纳这些角的数量特征，由特殊到一般，从具体到抽象，培养学生观察、归纳的能力，为后面学习周期的概念作铺垫，并使学生理解终边相同的角不是唯一的，而是一个角的集合。

例题 1 的讲解中，既可以从“形”入手，以旋转的角度来寻找终边相同的角，也可以用从“数”入手，用“赋值法”，或者“解不等式法”来寻找在 0°到 360°范围内的与之终边相同的角，从而确定角的终边所在位置。

例题 2 中，研究$\frac{\alpha}{2}$的终边所在位置时，先从数量关系入手，讨论角所在的象限，但是分类讨论比较抽象，学生比较难理解；再从形入手，在直角坐标系中体会 $180°k$ 的周期性，学生立刻从形上受到启发，更加直观形象。

3. 三种思想：以化归、转化、分类酿造数学思想的“难忘”

本课的主要思路是，从初中所学的 0°到 360°的角，从旋转量和旋转方向两方面推广到任意角，再通过象限角、轴线角、终边相同的角的研究，将研究任意角的位置问题转化为研究 0°到 360°角的位置，体现了化归的数学思想。

教学过程中又处处渗透着数形转化的思想，使学生的理解更加具体形象，也为后面学习周期性作好铺垫。如总结终边相同的角的集合、两道例题的讲解，都从数形两方面入手，直观形象，便于学生的理解，其实质是渗透“数”、“形”相互转化的思想。

例题 2 中还渗透了分类讨论思想，尽管学生在这点上是学习难点，但是由于在直角坐标系中，角的终边可以直观形象地旋转，这时数形结合思想的加入，又降低了教学难点，使得学生思维障碍得以突破。

（秦霞　供稿）

示例 3

椭圆的标准方程

一、课题来源

江苏教育出版社《数学选修 2-1》第 2 章“圆锥曲线与方程”第 2.2 节“椭圆”第 2.2.1“椭圆的标准方程”。

二、政策要求

椭圆是一个非常重要的几何模型，具有很多优美的几何性质，这些重要的几何性质在日常生活、社会生产及其他学科中都有着广泛的应用。

关于“椭圆的标准方程”，《江苏省普通高中数学课程标准》的教学要求为“掌握椭圆的标准方程，会求椭圆的标准方程”。椭圆的标准方程将作为今后研究椭圆性质的根本依据，并以之来介绍求圆锥曲线方程和利用方程讨论几何性质的一般方法，为学习双曲线、抛物线奠定基础。

在标准解读和教材分析的基础上，确定本节课的教学重点：① 椭圆的标准方程；② 会用多种方法求椭圆的方程。由于学生对“曲线与方程”的内在联系（数形结合思想的具体表现）仅在“圆的方程”一节中有过一次感性认识，从“曲线与方程”的内在联系角度来看，学生并未真正有所感受，所以本节课的教学难点是：① 椭圆标准方程的推导；② 熟练运用多种数学方法。

三、学情基础

班级学生整体素质较好，平时上课时的课堂气氛活跃，非常适合采用“问题—互动”教学模式。课前让学生做好预习，在教学的各个环节中，在知识的引发点和关键点上不断向学生提出适当的问题，给出“思考指向”，让学生去思考去讨论，这样全体学生的思维活动就能始终处于积极状态，以“问题”为课堂核心，“互动”为课堂手段以达到教学目标。

四、教学目标

掌握椭圆的标准方程及其推导方法，能正确运用椭圆的标准方程解题，学会用待定系数法、定义法、坐标转移法求椭圆的方程。

进一步体会数形结合的思想，感知转化的数学思想，学会分类讨论的思想。

养成自主学习、逻辑思维、观察和猜想以及合作学习的能力。

结合事物的可转化性，形成辩证唯物主义的观点；具有求知欲望，形成刻苦钻研的精神；形成学数学，用数学的意识。

五、教学过程

1. 创设情境，激发兴趣

椭圆的定义作为椭圆本质属性的揭示和椭圆方程建立的基石，理应在本堂课作出回顾，但如采用直接提问起不到很好的效果，因此，本节课在开始向学生提出了这样一个问题：一架救援机从A地出发进行救援任务，之后必须回到B地加油，已知飞机一次最多能飞行500公里，而A、B两地相距200公里，问：这架飞机能够救援到的区域是怎样的？采用实际问题既可以在本节课的开始吸引学生又起到复习的作用，同时还引导学生用学过的知识去解决问题。

圆锥曲线是平面解析几何研究的主要对象。圆锥曲线的有关知识在生产、日常生活和科学技术中有着广泛的应用，因此本节课通过实际背景，使学生感受椭圆的广泛应用，进而再提出两个问题。(1) 汽车贮油罐的横截面的外轮廓线的形状是椭圆，怎样设计才能精确制造它们？(2) 把一个圆压扁了，像椭圆，它究竟是不是椭圆？(flash演示)。由“是不是椭圆及如何设计椭圆”提出研究课题以激发学生学习的积极性，增强学生学数学用数学的意识和能力。

从生活情境入手、从数学基础知识出发，把需要解决的问题有意识地、巧妙地寓于符合学生实际的基础知识之中，以“互动”做到：探究—深思—发现—解决问题的教学导入，把学生引入到与问题有关的情境中，给学生在心理上造成一种悬念，使他们认知结构最近发展区中的注意、记忆、思维凝聚在一起，从而激发学生的探究兴趣和求知欲。

2. 合理引导，培养能力

在回顾了求圆的方程的步骤后，引导学生去考虑求椭圆的标准方程该怎样建立。先由定义去得到一个方程，在列出方程以后，出现了含两个根式的无理方程，这种方程在初中代数中出现过，只是这里根号下的式子复杂些，教学时适当放慢些速度，让学生合作讨论是可以解决的。在得到更为简化的形式后，再通过适当启发使其得到焦点在x轴上标准方程，由焦点在x轴上标准方程的结构特征让学生猜想、论证得到焦点在y轴上标准方程，最后让学生去总结对标准方程的认识。此时的重点放在方程建立的思维过程上，通过层层递进的问题引导学生积极参与到知识发生过程，伴随着类比、估测、审美等思维活动的展开，学生的思维得到了进一步的激活。

引导是课堂活动的前提，有效的“互动”首先必须要有效地引导。有效地引导过程其实也是一个具体的“互动”过程，同时也是为“互动”做准备。

学生在尝试问题解决的过程中，常常难以把握思维方向，难以建立起新旧知识间的联系，难以判断知识运用是否正确、方法选择是否有效、问题的解是否准确等，这就需要教师充分以课堂活动为载体，进行合理的引导。

3. 组织互动，促进发展

在推导出椭圆的标准方程后及时安排一组简单的练习之感受、理解篇来让学生“小试牛刀”以巩固探究成果。

接下来就可以来解决引出课题的两个问题了，同样让学生讨论解决，教师可以适时引导学生总结所采用的方法——定义法、坐标转移法，并在第二个问题的研究中让学生认识到椭圆与圆的区别与联系。

练习之思考、运用篇是这样安排的：1. 若方程 $4x^2+ky^2=1$ 表示的曲线是焦点在 y 轴上的椭圆，求 k 的取值范围.（变：若是 $4x^2-ky^2=1$ 取值范围为 $-4<k<0$）2. 求适合下列条件的标准方程：两个焦点坐标分别是 $(0,-2)$、$(0,2)$，且过 $\left(-\frac{3}{2},\frac{5}{2}\right)$。第 1 题解决后采用变题来增强学生学习的内在活力使之成为自觉主动学习的主体，而第 2 题引导学生一题多解以优化学生的思维。由学生的思考、讨论与练习，总结有两种求法：其一由定义求出长轴与短轴长，根据条件写出方程；其二是由已知焦距，求出长轴与短轴的关系，设出椭圆方程，由点在椭圆上的条件，用待定系数的办法得出方程。在利用待定系数法求椭圆的标准方程中的 a，b 时，得到以 a^2，b^2 为未知数的方程组，并且未知数在分母上，初中学过用换元法解方程组，这样问题便能够解决，这个问题解决以后，求两条曲线的交点的问题，包括求椭圆与双曲线的交点的问题就都可以解决了。

培养学生发现问题、探究问题、解决问题的能力，就必须要让学生在课堂上反复经历多次的“互动”过程，这样也为学生的长远发展打下坚实的基础。

4. 梳理归纳，有效训练

让学生去总结在本节课的收获可以培养学生整理知识和方法的能力。

课外拓展训练第一题要求学生课后加强探究，第二题采用分层要求以符合不同学生的情况，第三题让学生关注身边的椭圆并创编这方面的问题下节课请其他同学解答，为下节课同学间互助学习的开展做好准备。让不同的人在数学上获得不同的发展,每个学生能够获得这些数学能力,有数学专长或爱好的学生可以在此基础上寻求自己所需要的进一步发展。

课堂中要根据学生的认知特点,及时通过“互动”手段培养学生主动梳理知识、主动运用知识的意识,以达到使学生更好地掌握知识、掌握知识之间的相互关系以及相关的数学思想方法等目的。课堂及课后要合理选择和设计好例题与练习,进行有效训练,进一步巩固、完善课堂教学成果。

六、教学反思

课堂教学中出了点“小意外”,由于一个学生在引例上的错误考虑,使我们多花了点时间在引例的处理上。这个“意外”和“插曲”是我在课前教学设计时未考虑到的,但作为教者,通过对难忘课堂的实践,当时就意识到,课堂互动中,要舍得花时间让学生交换意见,要舍得花时间与学生内在的数学思维对话,这个过程,事实上是在了解学生思维中的认知矛盾在哪里。由于在这里“浪费”了一些时间,因此我在最后一题的处理上稍作改变,在讨论了不同的做法后让学生课后自己去完成,然后及时进入了总结阶段。虽然和预设的情况有所不同,但我觉得引例是对定义的应用,学生不能深刻地理解定义,就不能很好地对椭圆进行进一步的研究,这个学生把他的想法说出来,不管是对是错,都能很好地帮助我们教师去了解学生的想法,能使我们的教学更为有效。

很多教师在课堂上常常努力地引导学生去得出预定答案,其实这样的一问一答中学生的思维是受到禁锢的。也有很多教师在教学过程中对“突发事件”采取贸然打断的处理方式以保证自己的预设可以顺利完成,我觉得这样的课不能视为一节有效的课。学生的想法中也许蕴含着创造性的火花,也许会有急待教师纠正的误解,因此教师不应该在这上面怕花时间,怕影响教学进度。当然这要求教师要有临场应变的能力,要能在教学中及时调整。布鲁姆说:“人们无法预料教学所产生的成果的全部范围,没有预料不到的成果,教学也就不成为一种艺术了。”而这种意外应该更能让大家记忆深刻。

此外“椭圆的标准方程”这节课中如何简化方程形式,使数量关系更加明朗化,使式子更加的简单、整齐、美观,从而得到标准方程的形式是个难点。只有让学生亲自尝试才能有所收获。我把讲台让给学生,让他们中的代表在黑板上推导,其余的同学在自己的笔记本上化简。由于我在请同学的时候刻意喊的是中等的同学,所以上黑板的同学时不时还出些差子,但真实反映了问题,在同学的帮助下,终于完成了任务。我想这不论是对于上黑板的同学来说还是对在下面的同学来说,大家共同探究、纠正错误时的场景都会是历历在目的。

尽管整堂课上下来比较顺利，但静下心来思考一下，有些地方还是值得改进的。例如在分组讨论的时候采用的是就近原则，所以在课堂上各组讨论的情况不太一样，有些组非常热烈，个别组就没达到应有的效果。我觉得自己今后应该更多地关注这样的组，积极地参与他们的讨论，并适时地引导他们学会进行有效的合作，这样孩子们学到的不仅仅是课本的知识，他们还会逐步具备合作的能力，这在他们的脑海里定会留下难忘的印象。

再如在推导出椭圆的标准方程后让学生"小试牛刀"时由于题目比较基础，所以一些反应快的同学很快脱口而出，致使一小部分反应慢一些的学生还没看好题目就知道答案了，最终做了一回检验员，学习的效果打了些折扣，也使他们少了些求出答案时的兴奋感觉。虽然这种抢着回答问题的场面使课堂气氛十分热烈，但热烈的背后也存在着问题。那如何解决呢？我在后来的教学中就和同学"约法三章"——先做出来的可以示意我但不能影响其他同学思考（课堂的留白其实很重要），在我觉得可以揭晓答案的时候我会优先让最早示意我的同学作答。这样一来不仅给反应慢一些的学生留了一些思考的空间，也保护了反应快的同学的积极性，鼓励了竞争。这样各个层面的孩子都能感受到通过思考获得成功的愉悦。

我认为若在课堂设计时能抓住方法的精神实质，精心组织设计，在具体实施时创造良好情境，就可使多数学生处于亢奋状态，增强探索者的自信心理，学习前人的探究精神，逐步领会其中的主要思想方法。希望通过这样的课堂教学能既发展学生的认知，又培养学生的情意，通过教与学的互动培养学生的自主性，真正实现在数学课堂教学中发展学生的健全人格，提高其认知水平和认知能力，真正实现难忘教育。

（许莹　供稿）

英语学科“难忘课堂”构建方案

“难忘教育”是基于学生全面发展、内驱力张扬和实践内化的全部教育过程，其普遍意义和价值当然要深入到教与学的全过程，这正是在课堂教学中进一步探究和发展的必然。

现代教育理念下的课堂应该是师生之间交往、互动的舞台，是引导学生发展的场所，是学生探究知识的场所，是教师教育智慧充分展现的场所。

一、英语“难忘课堂”教学模式的基本理念

1. 以生为本的教学思想

学生是活生生的、成长中的、发展中的人，他们在不同阶段有不同的需要。由于时间具有“绵延”性，满足学生成长需要的学校教育将积淀于学生的生命之中，在他们的生命历程里留下深刻的痕迹，所以，“难忘课堂”要确立“以生为本”的教育思想，围绕满足学生的成长需要展开相应的教学活动。

2. 共同成长的教学取向

教师和学生是课堂教学中的两个主体，“一切为了每一位学生的发展”只是“难忘课堂”教学的目标之一，因为“难忘课堂”教学所追求的“生命成长”蕴含“教学相长，师生共赢”的质量观，鼓励教师在促进学生全面发展的同时获得自身专业发展层次的不断提升。

3. 预设生成的教学过程

随着有效教学研究的不断深入，人们认识到教学过程既是预设的，又是动态生成的，是充分预设与动态生成的辩证统一。其中，预设是生成的前提和基础，生成是预设的超越和发展。“难忘课堂”是目标整合的课堂，同样追求预设与生成的和谐和辩证的统一。

4. 记忆深远的教学效果

“难忘课堂”教学也有学科知识的“难忘”目标，因为个体成长体验也包括知识

的增长，而且从“难忘课堂”走出的学生几乎都要通过高考继续深造，高中阶段的学科知识是他们高考以及将来个体生活的重要支撑。所以，“难忘课堂”教学也追求记忆深远的教学效果。

二、英语“难忘课堂”教学模式的设计原则

1. 强调以学生为中心

从“以学生为中心”出发还是从“以教师为中心”出发将得出两种全然不同的设计结果。体现以学生为中心来进行教学设计，我们可以参考以下三点：① 要在学习过程中充分发挥学生的主动性，即要能体现出学生的首创精神；② 要让学生有多种机会在不同的情境下去应用他们所学的知识，即将知识“外化”；③ 要让学生能根据自身行动的反馈信息来形成对客观事物的认识和解决实际问题的方案，即实现自我反馈。

2. 强调“情境”对意义建构的重要作用

学习总是与一定的社会文化背景即“情境”相联系的，在实际情境下进行学习，可以使学生能利用自己原有认知结构中的有关经验去同化和索引当前学习到的新知识，从而赋予新知识以某种意义。如果原有经验不能同化新知识，则要引起“顺应”过程，即对原有认知结构进行改造与重组。总之，通过“同化”与“顺应”才能达到对新知识意义的建构。在传统的课堂讲授中，由于不能提供实际情境所具有的生动性、丰富性，同化与顺应过程较难发生，因而将使学生对知识的意义建构发生困难。

3. 强调“合作学习”对意义建构的关键作用

学生与周围环境的交互作用，对于学习内容的理解（即对知识意义的建构）起着关键性的作用。学生们在教师的组织和引导下一起讨论和交流，共同建立起学习群体并成为其中的一员。在这样的群体中，共同批判地考察各种理论、观点、信仰和假说；进行协商和辩论，先内部协商，即和自身争辩到底哪一种观点正确，然后再相互协商，即对当前问题摆出各自的看法、论据及有关材料并对别人的观点做出分析和评论。通过这样的协作学习环境，学习者群体（包括教师和每位学生）的思维与智慧就可以被整个群体所共享，也就是说：整个学习群体共同完成对所学知识的意义建构，而不是其中的某一位或某几位学生完成意义建构。

4. 强调利用各种信息资源来支持“学”

为了支持学生的主动探索和完成意义建构，在学习过程中要为学生提供各种

信息资源(包括各种类型的教学媒体和教学资料)。但是必须明确是利用这些媒体和资料并非用于辅助教师的讲解和演示,而是用于支持学生的自主学习和协作式探索。

三、英语"难忘课堂"教学模式的基本结构

英语"难忘课堂"教学模式是指教师以人本主义教育理论、建构主义学习理论以及中外外语教学法各种流派中先进的、被外语教学实践证明有效的理论为指导,学生在教师的指导下以课堂学习为主要阵地,自觉地运用元认知策略、动机策略、行为策略以及各种学习资源,以任务驱动为主要特征的多种学习方式,通过自主、合作、探究等学习方法,积极主动地展开英语学习,达到主动生成新知的目的的一种教学模式。

该教学模式紧紧围绕培养和发展学生的语言综合应用能力展开,主要包括以下 6 个实施环节:

"英语难忘课堂教学模式"主要实施环节之间的基本结构如下图:

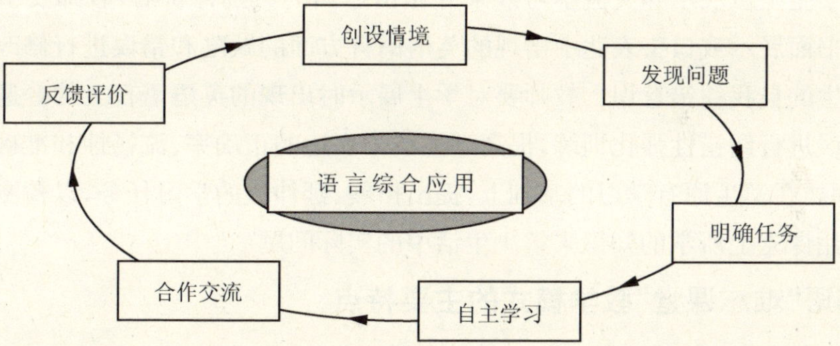

(1) 创设情境——使学习能在和现实情况基本一致或相类似的情境中发生。教师根据教学目标,利用活动或其他课程资源创设情境,情境应与学生的已有知识、社会生活相关,符合他们的认知规律、情感特点,有利于激发学习兴趣。

(2) 发现问题——在上述情境下,选择与当前学习主题密切相关的真实性事件或问题作为学习的中心内容,或学生在教师的启发、引导、点拨下发现问题,问题应有利于发展学生的思维能力,激发学生的学习动机与热情。

(3) 明确任务——确定学习内容表(为完成与给定问题有关的学习任务所需要的知识点清单),获取有关信息与资料(知道从何处获取以及如何去获取所需要的信息与资料),培养检索、收集、筛选、利用、评价有关信息与资料的能力。

(4) 自主学习——学生在教师的指导或帮助下利用各种课程资源独立完成学

习任务，充分体现学生的自主性，促进学生探究能力的发展。不是由教师直接告诉学生应当如何去解决面临的问题，而是必要时由教师向学生提供解决该问题的有关线索，并要特别注意发展学生的“自主学习”能力。

(5) 合作交流——学生在教师引导下展示、汇报个人或小组的学习成果，学生之间、师生之间进行合作交流，通过摆出不同观点、深化认识、获取新知。通过不同观点的交锋，补充、修正、加深每个学生对当前学习内容或问题的理解。

(6) 反馈评价——以《英语课程标准》的要求为依据，学生在教师的帮助下对学习活动进行自我评价、同学互评或师生互评，促进他们对已学知识的反思与建构，并引发新的问题情境，为以后的进一步学习做准备①。

学生通过展示自己的学习成果并与其他小组分享学习的成果，能激发他们更强的求知欲和自信心，激发他们参与活动的欲望，学生积极地参与话题的讨论、发表自己的观点，进而在不知不觉中运用了所获取的知识，最终达到训练和巩固所学知识、实现了“做中学”的目的。

在学生全班展示和交流学习成果并做出适当的鼓励评价后，教师要引导学生对学生书面展示或口头表达中出现的英语语言方面的缺陷和错误进行修改、纠正，培养学生的自我纠错意识。教师要对学生展示时出现的英语语言上的普遍性和典型性错误进行纠错性强化训练，提高学生英语表达的正确率、流畅性和准确性。同时，教师要在学生原有学习的基础上，提出拓展、延伸性的学习任务，以检测学生是否能应用课堂上所学的知识来解决生活中的实际问题。

四、英语“难忘课堂”教学模式的主要特点

1. 从关注外部输入到关注内部生成

学习不简单是知识由外到内的转移和传递，而是学生主动地建构自己的知识经验的过程，即通过新经验与原有知识经验的反复的、双向的相互作用，来充实、丰富和改造自己的知识经验。学习是知识建构过程，这意味着学习是主动的，学生不是被动的刺激接受者，他要对外部信息做主动的选择和加工，知识或意义也不是简单由外部信息决定的，意义是学生通过新旧知识经验间反复的、双向的相互作用过程而建构成的，其中，每个学生都在以自己原有的经验系统为基础对新的信息进行编码，建构自己的理解，而且，原有知识又因为新经验的进入而发生调整和改变，所

① 中华人民共和国教育部. 普通高中英语课程标准(实验)[S]. 北京：人民教育出版社，2003:32.

以学习并不简单是信息的量的积累，它同时包含由于新、旧经验的冲突而引发的观念转变和结构重组，学习过程并不简单是信息的输入、存储和提取，而是新旧经验之间的双向的相互作用过程。[①]

2. 从“个体户”式学习到社会化学习

以往西方的学习理论主要研究的是在学习者个体身上发生的、以个体活动形式完成的学习活动，是单个学习者面对环境所进行的学习，是一种“个体户”式的学习。建构主义者理论更强调社会性相互作用（social interaction）在学习中的重要意义，关注社会化的学习，强调学习的社会性。每个学生都有自己的经验世界，不同的学生可以对某种问题形成不同的假设和推论，而学生可以通过相互沟通和交流，相互争辩和讨论，合作完成一定的任务，共同解决问题，从而形成更丰富、更灵活的理解。同时，学生可以与教师、学科专家等展开充分的沟通。这种社会性相互作用可以为知识建构创设一个广泛的学习共同体（learning community），从而为知识建构提供丰富的资源和积极的支持。

3. 合作学习（cooperative learning）是一种非常重要的学习形式

合作学习的关键在于小组成员在完成小组任务的过程中相互沟通、相互合作，共同负责，从而达到共同的目标。沟通、合作能促进意义建构。学生之间交流、争议、意见综合等有助于学生建构起新的、更深层的理解；在合作学习中，在学生的交流过程中，他们的想法、解决问题的思路都被明确化和外显化了，学生可以更好地对自己的理解和思维过程进行监控；在讨论中，学生之间观点的对立可以更好地引发他们的认知冲突；在学生们为解决某个问题而进行的交流中，他们要达成对问题的共同的理解，建立更完整的表征，而这是解决问题的关键；合作学习可以将认知负担分布到各个成员身上，从而可以使学生完成个体难以完成的复杂任务。此外，合作学习还有利于减轻教育情境中不必要的竞争压力，培养学生的合作精神和合作能力；可以提高学生在教学活动中的投入程度，尤其是可以促进后进学生的学习。

4. 情境性学习

传统教学对学习基本持“去情境”的观点，认为知识一旦从具体情境中抽象出来，成为概括性的知识，它就具有了与情境的一致性，反映了具体情境的“本质”。

---

① 贾冠杰. 外语教育心理学[M]. 南宁：广西教育出版社，1996：56.

因此，对这些概括性知识的学习可以独立于现场情境而进行，而学习的结果可以自然地迁移到各种真实情境中。然而，情境总是具体的、千变万化的，各种具体情境之间并没有完全普适的法则。因此，抽象概念、规则的学习往往无法灵活适应具体情境的变化，学生常常难以用学校获得的知识解决现实世界中的真实问题。

现代教育技术所要做的不只是通过远程教育技术对学校教育做空间范围上的延伸，而且要从更深层次上实现学校教学与现实情境的沟通：多媒体技术、网络资源、虚拟现实技术可以提供仿真性的探索情境，从而可以让学生着手解决真实性的问题；互联网可以将学生带入现实工作场景、实验场景，并与一流实验室中的研究者、工作现场中实践工作者进行交流，甚至通过网络与这些人合作来完成一定的项目(project)；另外，计算机可以对学生的学习过程进行实时记录，能随时搜集关于学习过程的资料，构成“电子档案袋”(electronic portfolio)，从而可以对学习过程进行融合性的过程性评价。

五、英语“难忘课堂”的教学评价原则

1. 主体性原则

学生既是学习的主体也是评价的主体。评价要有利于学生正确认识自我，有利于学生对自己的学习过程进行反思与调控，并促进其综合语言能力的发展。作为英语教师，要正确认识学生自我评价在学习中的意义，要让学生认识自我评价在学习中的意义，要让学生在各类学习活动中成为积极的参与者和评价者。

自主学习评价既重视学生在评价中的个性化反应方式，又倡导学生在评价中学会合作。在评价前，教师要与学生交流评价计划，研究评价策略、方式，让他们知道评价的目的和评价的进程。在教师的指导下，使学生充分认识到自我评价对于学习能力发展的意义，学会自我评价、互相评价的方法。学生的自我评价与学生间互评应成为形成性评价的重要组成部分。

2. 形成性原则

形成性评价是一种在课程实施的过程中对学生的学习进行评价的方式。形成性评价的价值取向是目标与过程并重，对学生的动机效果、过程以及与学生学习密切相关的非智力因素进行全面的评价。这是一种对学习的动机、态度和效果进行三位一体的评价方式。形成性评价的重要任务是对学生日常学习过程中的表现，所取得的成绩，存在的不足以及情感、态度、策略等方面的发展做出综合评价，这种评价把量化评价和质性评价结合起来，更侧重于“质”的评价。

《英语课程标准》指出："评价应关注学生综合语言运用能力的发展过程以及学习的效果。""提倡形成性评价与终结性评价相结合，既关注结果，又关注过程，以形成性评价为主。[①]"形成性评价有利于纵向比较，便于对发展趋势作出分析和判断，更好地调控、指导学习过程，有利于激发评价对象的进取精神。评价应关注学生在完成综合性语言任务中表现出的自主收集信息和处理信息的能力，与他人讨论、合作、沟通和协调的能力，有条理地展示任务成果的能力。教师要充分利用形成性评价的正面鼓励和激励的作用，根据评价结果与学生进行不同形式的交流，充分肯定学生的进步，鼓励学生自我反思和自我提高。

3. 多元化原则

多元化是指评价主体的多元化。在评价过程中，评价主体由学生、教师和家长构成。学生主体包括被评价的学生本人、学生小组内的成员。多样化的评价方式包括学生自评、小组成员互评、教师评和家长评相结合的方法，能使评价更全面、更客观、更民主。在自主学习评价中，学生主体（包括学生自评和学生间互评）的评价是评估的主要方面，而教师和家长的评价是评价的辅助方面。

当代教育评价倡导主体之间双向互动、相互理解，所以自我评价变得越来越重要，特别是在以发现学生的问题，寻找解决问题的方式，促进学生的发展为根本目的的形成性评价中，自我评价更为重要。学生互评是在教学过程中，以划定的学习小组为单位，依据评价标准，同伴之间对学习条件、学习过程及学习效果所作的评价。学生互评可使学生通过角色变换获得自尊感的满足，提高比较鉴别、评判是非的能力。教师是教育活动的直接责任者，在整个教学活动中，教师能从多方面把握学生的发展状况，做出恰如其分的评价。教师的评价一般具有全面性、客观性和权威性。因此，学生的自评和互评还必须与教师的评价结合起来。在教学评价中，教师和学生共同面对学生的成长。各种评价方式不仅给学生提供了改进学习的信息，同时也向教师提供了教与学的信息，教师得到反馈便于改进教学。这种教师与学生的合作评价是建立学生档案过程的一部分。另外，家长也是教育评价的重要方面，家长参与评价，可使家长具体地了解学校教学的要求，保持家庭教育与学校教育的一致性和连续性，促进学生良好学习习惯的养成。

4. 发展性原则

发展性原则要求弱化评价选拔与甄别功能，强化评价的激励功能。高中英语

---

① 中华人民共和国教育部. 普通高中英语课程标准（实验）[S]. 人民教育出版社，2003：37.

自主"难忘课堂"在对学生学习的评价中，要求特别关注学生的个性差异，尊重每一个学生，"因材施评"。既要关注学生的学习过程的实际表现，更要重视学生未来的发展，重视学生在原有程度上的发展。这种评价为每一个学生创造了机会，在创设一个共同语言能力目标的基础上，让学生能够按照个人的能力、个人的潜力、个人的特长与兴趣以及未来的职业倾向和长远的发展目标来规划自己的学习人生，做出自己的选择。①

在课堂教学中，教师要加强对学生学习策略的指导，帮助他们形成自主学习的能力。引导学生主动学习，形成以能力发展为目的的学习方式，鼓励学生通过体验、实践、讨论、合作、探究等方式，发展听、说、读、写的综合语言技能；通过自主学习，让学生通过联想、推理、归纳、演绎等思维活动用英语分析问题，解决问题，获得经验，增强信心，提高能力；引导和鼓励学生积极利用其他学习资源完成学习任务，解决学习中的困难。通过设计丰富多样的交际活动，使学生在交际中形成交际策略；指导、帮助学生独立制订有个性的学习计划，并根据自我评价不断修改调整自己的学习计划，教师要经常和学生一起反思学习过程和学习效果，互相鼓励，提供及时的帮助，在自主学习"难忘课堂"教学模式的实施中达到教学相长之目的。

（季振国　执笔）

示例 1

Discussing the Environment

一、课题来源

译林出版社《牛津高中英语》模块五第二单元"The Environment"中的 Word Power——Discussing the Environment。

二、政策要求

《普通高级中学英语课程标准(实验)》指出："高中学生应该学习和掌握的英语语言基础知识包括语音、词汇、语法、功能和话题等五个方面的内容。知识是语言能力的有机组成部分，是发展语言技能的重要基础。"②词汇教学作为课堂教学的部分，在语言教学中占有重要的地位。它维系着语音和语法，是语言的建筑基石，

① 徐勇，龚孝华. 新课程的评价改革[M]. 北京：首都师范大学出版社，2001.

② 中华人民共和国教育部. 普通高级中学英语课程标准(实验)[S]. 北京：北京师范大学出版社，2003：14.

是语言的三大要素之一，离开词汇，语言就失去了实际意义。《牛津高中英语》的Word Power板块设计的目的是引导学生通过以下两种方法来学习词汇：一是让学生学习与本单元话题有关的分类词汇，二是通过构词法学习单词。该板块设计了图表、对话或短文，用以拓展学生对话题有关的词语的认识和运用。学生根据构词法的基本规则学习和掌握单词，可以有效扩大词汇量。①

教科书以"环境"为话题，帮助学生理解和掌握与环境相关的词汇。它以A、B、C、D四个练习为基准，从阅读短文、图配文字、巩固练习和拓展思维四个方面进行有序的展开。首先以A(阅读短文)为引导，借助Ecoville这个生态旅馆将与环境有关的英语单词进行一定的呈现，然后在B(图配文字)中以图片形式将表示环境问题的英语复合词进行一一匹配，在C(巩固练习)中将A、B中所了解的词汇进行实际运用，最后在D(拓展思维)中要求学生以前缀eco进行词汇的拓展。

综上可知，课程标准和教科书等政策要求，主要是让学生通过话题将所学词汇贯穿于其中，以相关练习为平台，不断进行词汇巩固并在此基础上进行一定的词汇拓展。同时，所选择的活动和练习，紧扣所学单元，在进一步激发学生兴趣的基础上，让学生有拓展的可能。

三、学情基础

学生在模块五第二单元的学习中，已经在一定程度上掌握了环境和环境问题的英语表达，并通过对 Reading: The economy or the environment—must we choose? 的学习，了解了环境和经济的关系，但对于如何才能让环境和经济发展达到双赢还不是非常明确，同时对于环境和环境问题的词汇还未能达到一定的拓展，所以，帮助学生在更多的生活情境中学习和掌握更多与环境有关的词汇非常重要。主要通过介绍英语单词的构词方法帮助学生对所学过的单词进行归纳，向他们介绍更多的符合这些规则的生词。更重要的是让学生通过合作学习，充分利用资源策略，打开词汇学习的视野，这些都是在教学中亟须解决的问题。

四、教学目标

通过一定的情境创设，学习和掌握更多与环境有关的词汇。

结合一定的图片，了解环境问题的词汇。

通过对环境词汇的学习，将所学词汇进行一定的运用。

① 王守仁，何锋. 牛津高中英语教师教学用书(模块5)[M]. 南京：译林出版社，2010：7.

通过构词法的学习，以小组为单位，进一步扩展以 eco 打头的词汇，激发词汇学习的兴趣，鼓励学生在合作中分享和学习。

五、教学过程

1. 创设情境，导入新课

[T] Look at the screen. Do you know what this picture is?

[S] The earth.

[T] Then, what colour do you think of when you see the picture "the earth"?

[S] Blue, green…

[T] Now, let's watch a Video clip "Green" and try to answer some questions: What do you think of when you see the colour green? Why did the earth change into a worn-out old man?

[S] When I see the colour green, I just think of some plants, such as trees and grasses.

[S] Because of the pollution, the earth changed into a worn-out man.

设计意图：教师根据教学目标，利用活动或其他课程资源创设情境，情境应与学生的已有知识、社会生活相关，符合他们的认知规律、情感特点，有利于激发学习兴趣。本课首先以地球和颜色为切入点，以观看《绿》宣传片为导入，在问题引领和视频观赏中创设情境，让学生在轻松愉快中进入本课话题——环境。

2. 发现问题，激发思考

[T] Look at the screen. What colour can you see in this picture?

[S] Black.

[T] Then, where do you think the colour "black" comes from?

[S] Maybe from the pollution, especially air pollution.

[T] Now, on the screen you will see some environmental problems. Can you match them with correct Chinese?

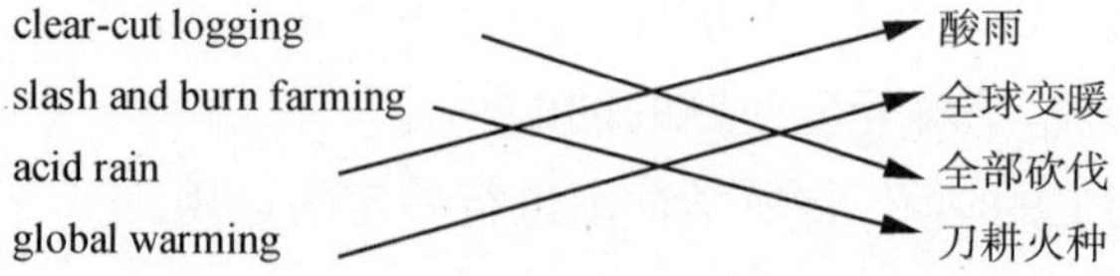

[T] Then, can you match some environmental problems with correct pictures?

[T] Since we've learned some vocabulary about some environmental problems, would you like to learn more? Can you use your heads to guess the Chinese meanings of some other environmental problems?

eg: greenhouse effect(温室效应)　environment-friendly product(环保产品)
acid fog /acid mist (酸雾)　smog weather (雾霾天气)

设计意图: 在上述情境下,选择与当前学习主题密切相关的真实性事件或问题作为学习的中心内容,或学生在教师的启发、引导、点拨下发现问题,问题应有利于发展学生的思维能力,激发学生的学习动机与热情。在观看视频和回答问题后,让学生发现由于人类的一些破坏,导致了一些环境问题,通过对环境的复合词的学习发现我们身边的环境问题。

3. 明确任务,奠定基础

[T] Just now, we learned more environmental problems, and we know smog weather is becoming more and more common in our daily lives. During the smog weather, we just find the colours black and grey, so how can we do to get the colours green and blue, for green grass and blue sky?

[S] We should plant more trees, and we'd better walk or ride to school.

[S] We should save our energy and use paper bags and glass bottles…

[T] All of you did a good job. And as a whole, we should be friendly to the environment.

设计意图: 确定学习内容表,获取有关信息与资料,培养收集、筛选、利用有关信息与资料的能力。以相关颜色为切入点,步步为营,让学生在颜色的引领中获取相关信息,并在下面的进程中学会运用。

4. 自主学习,初步探究

[T] Now, open your books at page 26. Read a leaflet about a hotel which is friendly to the environment carefully in Part A and answer some questions.

eg: 1) What's the name of this hotel?
2) What do ecotourists refer to?
3) What type of energy does this hotel use?

4) What does the hotel use to wash the sheets?

[S1] Ecoville.

[S2] Ecotourists are people who visit an area and do not harm or damage the ecosystem.

[S3] It uses natural, safe energy called solar energy.

[S4] The hotel uses eco-friendly washing powder to wash sheets.

[T] Well-done. And we find there are some words beginning with the same prefix eco-. I'll tell you the meaning of Ecoville, which means"生态别墅"in Chinese, and the prefix "eco-" comes from Greek and means "earth". Can you guess other words with the prefix eco-?

[S1] Ecotourist means "生态旅游者".

[S2] Ecosystem means "生态系统".

[S3] Eco-friendly means "生态环保的".

[T] In Part A and B, we've learned many words about the environment. Now it's your practice time. Please finish Part C: Fill in the blanks with correct words in Part A.

设计意图:学生在教师的指导或帮助下利用各种课程资源独立完成学习任务,充分体现学生的自主性,促进学生探究能力的发展。以 Ecoville 为切入点,让学生自主学习,通过对它的简单介绍,回答一些问题,同时通过任务的完成,进一步巩固自己的环保意识。

5. 合作交流,鼓励创作

[T] Well, we just learned some words using the prefix eco-. Can you find more words that include the prefix "eco-" in pairs ? I'll give you about 2 minutes to prepare.

[P1] ecology, ecological, ecologist.

[P2] ecosphere, ecocide, ecospecies.

[P3] ecoactivity, ecotourism, ecodevelopment.

[T] Good. As we know, "Micro" has become one of the hottest words in China with the growing popularity of "microblogs" and "micronovels". And we use "hint fiction" to replace "micronovels". Hint fiction is an extremely short literary work, typically no more than twenty-five words, which hints at a longer, more complex story. (Hint fiction 即中文的"微小说",指极其简短的文学作品,基本不超过25个字,但却隐含着一个更长更复杂的故事情节)

Today, you are asked to create a microessay about the environment with eco-, only use six English words or phrases in groups. I'll give you about 5 minutes.

设计意图:学生在教师引导下展示、汇报个人或小组的学习成果,学生之间、师生之间进行合作交流,通过摆出不同观点,深化认识、获取新知。通过布置的两个任务,让学生进行合作交流。任务的布置由易入难,先让学生对以eco-为前缀的单词进行一定的扩展,而后介绍微小说的相关背景知识,让学生在此基础上进行一定的创作。

6. 反馈评价,总结提高

[**T**] Now it's your time to present your microessays.

[**G1**] Economy, develop, eco-friendly, fade, earth, ruin.

[**G2**] Pollution, black, ecology, green, harmony.

[**G3**] Eco, economy? Eco or economy? Eco and economy! …

[**T**] Just now, some of your groups showed your microessays, and I'll show my version: Sky, blue, plant, green, ecotourists, work. Watch a short video clip, and try to think what we can do to protect our environment.

[**S**] We should respect the ecosystem and make an eco-friendly consumption…

[**T**] Yes. Only when all of us respect the ecosystem and make an eco-friendly consumption can we make our earth a beautiful place for us to live, and our earth will look like a colourful rainbow. Thus, people, earth and the environment will survive and support in harmony.

设计意图:学生通过展示自己的学习成果并与其他小组分享学习的成果,能激发他们更强的求知欲和自信心,促进他们对已学知识的反思与建构。让各组派出学生进行一定的展示,对学生的劳动成果进行一定的评价,主要以鼓励为主。同时再次对所学内容进行一定的回顾,以教师创作的微散文形式进行总结,在观看《绿》的宣传片时提出绿色消费,让学生理解只有通过每一个人的努力才能让我们的环境得到改善,才能让我们的地球变成五彩的世界。

六、教学反思

1. 以情境创设为引领，激发学生的学习动机

建构主义认为，学习总是与一定的社会文化背景即“情境”相联系的，在实际情境下进行学习，可以使学生能利用自己原有认知结构中的有关经验去同化和索引当前学习到的新知识，从而赋予新知识以某种意义；如果原有经验不能同化新知识，则要引起“顺应”过程，即对原有认知结构进行改造与重组。总之，通过“同化”与“顺应”才能达到对新知识意义的建构。①

词汇教学中只有通过创设一定的情境，才能一方面帮助学生记忆所学的内容，加强学生对词汇的理解和运用；另一方面点燃学生的积极情感，引发学生积极的认知状态和良好情绪，促使其自主探求知识，两方面互相结合、互相渗透，激发学生的学习动机。本堂课始终贯彻“情境”二字，从《绿》这个保护环境的宣传片为导入创设“环境保护”方面的情境，让学生进入本课话题(describing the environment)；在一系列图片中让学生直接感受“环境问题”方面的情境，帮助学生了解环境方面的复合词，如 clear-cut logging(全部砍伐)、acid rain(酸雨)、global warming(全球变暖)等，最后在微博与微小说的背景知识中创设“环境宣传”方面的情境，让学生将所学的由前缀 eco 构成的词汇融入自己的微文章创作，以六个英语单词为主体，讲述一个最直白的保护环境的原因或道理，在创作中激发学生运用所学词汇的能力，充分认识到环境对我们的重要性，从而呼吁更多的人来爱护我们自己生存的环境，用我们每一个的微薄之力共同保护我们的地球。总之，词汇在具体情境中就有了赖以生存的土壤，它滋润怀抱中的每一个词汇，使它们变得更加有生命力，让学生更加容易了解英语语言的魅力，从而激发学生词汇学习的动机，为学生的英语学习打下坚实的基础。

2. 以小组合作为载体，鼓励学生的思维碰撞

高中英语课程的总目标是使学生在义务教育阶段英语学习的基础上，进一步明确英语学习的目的，发展自主学习和合作学习的能力；形成有效的英语学习策略；培养学生的综合语言运用能力。② 在英语词汇教学中，要鼓励学生在教师的指导下，通过体验、探究和合作等方式，发现语言的规律，逐步掌握语言知识和技能。

---

① 刘忠保. 中学英语自主学习教学模式研究[M]. 北京：科学出版社，2007：60.

② 中华人民共和国教育部. 普通高级中学英语课程标准(实验)[S]. 北京：北京师范大学出版社，2003：6.

学生在协作群体中，思维与智慧就可以被整个群体所共享，共同完成对所学知识的意义建构。

本课在对所学词汇的运用环节有两处小组活动：首先是两人活动(pair work)，要求学生在学完本课含有前缀 eco 的相关单词如 ecosystem、ecotourists、eco-friendly 等后两人合作进行词汇的拓展(想出更多含有 eco 的词汇)；其次是多人活动(group work)，在给出一些相关的背景知识后，引入时下非常流行的微小说，让学生创作由六个英语单词(其中要有一个 eco 为前缀的单词)构成的微文章。两个活动的设计难度原则是由浅入深，让学生在合作时不断擦出灵感的火花，进行思维的激烈碰撞。这些“碰撞”实际上成为本课最大的亮点，特别是在创作环节，很多小组创作出的微文章让我感动，给听课者留下了深刻印象，在看似简单背后体现学生的英语运用能力。如有的小组六字微文章为 Eco，economy? Eco or economy? Eco and economy!（生态，经济？生态还是经济？生态和经济！）用单词重复的方法和标点符号的改变来说明经济和生态要共同发展的道理；还有的小组用颜色对比的方法创作的微文章 pollution，black，ecology，green，harmony(污染，黑色，生态学，绿色，和谐)暗示人类要与自然和谐发展才能达到双赢的目的。总之，教师在教学设计时要多创造小组活动形式，更要在实际教学时多鼓励学生在小组活动中进行思维的碰撞，实现相互启迪，最终实现合作学习的终极价值。

3. 以知情融合为目标，促进学生的全面发展

现代教学把课堂视为一个由认知和情感交织共生的生活世界，一方面认知为情感的产生和发展提供理性基础，另一方面情感对认知活动又具有动力、强化和调节作用，情感和认知在课堂教学中存在着相互联系、相互制约和相互促进的关系。知情之间有层次的递进循环，最终实现融合。[①] 词汇教学中的“知情融合”，实质上就是在课堂的各种活动中调动学生的学习主动性，保证学生的思维和情感协调发展，让学生在一种愉悦的气氛中，不断学习和运用所学词汇，促进学生对词汇的接受、感悟和掌握，最终促进学生的全面发展。

本课以环境为一条明线，先引导学生发现身边的环境问题，学习有关环境的复合词；通过对 Ecoville 环保旅馆介绍的阅读帮助其完成广告宣传的练习，让学生自主学习以 eco 为前缀的词汇；以紧扣环境话题，运用所学词汇进行微文章的创作的任务为驱动让学生进行合作交流。同时以颜色为另一条暗线，首先由地球的颜色

---

① 姚天勇，陆军. “难忘课堂”的文化意蕴与操作要义[J]. 江苏教育研究，2014(6)：12－16.

导出绿色和蓝色，通过《绿》的宣传片，让学生感受绿色的代表含义；由宣传片引出是因为环境污染等让我们的地球变成了黑色和灰色，在理解相关环境的复合词后，导出蓝色（我们需要的是蓝色的天空，蓝色的海洋）；以宣传片《绿》为首尾呼应，引出五彩的彩虹，寓意为只有我们尊重生态系统，进行环保消费，我们的地球才会变成一个像彩虹一样的美好世界。两条线互相胶着，互相依赖，以多媒体和图片等创设为辅助手段，营造一种良好的学习氛围，让学生在轻松愉快中不断认知和环境有关的英语词汇（特别是含有前缀 eco 的相关单词），感受环境保护的内涵，提升环境保护意识；同时以这些单词为基础，在呼吁人们共同保护环境和地球的活动中进行实际运用，促进学生对本课环境词汇的接受、感悟和掌握，最终加强和促进学生在英语学习中品格、思维、情感、学习能力等的全面教育和发展。

总之，教师要充分发挥自己的教育智慧，“寓教于趣”，让课堂环境和师生的心理始终处于优化水平，帮助学生在认知的同时获得积极的情绪调动和愉悦的情感体验，逐步形成积极主动的学习态度和正确的价值观，促进每一个学生全面充分的发展，实现真正的“难忘课堂”。

（李建红　供稿）

示例 2

Stand up for Your Health

一、课题来源

译林出版社《牛津高中英语》模块六第一单元 Reading——Stand up for Your Health。

二、政策要求

《普通高中英语课程标准》中强调高中英语课程应“在进一步发展学生综合语言运用能力的基础上，着重提高学生用英语获取信息、处理信息、分析问题和解决问题的能力，特别注重提高学生用英语进行思维和表达的能力……形成健全的情感、态度、价值观，为未来发展和终身学习奠定良好的基础”。[①] 阅读是语言技能中重要的一部分，英语阅读教学要在培养学生阅读技能和理解能力的同时，训练学生思维能力，鼓励学生合作互动，帮助学生获得积极的情感体验，培养学生正确的价值观。

① 中华人民共和国教育部. 普通高中英语课程标准（实验）[S]. 北京：人民教育出版社，2003.

本课教材提供了一篇关于单口喜剧的阅读文章以及读后练习，"阅读策略"介绍了如何利用语境猜测生词的方法。学生将通过阅读获得单口喜剧的基本信息，认识一位单口喜剧演员，了解笑有益于健康的相关研究。

结合课程标准和教材内容，本课教学将围绕单口喜剧这一阅读素材展开：引导学生阅读提取文章信息，如单口喜剧的内涵和外延、喜剧演员的工作、笑和健康之间的关系；训练学生语境中猜词的能力，并在课本阅读的基础上开展合作互动活动，就话题展开讨论进行思维训练，培养学生批判性思维的能力。

三、学情基础

本次授课对象是高二年级的学生。虽然学生有看过英语喜剧，但是几乎很少有学生知晓单口喜剧，因此课文内容将激发他们的探知欲。高二年级的学生有一定的英语语言基础，能够更自信地参与课堂活动，因此课堂中的互动合作将发挥学生在学习过程中的主动性和能动作用。围绕单口喜剧这一阅读教学内容，秉承"难忘课堂"的操作要义，即"问题引领、自主探究、互动合作、知情融合"，本课设计了四个阅读活动：独立阅读任务→合作任务→互动任务→批判性思维任务。

四、教学目标

学生逐步了解单口喜剧的内涵和外延、单口喜剧演员的工作、笑和健康之间的关系。

学生训练通过上下文猜测词义的阅读技能。

学生进行合作互动，就话题展开讨论，进行思维训练，培养批判性思维的能力。

五、教学过程

Step 1 Warming up

Three pictures of people laughing are presented to students. They are guided to describe the pictures and think about what makes people laugh, such as talking with friends, reading jokes, enjoying one winter afternoon under sunlight, watching comedies. Then lead in the topic of stand-up.

设计意图：三张不同年龄人大笑的照片激发学生的兴趣，相关问题的设置引导学生描述人们大笑时的脸部表情和动作以及什么可以使人大笑，从而自然地引入话题——单口喜剧。所设情境贯穿课堂始末。

Step 2 Reading activity 1: individual work

Students are guided to think about what is a stand-up comedy. After that, students begin their individual reading. They first go through the article to figure out its structure. Then they read the introduction part to find an explanation of stand-up and the things comedians do to make audience laugh.

While reading, students come across new words, like "tease", "previous". They are guided to look at the information before and after the new words to understand the meanings. After that, they are asked a question "Instead of referring to a dictionary, what can we do to understand a new word while reading?". In this way, students are instructed to learn how to guess the meanings of new words from the context.

设计意图:① 在所设情境下,引导学生发现问题,对单口喜剧的表演形式进行积极大胆的猜想。② 布置学生独立阅读任务:分析文本结构、阅读导入部分找寻相关信息。给学生时间独立阅读、理解文章。③ 培养学生利用语境猜词的能力。

Step 3 Reading activity 2: cooperative work

Students read the next section "types of stand-up", and work in groups to compare and summarize the different types of stand-up. A competition is held among groups to tell the types of stand-up: telling jokes, visual humor, physical humor, doing impressions.

Then students go on to watch a video and discuss in groups about how many types of stand-up are included in the video. The group which gets the highest points can win.

After that, students are guided to think about the work of a comedian. It's demanding, because they have to prepare for a bunch of jokes ahead of time. It's challenging, because they have to stand there and keep talking and acting to make their audience amused.

设计意图:① 在所设情境下,引导学生进一步探究单口喜剧的种类。② 布置学生独立阅读任务:阅读文本第二部分,理解单口喜剧的种类。③ 布置学生小组活动任务,给每种单口喜剧概括关键词。④ 在小组活动中,学生加深了对单口喜剧的种类的理解,激发了求知欲和自信心,促进了对已学知识的反思与建构。⑤ 在所设情境下,引导学生初步思考喜剧演员的工作。

Step 4 Reading activity 3: interactive work

Students are encouraged to name some famous comedians who are very good at stand-up performing. Then they read the next section "a famous comedian", finish in their groups a diagram about the information of this reading section, and write down the answers on the paper for each group. After that, different groups are asked to exchange the paper to make some further improvement.

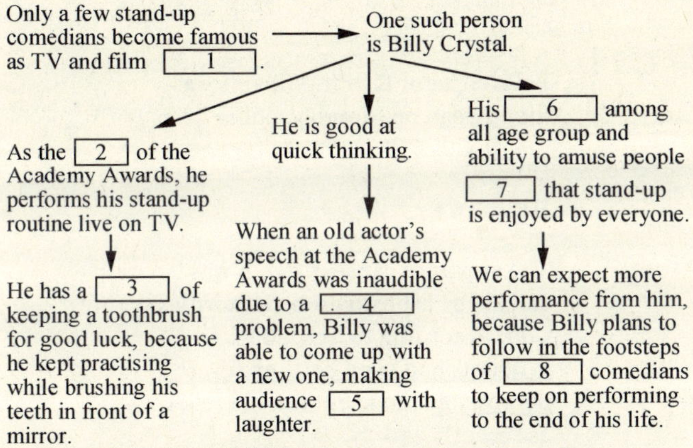

图 1　课文信息图(Part 2 A famous comedian)

Questions are raised about the work of comedians: "One reason why Crystal is so famous is that he is very quick-thinking. Why is 'quick-thinking' so important in stand-up performance?" "If Crystal were not so quick-thinking, what should have happened when the old actor's speech could not be heard?"

设计意图:① 布置学生独立阅读任务:阅读文本第三部分,了解一位著名的喜剧演员。② 布置学生小组活动任务:小组成员在独立阅读基础上一起完成有关文本第三部分内容的图表。③ 小组间的互动增强了学生的合作学习能力,促进了对已学知识的反思与建构。④ 在所设情境下,引导学生进一步思考喜剧演员的工作。

Step 5　Reading activity 4: critical thinking

Students read the last section "laughter is good for your health" for answers to the question "Why could comedians, like Bob Hope, George Burns, live long lives?" Then they are guided to think about the implied meaning of the title "Stand-up for your health".

Student groups read the news that the comedian in the video died in suicide just a couple of months ago.

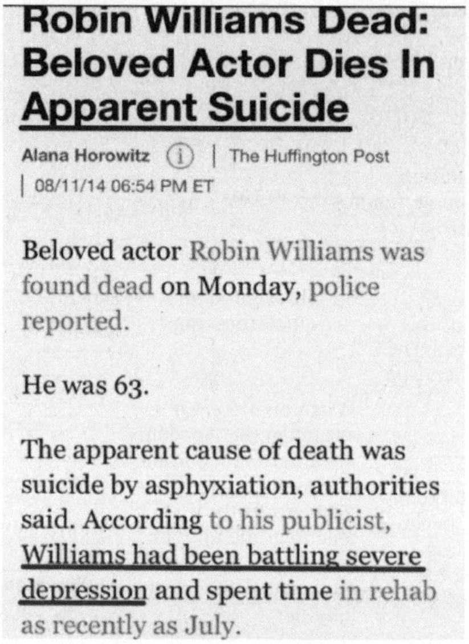

Robin Williams Dead: Beloved Actor Dies In Apparent Suicide

Alana Horowitz | The Huffington Post
| 08/11/14 06:54 PM ET

Beloved actor Robin Williams was found dead on Monday, police reported.

He was 63.

The apparent cause of death was suicide by asphyxiation, authorities said. According to his publicist, Williams had been battling severe depression and spent time in rehab as recently as July.

图 2　补充阅读材料(A news article)

Then an extended question is raised, "Why should a comedian who made everyone of us laugh suffer from depression?" Student groups open up their mind to discuss, and bring about some critical thinking sparkles.

After that, student groups are encouraged to think of some suggestions to help comedians stay healthy.

设计意图:① 在所设情境下,引导学生进一步讨论笑与健康的关系。② 布置学生独立阅读任务:阅读文本第四部分,获得有关笑有益于健康的一些科学发现。③ 布置学生小组活动任务:通过提出一个与文本信息截然不同的新闻报道,激发学生思维,鼓励学生参与到问题的探究中,引导学生多方面地探究解决问题的方法。④ 小组活动中,学生的思维产生了碰撞,教师进行积极的引导,学生对已学知识进一步地反思与建构。

Step 6　Homework

Write an essay about the work of stand-up comedians and your suggestions to them.

设计意图:作业是对课堂内容的进一步拓展和延伸,为学生的课外自主学习和创造性的学习活动提供了引导和激励。

六、教学反思

1. 问题引领，引导学生深入阅读，提升思维能力

难忘课堂倡导“用问题引领学生的学习，促进学生通过问题解决建构对知识的理解，同时获得学科素养的全面提升”。[①] 本课教学过程中，问题围绕学生的思维规律进行了精心设计。围绕单口喜剧及单口喜剧演员，首先设计出一个主问题：单口喜剧演员的工作有什么特点？他们需要具备哪些能力和素质？主问题贯穿阅读活动始终，层层深入：在独立阅读环节（individual work），学生通过阅读获得了有关单口喜剧的定义后，教师自然引入主问题，启发学生在现有文本信息的基础上对问题进行思考和推测；在合作任务环节（cooperative work），学生在阅读和合作活动后熟悉了单口喜剧的种类，对单口喜剧有了更直观的感受，教师再次抛出主问题，鼓励学生验证之前推测，并分演出前、演出时、演出后详细描述喜剧演员的工作；在互动任务环节（interactive work），学生在阅读和互动活动后了解了喜剧演员 Billy Crystal 及 Billy 成功的原因“反应快、思维敏捷”，教师再次追问为什么“反应快、思维敏捷”对喜剧演员如此重要，引回到主问题；在批判性思维环节（critical work），学生阅读获得信息一些喜剧演员健康长寿，再阅读补充材料一些喜剧演员受抑郁症困扰甚至自杀，引导学生对文本有关笑与健康、获得快乐与逗乐别人等进行辩证的思考，再次引回到主问题单口喜剧演员的工作，最后学生自然而然地想到要给喜剧演员们设计解压健康小贴士。综合来看，主问题设计符合学生的认知水平，紧紧围绕文本主题，将单口喜剧、单口喜剧演员、笑与健康之间关系等的文本内容自然串接起来，思维由浅入深，最后迁移到获得快乐与逗乐别人的辩证思维训练上。

2. 自主探究，鼓励学生独立阅读，提高阅读技能

阅读过程是个安静、独立的过程。学生需要运用各种阅读策略进行自主学习，并在这一过程中提高有效运用阅读策略的能力。在独立阅读环节（individual work），指导学生运用略读（skimming）的阅读策略，迅速获得文本的结构及每个部分的主要内容，再运用扫读（scanning）的阅读策略，获得单口喜剧的定义。独立阅读过程中，学生会碰到如“tease, previous”等生词，鼓励学生回到上下文去探究生词含义，在对语言材料的积极获取和利用过程中提升能力。教师在此过程中要做一个好的引导着，巧妙设问，激励学生带着问题进行阅读任务。在学生遇到困难

---

① 姚天勇，陆军.“难忘课堂”的文化意蕴与操作要义[J]. 江苏教育研究，2014(6)：12－16.

时，教师不是帮他解决，而是鼓励学生不断地探索解决困难。“让学生成为课堂的主人”并不意味着教师退出课堂，不再参与课堂活动。相反，教师的作用进一步被提升，成为学生学习阅读活动的引导者。

3. 互动合作，增强团队合作意识，促进共同发展

互动合作是一种以师生、生生合作为基本动力，以小组活动为基本教学形式的学习方式。它能够增强课堂气氛，促进学生形成承担责任、相互依赖、相互协作、相互沟通等的能力，显著提高学生的学习成绩和学习效果。本课的合作任务（cooperative work）和互动任务（interactive work）环节就相当于两个需要学生互动合作的任务，体现了任务型教学思想。在任务实施前，教师首先明确了任务要求，并通过抽签的方式让学生迅速分组。在任务进行中，学生需要进行组内分工、独立完成、难点讨论、协作汇总、汇报呈现等步骤；而教师主要把精力放在监察各组的进度、有针对性的指导、适时的鼓励及疑难解答上。在任务实施后，教师通过组间互评及教师总结的方式来评定各组成绩。在合作任务（cooperative work）环节，有相当一部分小组分工明确、配合默契，在最后的组间竞赛中表现突出，不但能迅速说出单口喜剧种类，而且能大胆自信地描述短片中喜剧演员的表演。在互动任务（interactive work）环节，各组完成课文信息图（diagram）后，组间交换，各组间在有分歧处进行了热烈的讨论，收效显著，组间讨论不仅发挥了组间互补的功能，完成了信息图中的缺失信息，而且在一处讨论确定了两个正确答案。学生在这一过程中体验到协作精神，获得成就感，整个课堂气氛被推向了高潮。

4. 知情融合，注重学生情感陶冶，实现知情合一

难忘课堂倡导知情融合，就是“期望通过教学过程的充分展开，使学生在认知的同时能获得积极的情绪调动和愉悦的情感体验，逐步形成积极、主动的学习态度和正确的价值观，促进每一个学生都能获得全面而又充分的发展。”[①]在批判性思维环节（critical work），学生在阅读文本材料和补充材料后获得信息：一些喜剧演员健康长寿，而一些喜剧演员受抑郁症困扰甚至自杀。教师提问层层深入、环环紧扣：喜剧演员健康长寿的原因有哪些？→笑会带来健康吗？→文本中提到哪些科学研究发现？→一些喜剧演员健康长寿，但一些喜剧演员受抑郁症困扰甚至自杀，为什么？→为什么他们给别人带来快乐而自己却不能快乐？→获得快乐与逗乐别

---

① 姚天勇，陆军．“难忘课堂”的文化意蕴与操作要义[J]．江苏教育研究，2014(6)：12－16．

人是什么关系？→我们应该给喜剧演员们哪些解压健康小贴士？这些问题环环紧扣，问问相连，把阅读信息与思维训练紧密联系起来，每一问都对学生思维活动提出了更高的要求，最后学生对喜剧演员工作的一个侧面（即高要求、高强度、高压力）产生了情感方面的共鸣，积极踊跃地给他们设计解压健康小贴士。教师要时刻做个有心人，注意挖掘阅读材料中情感因素，使教学过程成为“知情融合”的过程，使英语学习与培养学生的正确的价值观有效结合起来，达到学业与人品共同成长的目的。

总之，本课学习气氛浓厚，活动气氛热烈，很多学生学习的积极性强，自我表现的欲望高，小组内、小组间互动频繁，一些基础不太扎实的学生也在独立阅读、互动合作活动中找到了信心和乐趣。本课设计给学生提供了一个很好的平台来地进行学习活动，学生能从活动中培养阅读、分析、思辨、总结的能力，全方位地提高英语语言的综合运用能力。

（曹畅　供稿）

示例 3

The Search for Happiness

一、课题来源

译林出版社《牛津高中英语》模块六第二单元 Reading——The search for happiness。

二、政策要求

《普通高中英语课程标准（实验）》（以下简称为《课标》）①（教育部，2003）实施以来，广大英语教师的教学理念和教学行为发生了很大的变化。以英语阅读教学为例，教师已经掌握了相对有效的操作模式：读前进行背景知识介绍，文章内容预测；读中组织回答问题、填写表格等多样活动；读后开展交际性活动（讨论、辩论之类的活动）、语言学习等。

这些活动较为有效地实现了《课标》所要求的阅读教学的目标：培养学生在阅读过程中获取和处理信息的能力，培养阅读策略，培养语感，让学生在获取信息的

① 教育部. 普通高中英语课程标准（实验）[S]. 北京：人民教育出版社，2003.

过程中丰富知识、获得乐趣、培养和发展阅读技能、在篇章中学习语言知识。

译林版《牛津高中英语》共十一模块，十一册书。每册书有三至四个单元，每个单元包含七个板块：Welcome to the unite、Reading、Word power、Grammar and usage、Task、Project、Self-assessment。本课例选用模块六第二单元 What is happiness to you? 中的 Reading 板块 The search for happiness (Period 1)①。这篇课文是一个电视采访节目，关于幸福。Ms Brain，一个专门研究幸福的专家，在一个电视脱口秀中讲述了勇敢女孩桑兰的经历。她因为一次意外再也不能行走，但对生活，对未来却从来没有失去信心，一直保持着乐观的态度。桑兰用实际行动告诉大家，幸福是自己内心深处的信仰。这一单元的阅读策略是：帮助学生提高阅读和理解采访的技能；在提高阅读技能的同时能将它们灵活应用到实际生活。

综上可知，《课标》和教科书等政策要求，通过阅读让学生感受真实、地道、优美的英语；了解幸福的秘诀在于拥有梦想，并为之而不断努力。本课例旨在帮助学生在理解文本的基础上，挖掘文本的思想和哲理，读懂桑兰对幸福的阐释。学习这篇脱口秀的过程，也是理解和体会幸福真谛的过程。同时，使学生通过材料阅读，获取所需信息，并对所获信息加以整理、分析、归纳和总结。

三、学情基础

教学不仅是一种活动，而且是一门艺术，机械地遵从某一现成操作方法，只能使教学失去生机和活力。目前存在的问题主要表现在四个方面。

1. 阅读教学主体混乱

英语阅读教学的主要目标可以概括为：通过阅读训练掌握阅读技巧，提高学生阅读理解能力；学习和掌握语篇所承载的语言知识；提高学生就语篇主题内容进行口笔头表达能力；培养学生学习策略、健康向上的情感和文化意识②。因此，教学目标的设定应该以学生为主体，从“以学生为中心”出发，进行教学设计。设计过程中要考虑到：① 让学生在学习过程中充分发挥主动性；② 让学生有机会在不同情境下运用所学知识；③ 让学生根据自身反馈形成对客观事物的认识。

2. 阅读教学过程僵硬

有些教师在阅读教学中机械化地走读前、读中、读后的程序，操作固定化。其

① 译林出版社. 普通高中课程标准试验教科书 牛津高中英语模块六[M]. 南京：译林出版社，2010.

② 王媛. 有效阅读教学设计实例解析[J]. 中小学外语教学(中学版)，2009(8)：1.

实，教学过程既是预设的，又是动态生成的，是充分预设与动态生成的辩证统一。预设是生成的前提和基础，生成是预设的超越和发展。

3. 阅读教学任务低效

有些教师为了走流程，不能全面考虑文本特点，给学生设计的阅读任务一成不变，局限于读后 True or false statements，Multiple choices，Questions。久而久之，学生会厌倦这种老套路。在任务的层次方面，以表层理解为主，偏重细节，较少有从逻辑、分析、推理、综合归纳等多个层次进行引导的思维性问题。

4. 阅读教学成效有限

高中阶段的学科知识是学生高考以及将来个体生活的重要支撑。教师既要关注学生的学习过程的实际表现，更要重视学生未来的发展。在课堂教学中，教师要加强对学生学习策略的指导，走出"操作套路"，帮助他们形成自主学习的能力，从而通过联想、推理、归纳、演绎等思维活动用英语分析问题、解决问题。

四、教学目标

(1) 学生能够了解和掌握桑兰的相关信息。

(2) 学生了解采访的基本特征并掌握相关阅读策略。

(3) 通过阅读，学生获取信息、分析信息、处理信息、归纳信息，能读懂文章字里行间的意思并总结出桑兰的性格特点。

(4) 通过对幸福真谛的讨论，学生欣赏桑兰对幸福的理解、对生活的态度，学生能形成积极的幸福观并正确处理人生旅途中的挫折。

五、教学流程

(1) 创设情境。教师根据教学目标，利用活动或其他课程资源创设情境，情境应与学生的已有知识、社会生活相关，符合他们的认知规律、情感特点，有利于激发学习兴趣。

Step 1　Pre-reading

Task 1　Warming up (free talk)

1. What does happiness mean to these people?

2. What can bring you happiness in your daily life?

3. What is happiness to the girl in the picture (Sang Lan)?

Activities:

1. Enjoy a video clip about what makes a person happy.

2. Free talk about happiness.

设计意图：依据语言习得理论，第二语言规律的掌握是有意识的，由自觉到不自觉。通过运用本族语者的输入材料，可以弥补学生第二语言环境的不足。教师应"尽可能创设真实或接近真实的交际情境，激发学生的参与热情，从而营造多层面、多等级、多向度的任务型教学氛围"①。Task1 Warming up (free talk) 部分，用 Video 开始这堂课，能吸引学生注意力，学生通过它可以了解美国公民的价值观，了解能使人快乐的是金钱还是爱，借此唤醒学生关于这个话题的已有知识。用 free talk 的方式来热场，学生的答案不尽相同，容易激发学生的好奇心与对主题的兴趣，使学生产生阅读需要。

(2) 发现问题。在上述情境下，选择与当前学习主题密切相关的真实性事件或问题作为学习的中心内容，或学生在教师的启发、引导、点拨下发现问题，问题应有利于发展学生的思维能力，激发学生的学习动机与热情。

Task 2　Lead-in

Different people find happiness and fun in different things. There are certainly no criteria assessing which way of being happy is the best.

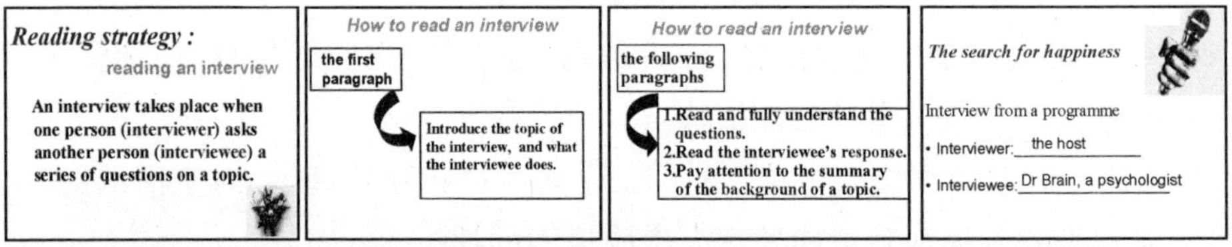

1. Who is the interviewer and the interviewee?

2. What is the topic of the interview?

3. Point out the function of the first paragraph.

Activities:

1. Read and understand reading strategy: reading an interview.

2. Predict what questions will be put forward in the interview based on the title.

设计意图：读前，学生对这种题材的文章不熟悉，可能会盲目地从第一行看到最后一行。教师适时地进行采访稿的阅读策略指导，引导学生运用策略，读第一段找出文章的主题，采访者和被采访者，并根据文章标题猜测采访时会提到哪些方面

① 赵大中，江尧梅. 基于课堂观察的教学设计失当现象例谈[J]. 中小学外语教学（中学版），2011(5)：28－32.

的问题。

(3) 明确任务。确定学习内容表,获取有关信息与资料,培养收集、筛选、利用有关信息与资料的能力。

Step 2 While-reading

Task 3 Competition

Rules: The class is divided into groups. If you give the right answer, you will win a point for your group.

Activities:

1. Round 1 Some information of Sang Lan(L22 - L37).
2. Round 2 Important events (L22 - L37).
3. Round 3 While Sang Lan was in hospital(L39 - L53).
4. Round 4 The structure of the text(after reading for 4 minutes).
5. Round 5 Use as many adjectives as possible to describe Sang Lan.

设计意图:依据 Krashen 的"语言输入假说"(The input Hypothesis),他认为人类获得语言的唯一途径是接受大量的可理解性输入(comprehensible input)。针对 Krashen 的"语言输入假说",Swain 提出了"语言输出假设"理论(The output Hypothesis),即输入是习得的必要条件。

输出是习得的表征,更是输入的终极目的。① 但是,不是简单的 input 就能达到高效的 output,中间还需要 intake,就是我们讲的内化过程。《课标》指出,高中英语的学习,应着重培养用英语获取和处理信息的能力,用英语分析问题和解决问题的能力以及批判性思维能力。学生带着任务,在阅读过程中积极地管理和监控自己的阅读活动,有利于养成良好阅读习惯。

这五轮任务通过活动层层深入,用剥洋葱的方式追着学生用英语进行思维,充分体现了学生的主体原则,把握住高二阅读教学的特点,用探究的方式了解学生的学情和学能。特别是第五轮,使用了用 brainstorm 的方式,来提高学生思维品质。同样的文本,不同的学生可以读出不同的内容。这一轮是学生对文本的个性化解读 critical reading。我把这个思维性的活动放在阅读部分,就要求学生不仅要说出表达桑兰个性的形容词,还必须在原文中找出依据。

---

① Merrill Swain. Output Hypothesis: Its History and Its Future [J]. Foreign Language Teaching and Research, 2008(1): 45 - 49.

(4) 自主学习。学生在教师的指导或帮助下利用各种课程资源独立完成学习任务，充分体现学生的自主性，促进学生探究能力的发展。

Step 3　Post-reading

Task 4　Sentence appreciation

Activities：read and enjoy the chosen sentences

设计意图：在这个 Sentence appreciation 环节中，句子的选择依据是让学生大声朗读后体味到措辞之美、结构之美、意境之美。通过朗读和背诵可以积累大量实用的英语短语和句子。再把这些句子进行有效的 intake 内化之后，语感一旦形成，在以后的学习中，好词好句就会脱口而出，实现灵活运用。

(5) 合作交流。学生在教师引导下展示、汇报个人或小组的学习成果，学生之间、师生之间进行合作交流，通过摆出不同观点、深化认识、获取新知。

Task 5　Discussion

Instead of crying about what she had lost and feeling hopeless, Sang Lan thought about what she could do to get better.

In her opinion, getting up from where you fall is the most ordinary thing for a gymnast. And it's her motto. She says that she'll arrange her time scientifically and work hard on her studies so as to be a winner in life.

Activities：

Discuss in groups of four under the heavy pressure of study, how can you stay happy and achieve success?

Present the teachers opinion by showing funny pictures indicating ways to find happiness.

List the ways：

Set goals and work hard.

Take a positive attitude towards life.

Make good use of our time.

Smile more and take regular exercise.

Learn to share.

Ready to help others.

Learn to get along with classmates and teachers happily.

Have a good sense of humor.

Willing to forgive.

Maintain high confidence.

Have some true friends.

Learn to keep a proper balance between study and rest.

There should be challenging spirit.

设计意图： 这个环节是语言的输出环节，通过讨论怎样在很繁重的学习压力下保持快乐，拓展和延伸了课文内容，使学生综合语言运用能力得到发展。同时，讨论的过程中，学生要用英语分析问题，创造性地思考，以解决问题，形成积极的生活态度，达到拓展学生思维的目的。教师也呈现一些自己的观点，并配上 funny pictures，通过摆出的不同观点，师生之间进行思想的碰撞。

（6）反馈评价。学生通过展示自己的学习成果并与其他小组分享学习的成果，能激发他们更强的求知欲和自信心，促进他们对已学知识的反思与建构。

Step 4　Summary

Happiness is an eternal theme that has been discussed over and over again. Different people have different opinions about happiness. To some, happiness means being surrounded by family and friends. To others, happiness means achieving success in something. To those injured or disabled people, happiness can simply mean a day without pain or just being alive.

In fact, it's impossible for anyone of us to predict what might occur in our life. Remember happiness can be created by us ourselves. No matter what happens in the future, the most important thing is to hold on until we succeed or reach our goals. Hope you all can be inspired by Sang Lan.

Step 5　Homework

1. Write a short passage about the ways to stay happy and achieve success under the heavy pressure of study.

2. Prepare for the language points.

设计意图： 学生在整个阅读教学过程中的各个方面，态度、策略、兴趣、方法等方面，教师都尝试着进行形成性评价。注意教师的评价、学生的自我评价与学生间互相评价相结合，加强学生的自我评价和互相评价。

布置的作业是围绕阅读材料，围绕教学重点任务来巩固和深化阅读理解。有课上多种形式的有效语言输入作铺垫，学生能将课上的口头表达顺利转化为书面表达。

板书设计：

M6 Unit2	
What is happiness to you?	
Structure	
Introduction	interview
Body	interviewer
Conclusion	interviewee
Purpose：inspire	

六、教学反思

学生喜欢的阅读课理应是气氛轻松活泼、师生平等友好、过程层层递进、成果丰富实在。依据新课程标准，结合难忘教育的基本理念，以及本课程的专业特色而形成的"难忘课程"，也让我收获了诸多"难忘"的体验：

1. 面向全体学生

教师在授课过程中，关注每个学生的情感，给每位学生搭好支架，激发他们的学习兴趣，使之积极参与整个学习过程。Task 1 Warming up (free talk)部分，用video能吸引学生注意力，营造出欢乐的气氛，借此唤醒学生关于幸福这个话题的已有知识，直接切入本课的话题。用free talk的方式来热场，学生的答案不尽相同，但每个学生都有话要说。

2. 突出学生主体

教师不是教学活动的包办者，而应是教学活动的引领者、帮助者和评价者；教师不能主观臆测，照本宣科，而应站在学生的立场和认知水平去共享知识。五轮任务通过活动层层深入，追着学生用英语进行思维充分体现了学生的主体原则，把握住高二阅读教学的特点，用探究的方式了解学生的学情和学能。特别是第五轮brainstorm，同样的文本，不同的学生可以有个性的见解，并能产生后继阅读和学习的愿望。

3. 强调合作活动

教师在整个教学过程中是引领者，激发者。教学过程应尊重个性差异，给予学生多一点积极正面的情感体验，多些合作性活动。在Task 3 Competition环节，用多种多样的活动，通过学生在活动中的感知，参与和合作等方式，使学生感受成功。

在 Task 5 Discussion 环节，通过小组讨论怎样在很繁重的学习压力下保持快乐，使学生综合语言运用能力得到发展。在小组讨论的过程中，学生要用英语分析问题、思考问题、以解决问题，达到拓展学生思维的目的。

4. 注重过程评价

对于学生在整个阅读教学过程中各方面的表现，注意教师的评价、学生的自我评价与学生间互相评价相结合。在 Task 4 Sentence appreciation 及 Task 5 Discussion 环节，特别关注学生智能发展的过程性结果，及时对各方面表现进行判断，肯定成绩，指出问题。过程性评价只会将每个评价对象个体的过去与现在进行比较，或者把个体的这个侧面和那个侧面进行对比，促使学生对自己的学习过程进行积极的反思并总结，而不是简单给学生下一个结论。

阅读课是要以阅读为主的语言运用课，教学目标决定教学内容，教学内容决定教学策略。每一遍的阅读都应有推断理解，向纵深发展及进一步获取新语言信息的作用，不能停留在一个层面上①。本课例的教学目标合理，活动任务的设置有梯度，一堂课教师带领学生经历了理解的过程、欣赏的过程、归纳的过程，可谓有明显的层次性、递进性，有效地实施了阅读教学，促进了学生发展。

（顾玲萍　供稿）

---

① 王媛. 有效阅读教学设计实例解析[J]. 中小学外语教学(中学版)，2009(8)：6.

物理学科“难忘课堂”构建方案

2014年以来，学校提出了以“课堂文化”为引领、由“问题驱动、自主探究、互动合作、知情融合”组成的“难忘课堂”的操作要义，我们在学习和教学实践活动中，清醒地认识到：“课堂不是教师表演的舞台，而是师生之间、生生之间以及师生与技术之间交往互动的舞台；课堂不只是传授知识的场所，而更应该是学生探究知识和技能的场所；课堂不是对学生进行训练的场所，而是引导学生发展、培养科学素养的场所。”“难忘课堂”就是要通过创设和谐的课堂文化，为学生提供融“知识学习”与“情感体验”为一体的自主学习空间，在教师的引导下，通过学生自主探究活动，主动去发现概念和规律，使学生不仅能学到知识，更重要的是体会获取知识的过程和方法，并得到相应情感、态度和价值观的体验，达到“历久难忘”的教学效果。在学校“关于推进难忘课堂实验和实施工作的意见”指导下，物理教研室提出了物理学科“难忘课堂”的操作要义和基本课型的实施要点。

一、物理学科“难忘课堂”的操作要义

物理学科“难忘课堂”的操作要义：“创设情境，问题驱动；自主探究，加强实验；互动合作，重视建模；知情融合，历久难忘。”

1. 创设情境，问题驱动

人类认识的提高关键在于提出问题，并在解决问题的过程中提出新的问题。课堂教学中，教师应根据学生的认识特点，创设问题情境，将静态的知识转化为一系列动态的问题探究，让学生在探究问题的过程中获得知识，提高能力，实现“难忘”。

物理来源于生活，物理学中的许多概念和规律都建立在对生活现象观察的基础之上，但大多数概念和规律都很抽象。在课堂教学中利用生活实例创设情境，将物理概念、规律还原到学生熟悉的实际生活中，可唤起学生原有的认知与生活体验，并由此提出一系列与课题有关的问题。例如，在“摩擦力”教学中，让学生思考人骑自行车、人推自行车和紧急刹车时，前、后车轮受到的摩擦力的情况，提出摩擦

力的种类及产生条件、大小如何计算和方向如何判断等问题；在“牛顿第一定律”教学中，可以播放短片观看汽车突然启动或刹车时乘客运动状态的变化，提出力和运动究竟有什么关系等问题……这些现象都是学生在生活中熟知却未曾深究的，当教师将其呈现在课堂上时，很容易激发学生的学习兴趣，实现课堂难忘。

在情境创设和问题设计上，要具有适应性和针对性。在新课引入阶段，应注意到学习内容的前后连贯性，注意到学习主体的情绪调节、热情激发与唤醒等；在新课学习阶段，应注意到教学策略的选择、教学目标的针对性等；在教学小结阶段，应注意到后续学习的方向指引、自主思考的空间预留等。

2. 自主探究，加强实验

物理学是一门以实验为依据进行科学探究的基础科学。任何一个物理概念的建立、物理规律的发现，都有一段漫长而又艰辛的过程，其中包含了许多科学研究的思想方法。如果把科学家通过实验发现的结论称为静态知识，那么，蕴含在科学实验过程中的思想方法等就是动态知识。从培养学生科学态度、科学精神、科学素养的角度，后者更值得利用和开发。例如卡文迪许扭秤的精细、α 粒子散射实验的巧妙和伽利略选用斜面“冲淡重力，放大时间”的独特等等。

课堂教学不仅要重视学生理论探究能力的培养，还要重视学生实验设计、实验操作、实验探究等能力的培养。而无论哪种探究方式，都应以学生自主探究为主，自主获得的知识和能力是难以忘记的。

3. 互动合作，重视建模

模型作为物理学的研究对象，它不仅具有高度的抽象性，还具有广泛的代表性。在高中阶段，学生所学的每一条物理原理、定理、定律都与一定的物理模型相联系；解决物理问题的过程就是选用物理模型、使用模型方法的过程。特别是在研究实际问题时，要排除次要因素的干扰、抽象出反映事物本质的特征、对问题进行简化和理想化处理，从而建立合理的物理模型。透过现象识别和发现模型、建立正确或合理的模型，是解决物理问题的关键所在。例如，动力学中常见的物理模型有：斜面模型、“等时圆”模型、传送带模型、滑块和滑板模型等，研究和处理这些模型的共同点之一就是要对研究对象认真进行受力分析，其中摩擦力是否存在、方向和大小的分析是关键。

学生建模能力的高低在很大程度上也决定着学生物理成绩的好坏，而学生在建模方面往往存在以下不足：依靠直觉判断来建模，缺乏合理的想象和严密的逻辑思维来进行猜想、推理和判断可能的模型；在实际情景中建模时缺乏舍去次要因素的意识，抽象思维比较差；学生不善于应用模型解决实际问题，易受表面现象干扰。所以在课堂教学中，通过师生、生生之间互动，分析和总结出不同模型的建模条件、研究对象的确定原则、受力分析的规范方法、临界状态和临界条件的判定依据，最后确定运动性质、建立动力学和运动学方程，从而使问题得以顺利解决。所以互动合作下的建模教学是难忘课堂的一个重要教学策略。

4. 知情融合，历久难忘

课堂集约了学生发展和进步的主要时空，课堂应当赋予学习活动本应有的猎奇、探究和取舍的精神享受，并在相互影响、启迪协作中形成团队的活动方式，这就是课堂文化。通中的课堂文化应体现“智慧”与“情感”两个基本特征。

难忘课堂的“知情融合”要做到：① 尊重差异，满足不同层次学生的发展需求；② 耐心等待，给予学生感悟的时间与空间；③“苦中作乐”，增加学生的学习兴趣；④ 及时肯定，帮助学生获得成就感，激励学生合作探究的热情；⑤ 和谐共处，营造师生知情交融氛围，最终实现在课堂的每个环节体现通中的课堂文化，达到难忘的教学效果。

二、物理学科“难忘课堂”的主要课型的基本实施方案及示例

物理教学的主要课型有概念教学课、规律教学课和习题教学课。

1. 概念教学课

概念教学是学科教学的基础。知识目标是学科教学多维目标体系中的基础性目标，而概念又是相应学科知识体系中最为基础的部分。

在概念的教学活动中，首先要深入揭示概念的内涵，这样才能抓住概念所反映的客观事物的本质属性，从而帮助学生对概念形成准确、深刻的理解；其次，还必须充分展示概念的外延，以使学生对概念形成正确、完整的认识。

概念教学一般分为三个阶段。

(1) 概念的引入阶段。在涉及概念的核心内容之前，通过举例、演示、实验等教学手段，有针对性地把具有概念所反映的特有本质属性的事物、现象、过程等逐一展示，通过这一阶段中概念外延的展示，学生获取了一定量的感性知识，头脑初步形成概念的模糊影子，所感受到的感性材料还将成为下一阶段中思维方法的作用对象。

(2) 概念的建立阶段。让学生获取一定量的感性材料后，就要进一步引导学

生进入概念的形成与建立阶段，相应的教学活动应围绕帮助和引导学生运用抽象思维的方法，逐步摒弃众多同类现象中所表现出的非本质假象，抓住其共同的本质属性，从而揭示其内涵以形成并建立起概念。

（3）概念的强化阶段。要强化对概念内容的记忆和深化对概念内涵的理解，要注重概念的反复应用和更充分地展示概念外延。

学生通过这种思路建立的物理概念，一定是“难忘”的，无论在对概念的记忆和理解的准确性上，还是概念运用的灵活性上，都是灌输式教学下死记硬背物理概念无法企及的。

【教学案例】 人民教育出版社《物理 1》第 1 章第 1 节和第 2 节“运动学的基本概念”的教学

教材在给出“运动”概念的定义的基础上介绍了“位移与路程”、“时间与时刻”、“参考系”等运动学的基本概念和“质点”这一理想化模型。教学的几个环节如下：

（1）针对核心概念“运动”作分层次解读。

第一层次：变化叫运动。

第二层次：位置变化叫运动。

第三层次：相对位置变化叫运动。

第四层次：相对位置（随时间）变化叫运动。

第五层次：物体相对于其他物体的位置（随时间）变化叫机械运动，简称运动。

（2）由核心概念“运动”的分层解读引出诸多概念。

本节教学的“主问题”是“什么是运动？”。通过反复提问，在引导学生针对“运动”概念作层次分明的理性解读的同时，自然引发了诸多运动学概念的教学：

既然“位置变化”叫“运动”，那么我们描述“运动”实际上也就是描述“位置变化”，这就自然引发“位移与路程”的教学。

既然“相对位置变化”叫“运动”，那么我们描述“运动”实际上也就是描述“相对位置变化”，那么我们就必须引入“参考系”。

既然“相对位置（随时间）变化”叫“运动”，自然引发“时间与时刻”的教学。

……

2. 规律教学课

物理规律是指一类现象及物理过程本质的、内在的联系在人们头脑中的反映。物理规律反映了物理现象、物理过程在一定条件下必然发生、发展和变化的规律。物理规律是观察、实验、思维、想象和数学推理相结合的产物。

物理规律的教学一般来说应当经历一个在教师的引导下，学生在与物理世界的相互作用中发现问题、探索规律、讨论规律和运用规律的过程。因此，物理规律的教学过程一般包括以下四个步骤：

（1）创设便于发现问题、探索规律的物理环境。首先要创造便于发现问题的物理环境。一般通过如下三种途径：一是通过观察、实验发现问题；二是从对学生已有知识的分析引申和逻辑展开中发现问题；三是从分析学生生活中熟知的典型事例中发现问题。其次，创造的物理环境要有利于引导学生探索规律，如使学生获得探索物理规律必要的感性知识和数据；提供进一步思考问题的线索和依据，为研究问题提供必要的知识准备等。第三，创设的物理环境还应有助于激发学生的学习兴趣和求知欲望。

（2）引领学生在物理环境中按照物理学的研究方法来探索物理规律。在中学阶段，探索物理规律的方法主要有三种：实验归纳法（运用实验总结物理规律）、理论分析法（运用已有知识，通过理论推导得出新规律）、假设验证法（提出假说，检验和修正假说，得出结论）。

（3）引导学生对规律进行讨论。一般要从以下三个方面进行：一是讨论规律的物理意义，包括推敲文字表述的含义，明确公式和图像的含义；二是讨论和明确规律的适用条件与范围；三是讨论规律与有关概念、规律、公式间的关系。在讨论中应当注意针对学生在理解和运用中容易出现的问题，以便使学生对这一物理规律获得正确的理解。

（4）引导和组织学生运用物理规律。一是要用典型的问题通过师生的共同讨论，使学生结合对实际问题讨论，深化、活化对物理规律的理解，逐渐领会分析、处理和解决问题的思路和方法；二是要组织学生进行运用规律的练习；三是鼓励学生运用学过的规律独立地进行观察和实验，自己动手、动脑进行小设计和小制作，创造性地解决一些简单的实际问题；四是要帮助和引导学生在练的基础上，逐步总结出在解决问题中一些带有规律性的思路和方法，逐步提高各种思维品质的水平；五要注意物理规律的教学要有阶段性，有一个逐步深化、提高的过程，教学需要由浅入深，循序渐进。

【教学案例】 人民教育出版社《物理 1》第 4 章第 2 节“实验：探究加速度与力、质量的关系”的教学过程。

（1）引入（本节课以“问题链”的形式展开）

问题 1. 牛顿第一定律究竟告诉我们什么？

问题 2. 加速度、力、质量等概念的物理意义是什么？

（2）理论探究：对加速度、力、质量间关系的定性了解

问题 3. 阅读教材，观看相关视频素材，结合对三个概念的理解，我们可以得出怎样的判断？我们可以作出怎样的猜测？

问题 4. 质量一定，力越大，加速度越大→$a=kF\cdot a=kF^2$……

力一定，质量越大，加速度越小→$a=k/m\cdot a=k/m^2$……

（3）实验探究：对加速度、力、质量间关系的定量研究

问题 5. 怎样确定物体受到的外力？怎样确定物体的加速度？

问题 6. 怎样探究质量一定时，加速度和力的关系？

问题 7. 怎样探究外力一定时，加速度和质量的关系？

问题 8. 怎样处理实验数据？

问题 9. 实验的结论是什么？

……

3. 习题教学课

习题教学即例题讲解、作业和试题讲评等活动，是对概念、规律教学的延续和深化。具体表现在：一是深化物理概念和规律，反馈信息，了解教学效果；二是活化物理知识，扩大知识面，提高应用能力；三是培养严谨的逻辑思维能力、运用数学工具解决物理问题的能力和科学表达能力。

习题的选择要遵循：

（1）科学性原则，习题中叙述的物理现象和物理过程必须以事实为依据。

（2）典型性原则，在内容上或方法上有代表性，应能反映重点概念和规律的本质及其特征，尤其是学生的典型错误或易错点。

（3）层次性原则，由简单到复杂，符合学生认知规律。

（4）实践性原则，用于阶段复习与测试的习题的作用是引导学生建立知识网络，增强解决实际问题的能力。

习题的教学要充分体现自主探究、互动合作的思想：

（1）让学生表达，体现学生的主体作用。方法一，先小组讨论，再由各个小组的“中心发言人”陈述，从而达成对物理概念正确的认识；方法二，说题教学。通过让学生说清题意、说清解题过程及解题后的感想，把学生从“被动听”推到“主动说”的位置，使学生真正成为学习的主人。

（2）让学生体验，激发学生的学习兴趣。如果利用“E 网”教学，将习题所依托

的物理情境在课堂上再现，就能将抽象思维具体化、形象化，让学生“身临其境”地观察思考，逐步养成理论联系实际和实事求是的科学素养。

(3) 让学生总结建模，培养学生的钻研精神。

(4) 让学生评价，提升学生的质疑能力。

学生个体之间一定存在思维能力和思维方式上的差异，教师应给他们充分的时间来发表自己的观点，通过生生互动充分暴露学生的思维过程，达到理解和深化所学知识，增强协作精神和团队意识的效果。这样的习题教学课一定会让学生“历久难忘”。

【教学案例】 质量为 m 的物体静止在光滑水平面上，$t=0$ 时受到水平恒力 F 作用，求经时间 t 物体的位移和速度。

变式 1. 若物体与水平面间的动摩擦因数为 μ，结果又如何？

变式 2. 若 $t=0$ 时施于物体斜向上(下)且与水平方向成 θ 角的力 F，结果又如何？

拓展 1. 静止在水平面上的物体，在 20 N 水平力拉动下前进 5 s，撤去水平力后物体又前进 15 s 而停止，设阻力大小恒定，求物体受阻力的大小 f。

拓展 2. 如图 1 所示，平直公路上行驶着的小车内，细线吊着质量为 m 的小球与小车保持相对静止，细线与竖直方向的夹角恒为 θ，求小车加速度的大小和方向。

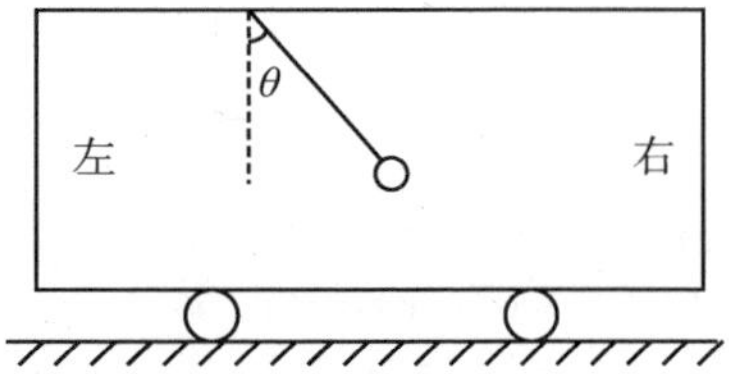

图 1

拓展 3. 在水平传送带上的物体质量 $m=3$ kg，设物体与传送带间没有相对滑动，如图 2 所示。

(1) 当物体与传送带一起匀速向右运动时，物体受摩擦力为多少？

(2) 若传送带向右以 $a=2\ \text{m/s}^2$ 的加速度匀加速运动时，物体受摩擦力大小又为多少？方向如何？

(3) 若传送带以 $a=2\ \text{m/s}^2$ 的加速度向右匀减速运动时，物体受摩擦力大小又为多少？方向如何？

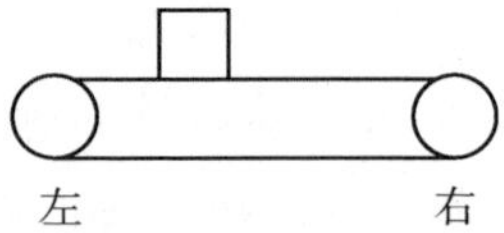

图 2

拓展 4. 如图 2 所示，水平传送带两端间距 $L=16$ m，传送带以 $v=4$ m/s 速度向右传送，当轻轻将质量为 $m=1$ kg 的物体放上左端(对地速度为零)，设传送带与物体间动摩擦因数 $\mu=0.2$。求：

(1) 摩擦力对物体作用时间 t_1。

(2) 物体从左端到右端一共经历的时间 t_2。

建模小结：本题属于牛顿第二定律的应用，解题的基本思维程序为：

(1) 根据题意确定研究对象。

(2) 分析研究对象的受力情况，画出受力图。

(3) 分析研究对象的运动情况，确定加速度的方向，画出运动过程示意图。

(4) 根据牛顿第二定律和运动学公式列式并求解。

(5) 讨论小结。

课堂教学的内容是丰富多彩的，面对的教学对象也是千变万化的。只要教师心中有学生，时时刻刻以学生为主体，以学生的终生发展为目标，就能逐步达到“通中人”不断追寻的“难忘课堂”的文化意境：“无痕”、“无意”和“无为”。

（顾益民　执笔）

示例 1

自由落体运动

一、课题来源

人民教育出版社《物理 1》第 2 章“匀变速直线运动的研究”第五节“自由落体运动”。

二、政策要求

关于《物理 1》中的“自由落体运动”，《普通高中物理课程标准》(实验)的要求是“通过实验研究质量相同、大小不同的物体在空气中下落的情况，从中了解空气对落体运动的影响”①。《江苏省普通高中物理课程标准教学要求》将其细化为“通过实验，了解空气阻力对落体运动的影响，知道自由落体的概念。通过实例的分析，知道自由落体的加速度是恒定的，认识自由落体运动的规律”②。

教科书以生活中常见的落体运动导入新课，通过“牛顿管实验”使学生了解空气阻力对落体运动的影响，分析概括出理想化运动模型——“自由落体运动”，并引导学生运用已有知识自主探究自由落体运动的规律，得出自由落体运动是 $v_0=0$，a

---

① 中华人民共和国教育部. 普通高中物理课程标准(实验)[S]. 北京：人民教育出版社，2003：14.

② 江苏省教育科学研究院课程教材研究中心，江苏省中小学教学研究室. 普通高中课程标准教学要求(物理・化学・生物)[S]. 南京：江苏教育出版社，2007：3.

$=g$ 的匀加速直线运动，最后的两个“做一做”（“测定反应时间”和“估测曝光时间”）让学生在游戏中及时巩固课堂知识，不仅体现了物理学的趣味性，也体现了物理学“来源于生活，应用于生活”的特点。

三、学情基础

关于探究“影响物体下落快慢的因素”，在物理 8 年级上册第五章“物体的运动”第二节“速度”中安排了活动 5.5“比较纸片下落的快慢”，“让学生取两张 16 开纸，其中一张对折一次，另一张对折两次，让它们从同一高度释放”。《高中物理新课程标准》在《物理（必修 1）》提出活动建议“通过实验研究质量相同、大小不同的物体在空气中下落的情况，从中了解空气对落体运动的影响”。这些活动让学生发现：质量相同、大小不同的物体下落快慢可能不同。教师又设计了两个令人印象深刻的对比实验，使学生认识到亚里士多德的观点“物体越重，下落越快”是错误的。此时再演示教科书中的“牛顿管实验”，使学生进一步明确：影响物体下落快慢的因素不是质量，而是空气阻力。通过铺设台阶，层层递进，使学生摈弃错误观点，建立正确认知，为“自由落体”概念的建立打下良好基础。自由落体运动的特点和规律也不是由教师强行灌输给学生，而是由学生利用打点计时器自主探究，使学生在获取知识的同时了解学习“探究匀变速直线运动”的一般方法，提高运用实验解决物理问题的能力。

四、教学目标

观察并分析演示实验，知道物体做自由落体运动的条件。

通过实验探究自由落体运动加速度的大小，建立重力加速度的概念。知道重力加速度的方向、在地球上的不同地方重力加速度的大小不同、通常情况下 g 取 $9.8\ m/s^2$。

通过自主探究自由落体运动的特点和规律，掌握知识，提高实验技能，增强同学间的协作与交流。

五、教学过程

1. 从生活实际出发，引入新课

师：在秋冬之际，枯黄的树叶和成熟的果实从高大的树上落下，你是否注意观察过二者下落的快慢？

生：树叶下落慢，果实下落快。

师：有人认为树叶比果实下落慢，是因为树叶的质量比果实轻，你同意这个观点吗？

教师让学生讨论一段时间后演示两个对比性实验。

2. 新课讲授

演示1:等面积的一元硬币和纸片从同一高度同时下落。

师:硬币与纸片谁轻谁重？

生:纸片轻。

师:硬币与纸片谁下落快？

生:硬币下落快。

演示2:从一张大纸片上撕下一角，将撕下的一角团成纸团，再和大纸片从同一高度同时下落。

师:纸片与纸团谁轻谁重？

生:纸团轻。

师:纸片与纸团谁下落快？

生:纸团下落快。

师:两次演示的结果说明了什么问题？

生:第一个实验中重的物体下落快，第二个实验中轻的物体下落快。物体下落快慢并不是取决于物体的轻重。

物理是一门与生活实际紧密联系的自然科学，但有时一些生活中的直观现象也会欺骗我们的眼睛。例如日常经验的误导使人们产生了“物体越重，下落越快”这一片面的错误的认识，对学生的正确认知造成了思维障碍，因而在本节课的一开始就形成了教学难点。为此，教师利用一些简单的教学媒体，设计了两个对比强烈的实验，激发了学生的探究兴趣，在较为轻松的氛围下顺利突破了该难点。

师:以上实验说明物体下落快慢不同不是由物体的轻重不同引起的。那到底是什么因素造成不同物体下落快慢不同的呢？

演示3:不抽出牛顿管内空气，将之快速倒转。

师:管内铜片、羽毛下落快慢是否相同？

生:铜片和羽毛下落快慢不同，铜片下落快，羽毛下落慢。

演示4:设法抽出管内空气后，再将之快速倒转。

师:管内钢片、羽毛下落快慢是否相同？

生:两物体下落快慢相同。

师:由两次演示的结果可得出什么结论？

生：空气阻力影响了物体下落的快慢。

通过以上实验观察和分析，学生不难得出：只在重力作用下，不同物体在同一地点从同一高度下落的快慢是相同的，从而引入自由落体运动的概念。

引入自由落体运动概念后，可通过设置以下问题帮助学生进一步明确概念，并掌握物理学研究的一种基本方法——建立理想模型。

师：我们前面演示了纸片、硬币的下落运动，纸片的下落运动可以视为自由落体运动吗？为什么？

生：纸片的下落运动不能看作自由落体运动，因为纸片下落过程中受到空气阻力的作用。

师：硬币的下落运动可以视为自由落体运动吗？

有的学生认为硬币的下落可以视为自由落体运动，有的学生则持相反观点。

师：硬币在下落过程中完全不受空气阻力的作用吗？什么情况下，实际物体的下落运动可视为自由落体运动？

教师提示学生回顾质点概念以及实际物体可视为质点的条件。

生：实际物体在下落过程中都会受到空气阻力的作用，当物体受到的阻力与自身重力相比可以忽略不计时，物体由静止开始的下落运动就可看作自由落体运动。

教师小结：自由落体运动是一个过程理想模型，实际是不存在的，日常生活中物体在下落过程中，总会受到空气阻力的作用，当物体所受的空气阻力远小于它的重力时，我们可以抓住事物的主要矛盾，忽略次要因素，将物体的运动视为自由落体运动。这样处理的结果与实际情况相差很小，却可大大简化问题，这是物理学中常用的一种方法。

师：生活中许多物体的下落可视为自由落体运动，如成熟果实的下落。那么，自由落体运动遵循怎样的规律呢？让我们通过实验进行探究。

认知心理学认为：只有认知因素才是决定学习效率和学习结果的直接因素。而认知因素主要是指学生头脑中的认知结构和学习时学生头脑中的信息加工过程。因而，本课的教学重点定位在引导学生主动探究自由落体运动，进而明确自由落体运动的特点及规律。教学中要注意合理运用教学媒体，因势利导地设置问题，充分发挥学生的主观能动性。

师：我们可以利用哪些实验器材来研究自由落体运动？

生：打点计时器、交流电源、导线、纸带、重物、铁架台等。

前面学生已利用打点计时器研究过物体的运动，所以他们自然能想到利用打点计时器来研究自由落体运动。教师可让学生利用预先放在桌上的实验器材进行试验，记录实验结果(在纸带上选取 5 到 6 个清晰连续点，分别测量出后几点到第一个点的位移，将数据标注在纸带上)。学生实验过程中教师在教室内巡视，一方面帮助学生解决实验中可能出现的意外情况，一方面寻求实验结果较为理想的纸带。然后将选取的纸带通过实物投影仪显示在屏幕上，引导学生运用前面学过的知识由浅入深、分层次地对自由落体运动进行研究。

师：重锤运动是不是直线运动，为什么？

生：由于纸带上所打的点均在一条竖直线上，故重锤的运动是竖直方向上的直线运动。

师：重锤运动是不是匀速直线运动，为什么？

生：从纸带上可看出，在相等的时间间隔里，重锤下落的位移越来越大，表明重锤的运动不是匀速运动，而是加速运动。

师：重锤运动是不是匀加速直线运动，如何判断？

生：根据测量计算后可发现：在实验误差范围内，重锤在任意两个连续相等时间里的位移之差相等，由此可判断出重锤在做匀加速直线运动。

师：重锤运动的加速度大小和方向怎样？

生：重锤在做竖直向下的加速运动，故加速度的方向与速度方向一致，是竖直向下的。根据公式 $\Delta x=aT^2$ 可求出重锤的加速度接近 9.8 m/s^2。

物理学研究往往追求简单美，常常先从最简单的、便于研究的情况入手，层层深入，逐步揭示出比较复杂的规律。例如，研究物体的运动，先研究最简单的直线运动——匀速直线运动，接着研究最简单的变速直线运动——匀变速直线运动，再研究更为复杂的运动。研究物体的下落运动，先研究不计空气阻力的自由落体运动，以后再研究考虑空气阻力的下落运动。我们在利用实验数据分析自由落体运动的性质时，也是按照这种思路，先判断它是不是匀速直线运动，再判断它是不是匀变速直线运动。这样由浅入深地引导学生进行探究，不仅让学生了解物理学研究问题的一般方法，也使探究过程变得顺利流畅，增强学生探究的愉悦感。

在学生明确了自由落体运动是初速度为零、加速度为 g 的匀加速直线运动后，教师可趁热打铁，引导学生由已学过的匀变速直线运动的规律推导出自由落体运动的规律。

[**回顾旧知**]请大家写出匀变速直线运动的四个常用公式。

$$v=v_0+at$$

$$x=v_0t+\frac{1}{2}at^2$$

$$2ax=v^2-v_0^2$$

$$x=\frac{v_0+v}{2}t$$

[**推导新知**]自由落体运动是初速度为零、加速度为 g 的匀变速直线运动，它既满足匀变速直线运动的一般规律，又具有初速度为零、加速度为 g 的特殊性，请大家写出自由落体运动的四个相应公式。

学生只需将 $v_0=0$，$a=g$ 代入上面四式，即可得到自由落体公式。

$$v=gt$$

$$x=\frac{1}{2}gt^2$$

$$2gx=v^2$$

$$x=\frac{v}{2}t$$

自由落体运动性质及规律的得出，均是由教师引导学生主动探究，运用旧知识来获取新知识的，这样不仅可使学生牢固掌握知识，体验到成功的快感，也培养和发展了学生的能力，使学生最终成为独立的学习者。

最后让学生两人一组，按照教材 P. 44 的相关内容测定反应时间，使学生在轻松愉悦的氛围中及时巩固运用知识(若课堂时间有限，该活动可安排在课后进行)。

3. 课堂小结并布置作业(略)

六、教学反思

1. 重视物理实验

(1) 教师在本节课的起始设计了两个对比性实验，有意让演示 1 的结果支持了“物体越重，下落越快”的错误观点，而演示 2 的结果马上又颠覆了该观点。运用这种“欲擒故纵”的手段，给学生留下了深刻的印象：物体下落快慢不同不是由物体的轻重不同引起的。

(2) “牛顿管实验”的可视性不够强，以往课堂上总有后排学生反映实验现象看不清楚。为解决该问题，教师进行了如下改进：一方面在牛顿管背离学生一侧贴深色不透明纸，使铜片和羽毛在深色背景下凸显出来；另一方面在“牛顿管实验”完成后播放录制的该实验现象特写镜头的视频。尽量使所有学生均能清晰观察到抽气前后不同的实验现象，毫无争议地得出：影响物体下落快慢的因素不是质量，而是空气阻力。

(3) 在上章第四节“用打点计时器测速度”和本章第一节“探究小车速度随时间变化的规律”两个实验基础上，安排学生利用打点计时器等器材自主探究自由落体运动，让学生运用已有的知识储备，通过操作、观察、分析等实践体验，总结出自由落体运动的规律，让学生获得深刻的探究体验，不仅巩固了原有知识，掌握了新知识，更培养了他们运用知识解决物理问题的能力。但由于课堂时间有限，此处对教师的组织掌控能力要求较高。

2. 注重总结物理方法

教材是以知识内容的体系来表述的，方法则以分散的形式隐蔽在知识的表述之中。“自由落体运动”概念的建立与“质点”一样，运用了理想化方法。理想化方法排除非本质因素的干扰，突出事物的本质特征，对物理研究起到简化和纯化的作用，是物理学常用的方法。教师适时总结物理方法，可以更有效地促进学生从知识学习到能力发展的转化，使学生逐渐成为能独立获取知识、利用知识的智能系统。

3. 加强构建知识体系

布鲁纳在《教育过程》一书中指出“不论我们选教什么学科，务必使学生理解该学科的基本结构”。教师在教学中不能仅满足于讲透一个个知识点，还要不断帮助学生梳理各知识点间的联系，使他们对学科知识形成一个有序的整体结构，这样学生对知识的掌握才能更为稳固、难忘。本节课中学生通过分析实验数据发现，自由落体运动是初速度为零、加速度为 g 的匀加速直线运动。本章前几节研究了匀变速直线运动的一般规律，自由落体运动则是匀变速直线运动的特例。学生根据之前所学的匀变速直线运动规律，结合自由落体运动的特殊性即可推知自由落体运动规律，不需再特意记忆自由落体运动的有关公式。

（高敏　供稿）

示例 2

牛顿第三定律

一、课题来源

人民教育出版社《物理 1》第四章“牛顿运动定律”第五节“牛顿第三定律”。

二、政策要求

关于《物理1》中的"牛顿第三定律",《普通高中物理课程标准》(实验)的要求是"理解牛顿运动定律,用牛顿运动定律解释生活中的有关问题"①。《江苏省普通高中物理课程标准教学要求》对"牛顿第三定律"的要求是"通过实验探究,理解牛顿第三定律的含义并应用牛顿第三定律解决实际问题"②。

牛顿三大定律是一个有机的整体,前两个定律是对单个物体而言的,但要全面认识物体间的运动规律,必须研究物体之间的相互作用、相互影响,例如什么情况下系统机械能守恒,内力对系统的动量改变是否起作用。事实上,牛顿第三定律是如此地重要和深入人心,以致我们常常是不自觉地应用却感觉不到它的存在。但是,对具体问题的研究过程中,若细致深入追究起来,又似乎不是那么顺理成章。

教科书从力是物体对物体的作用入手,说明每一个力都对应两个物体,通过大量实例分析得出力的作用是相互的,引出作用力与反作用力。然后通过实验探究作用力与反作用力的在性质、大小、方向、作用时间等方面的关系,从而得出牛顿第三定律。最后通过对物体的受力分析,进一步研究一对作用力与反作用力和一对平衡力的异同点。教学的重心是在掌握牛顿第三定律并用它分析实际问题。

三、学情基础

初中阶段,学生在知识层面已经对物体间的相互作用问题有了定性的了解,也知道相互作用和一对平衡力是不同的,即一对平衡力是指同一物体所受的两个力互相平衡,而一对作用力与反作用力分别作用在两个物体上。但是,他们的这一知识只是定性的了解,基本上处在记忆的层面,对于相互性没有深入的了解。在运用相互性分析生活中的实例上也只有模模糊糊的认识,没有深刻的认识。他们体会不到明确提出作用力和反作用力这一问题的重要价值,对牛顿定律在经典物理中的地位更是没有深刻全面的了解和理解。要实现对牛顿第三定律的深入理解,还需要从力的性质、作用的同时性等进一步认识,并进行定量探究。同时鉴于本班学生的基础较好,且学生学习的能力和对新知识比较强烈的获得欲望与探索精神,这

---

① 中华人民共和国教育部.普通高中物理课程标准(实验)[S].北京:人民教育出版社,2003:11.

② 江苏省教育科学研究所课程教材研究中心,江苏省中小学教学研究室.普通高中课程标准教学要求(物理·化学·生物)[S].南京:江苏教育出版社,2007:4.

节课决定进一步放开尺度，让学生更多地自己发现问题自己探索，教师的情境设置更贴近学生的生活，问题引导的痕迹要淡化。

四、教学目标

教材对于牛顿第三定律的讨论是渐次深入逐层推进的：先通过司空见惯的实例得到物体之间的作用力和反作用力的概念，再通过实验总结出作用力反作用力的定量关系，然后分析汇总得出牛顿第三定律最后再回到实际应用中去，让学生体会牛顿第三定律的应用，以达到定律的深入理解和融会贯通的目的。具体教学目标包括以下几个方面：

(1) 理解牛顿第三定律的确切含义，会用它解决有关问题，体会生活中牛顿第三定律的无处不在。

(2) 通过鼓励学生动手、大胆质疑、勇于探索，提高自信心并养成科学思维习惯。

(3) 在经历观察、实验、探究等学习活动中，获得难忘的知识与情感体验。

五、教学过程

1. 新课导入

教师致欢迎词：今天有很多专家和老师前来观摩我们这节课，让我们以热烈的掌声对他们的到来表示欢迎。掌声响起。

师：大家拍手欢迎的时候，是用一个手还是两个手？一个巴掌为什么拍不响？这里涉及什么力学知识？

生：力的作用是相互的，力是物体与物体间的相互作用。

师：大家可以用生活中的例子验证以前学过的“力的作用是相互的”。

生：学生举例，拍手、打人、推人、划船等。

师：请大家看两个视频(打枪后坐力、太空中拔河)，并说明视频中涉及的问题。视频 1 中打枪时有后坐力、汽艇前进时向后喷气、划桨、飞行器升空；视频 2 太空中两人拔河。

学生对视频中的几个片段进行说明。

师：刚才我们同学举例说了一些生活中跟力的作用是相互的有关的例子，也看了一些视频，下面请同学上了动手做做看。准备了四组演示实验，如图 1 所示。

学生积极上台选择仪器演示。

图 1

学生一边操作一边讲解，适当进行指导。

一名学生在选择电动小车做实验时先是让小车在桌面上运动，观察到小车向前运动，分析是地面给它的摩擦力使它运动，但是没有能观察到反作用力对地面作用，实验的可视度不够。经过与同学讨论，学生用一个轻的塑料板放在倒置的两辆小车上（小车的轮子向上，塑料板可以在轮子上轻松滑动）。改进后实验效果很好，很明显地看到当小车向前运动时，给它摩擦力使它向前运动的塑料板，也在小车给的反作用摩擦力作用下向后运动。实验的可视度提高了，学生获得了直观的感受，对获得的知识更信服了。

2. 新课教学

（1）作用力和反作用力。总结以上实验现象，学生得出作用力与反作用力的概念。

两个物体之间的作用总是相互的。甲物体对乙物体有作用力的同时，乙物体对甲物体也有力的作用，物体间这一对相互作用的力通常叫做作用力和反作用力。我们把其中一个力叫做作用力，另一个力就叫做反作用力。

师：现在我们知道了作用力和反作用力的概念，那么它们之间的关系是什么呢？大家猜想一下。

学生猜想讨论。

师：我们的研究不能没有方向性，到目前为止，我们学到的与力有关的概念有哪些呢？

生：力的大小、方向、作用点、性质、效果等。

师：好，我们就从这几个方面着手分析，先请大家利用手边的弹簧秤研究大小和方向的关系。

学生活动。适时指点，弹簧秤的使用规范、实验表格的设计和数据的记录等。

学生汇报实验结果：

生：把两个弹簧秤 A 和 B 连接在一起，如图 2 所示。

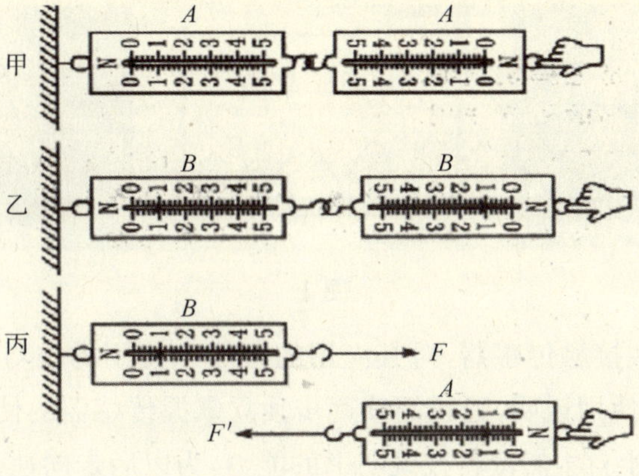

图 2

用手拉弹簧秤 A 之前，两弹簧秤的示数均为零，说明两弹簧秤间无作用力；当用手拉弹簧秤 A 时，可以看到两个弹簧秤的指针同时移动。弹簧秤的示数指出弹簧秤 A 对它的作用力 F 的大小，而弹簧秤 A 的示数指出弹簧秤对它的反作用力 F 的大小。可以看出，两个弹簧秤的示数是相等的；改变手拉弹簧的力，弹簧秤的示数也随着改变，但两个示数总相等。这说明作用力和反作用力大小总是相等的，并且总是同时产生、同时变化、同时消失的。

分析弹簧秤 B 受到 A 的拉力 F 方向向右，弹簧秤 A 受到 B 的拉力 F，方向向左，这两个拉力在同一条直线上，这说明作用力与反作用力方向相反，作用在同一条直线上。

学生总结，通过上述练习可知：

作用力和反作用力是发生在两个物体之间的一对力。

任一物体既是对另一物体的施力物，同时也是另一物作用的受力物。

相互作用的一对力中，任何一个力都可作为作用力或者反作用力。

师：刚才我们是在静止的状态下进行研究的，当物体处于匀速、变速运动状态时是否也有这个关系呢？我们还能利用刚才的器材进行研究吗？

生：（进过思考讨论）不能，因为无法读数。

师：我们可以借助一种现代化的实验手段——传感器来验证作用力和反作用力之间的关系。

投影演示和实物展示传感器，介绍传感器的用法，如图 3。

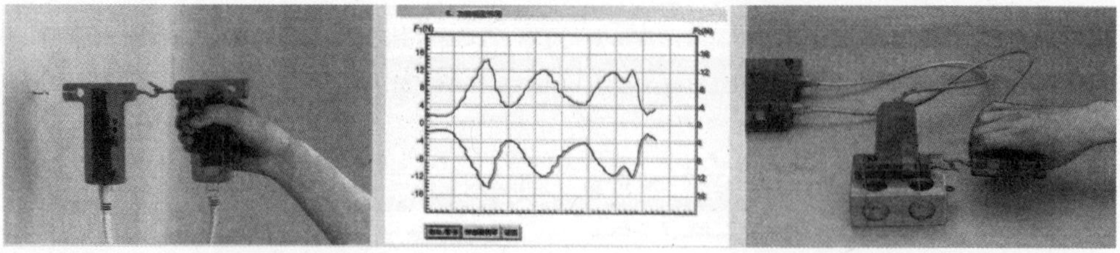

图 3

注意：学生初次接触传感器，对其应用的方法和使用的技巧还很不熟悉，应该鼓励学生自己阅读使用说明，通过阅读逐步独立掌握传感器的使用方法，在这个过程中还可以锻炼学生自主阅读科技说明书的能力，为以后走向社会打下良好的科学素养基础，为终身发展做好准备。学生用传感器做实验，体会先进科技带来的方便。

师：通过我们的实验，我们可以得出什么样的结论呢？

生：我们可以得出作用力和反作用力之间的关系：作用力与反作用力总是大小相等，方向相反，作用在同一条直线上，无论物体处于何种状态。

(2) 牛顿第三定律。

师：根据以上的实验结果，我们可以得到作用力和反作用力之间的关系，这就是牛顿第三定律的内容。牛顿第三定律：两个物体之间的作用力和反作用力总是大小相等，方向相反，作用在同一直线上。

师：进一步研究作用力与反作用力的其他特点。

学生讨论总结，老师补充不完整的部分。

生 1：作用力和反作用力总是成对出现，同时产生，同时变化，同时消失。

生 2：作用力和反作用力作用在两个相互作用的不同物体上，各自产生作用效果，不会抵消。

生 3：作用力和反作用力是同一性质的力。

同值、反向、共线、异体、同性、同时，不可抵消。

讨论与交流。

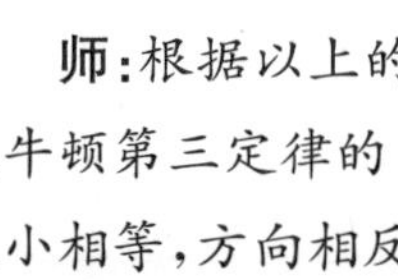

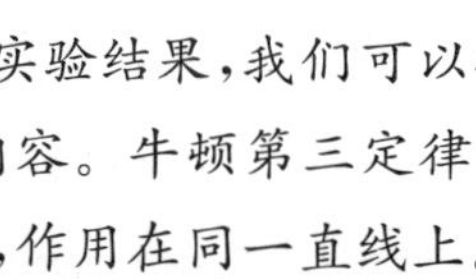
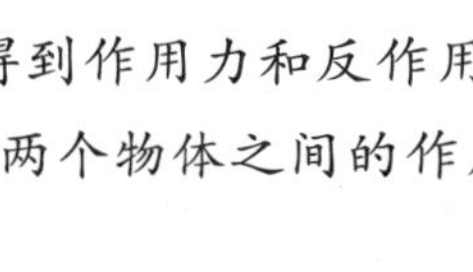
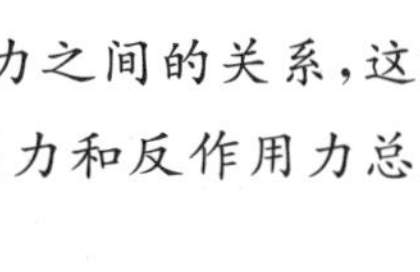

重播几个视频，让学生再次感受牛顿第三定律的应用在生活生产中的无处不在。

人在平直公路上行走，人和地面之间有几对作用力与反作用力？

马拉车没拉动时，马拉车的力与车拉马的力哪个大？拉动加速行驶时，马拉车的力与车拉马的力哪个大？

拔河比赛时有人认为，拔河比赛时大人作用于小孩的力与小孩作用于大人的力是作用力和反作用力，这两个力大小相等，应该不可能分出胜负，实际上是大人获胜了，这是否违背牛顿第三定律？

学生活动，一男生与一女生拔河，男生赢。后让男生站在滑板上，再拉，女生赢。学生讨论说明拔河胜利的诀窍，增大己方与地面的最大静摩擦力。通过活动，学生气氛进一步热烈起来，连同听课的老师都是兴致勃勃。

(3) 相互作用力与平衡力间的关系。教师对放在桌面上的物体进行受力分析，并说明重力与支持力的关系。

生：这是一对平衡力。

师：作用力和反作用力的关系跟两平衡力间关系有何相同之处？

教师：在学生讨论的基础上总结。作用力和反作用力的关系与两平衡力关系的不同点主要有：

作用对象不同——作用力和反作用力是作用在两个物体上的，而平衡力是作用在同一物体上的。

力的性质是不相同的——作用力和反作用力一定是同种性质的力，而平衡力中的两个力不一定同性。

作用效果不同——作用力和反作用力由于作用在不同的研究对象上，所以它们的作用效果不能相互抵消，而平衡力中的两个力作用在同一物体上，它们的作用效果是可以相互抵消的，这也正是我们所说的“平衡”的真实体现。

作用时间不同——作用力和反作用力是同生、同灭、同变化的；而平衡力都不一定要有这种关系，它可以一个力消失而另一个力独立存在，同时也可以一个力不变而另一个力变化。

学生讨论并总结，通过上例分析可知，作用力和反作用力的关系跟两平衡力间关系的相同之处可以概括为：同值、反向、共线、同体、不一定同时、不一定同性、可以抵消。

教师：三同四异。

3. 小结本节课所学内容，并观看视频“牛顿第三定律在生活中的应用”。

4. 完成教材上相应的练习，用一周的时间广泛收集关于牛顿第三定律应用的事例，加以分析，以小组为单位整理，以小论文、手抄报、网页、演示文稿等方式提交。

作业不是单一的书面练习，而是多种形式并存。

六、教学反思

(1) 从学生实际生活中的物理现象出发，从大量简单有趣的视频和学生动手实验出发，重现物理规律的形成过程，然后充分利用现代化手段动员学生的多种感官参与学习活动，使学生加深对知识理解的同时，又提高教学效果。

这是本节课的亮点之一，尤其是对书本分析的实例"汽车在地面上运动"设计了巧妙的学生实验，用轻薄塑料板替代地面，可以演示汽车受到板面的摩擦力而向前运动的同时，板面在汽车对它是摩擦力作用下同时向后运动，提高了实验的可视性和说服力，使得学生得到直接的感性认识。

(2) 亮点之二，从"气球"实验到火箭升空，完成从简单的生活实例向高科技的衍生，轻轻松松地引发学生对我国科技发展的自豪感和对未来为国争光的憧憬。

(3) 亮点之三，让学生从单一的书面练习、做题目中解放出来，不仅避免学习的枯燥，降低学生对学习的疲累厌倦度，并且能锻炼学生对信息的收集整理的能力，获得与同学合作交流的体验，这一点对学生的持续性发展尤为重要。

(4) 亮点之四，在学法上突出学生自主发现问题，开展合作探究，进行实验探究，引导分析总结等以学生为主体的特点。同时，关注课堂教学过程中学生个体差异产生新的教学资源并较好地进行利用，运用评价手段不断引导学生学习，较好地将新课程理念结合于教学实际中。在教学的最后阶段，简单地提了一下牛顿定律尤其是牛顿第三定律的局限性时，有一位同学当堂发言，讲述了他对此了解的情况，既鼓励了这位同学对学习的主动性，也激励了其他同学，同时引发了学生对后续知识学习的兴趣。

(5) 在课堂设计上教师匠心安排的痕迹还是随处可见，学生是在教师设置安排的情境下去发现问题，进而研究讨论，要达到真正意义上的学生自主学习还需要教师的不断努力。我们的教学固然是在理想与现实的夹缝中艰难行进，但是教师本身不能因为课时、进度、考试等现实，就回到填鸭式的老路，就回到教师主导整个课堂、学生被动接受的老路上。在今后的教学中，除了必须坚持学生为课堂的主体，要不断地研究如何使学生更多地参与课堂的设计，改进作业的多样性，激发学生学习的兴趣。更多地发现生活中的物理现象与物理规律，把物理融入生活，使得学生体会物理与我们现在的生活、以后的发展都有着紧密的联系，养成在生活中随时随地观察、思考的习惯，把课堂延伸到生活中去，拓展难忘课堂的物理空间，真正实现教育的难忘性。

(陈雅　供稿)

示例 3

带电粒子在复合场中的运动

一、课题来源

江苏省普通高中学业水平测试说明中的对带电粒子复合场运动的要求。

二、政策要求

带电粒子在复合场中的运动，过程复杂，涉及知识点多，要求学生具有全面的知识基础和较强的综合分析能力。对其考察为历年高考之重点。物理课程标准中明确指出："在高中阶段，由于学生抽象思维能力的提高和高中物理课程所研究问题的深化，较多的要求在抽象的基础上进行概括，且分析的深度和综合的广度也要有所提高。"①同时学业水平测试说明中也有"能够把较为复杂的问题分解为若干个比较简单的问题，并找出它们之间的联系，做出正确的判断或得出合理的结论②"的表述。为让学生更好地掌握此内容，其重点在于让学生深入了解电场、磁场、重力场的基础概念和规律；全面构建系统的知识框架和体系。难点在于让学生善于分析受力情况，明确运动形式；合理运用物理规律，灵活处理问题；进而形成全面、严谨的物理逻辑思维能力。

三、学情基础

学生在学习物理选修 3－1 和选修 3－2 模块时已分别系统了解了电场和磁场的相关知识，掌握了带电粒子在其中运动的基本特点和规律。但是对在电场、磁场以及重力场三者并存空间内带电粒子的运动规律，还没有形成清晰的认知，不能熟练的处理问题。对带电粒子的受力分析往往不够全面，运动情况把握不准。对各部分知识的理解是割裂的，没有融会贯通；不善于利用能量观点处理和解决遇到的问题。

四、教学目标

通过本课的合作探究性学习，能正确理解复合场的基本概念，能通过对带电粒子的受力分析确定其在复合场中的运动形式，能根据不同的运动形式，运用力学知识、能量观点处理带电粒子在复合场中运动的问题。

---

① 中华人民共和国教育部. 普通高中物理课程标准(实验)[S]. 北京：人民教育出版社，2008：59.

② 江苏省教育考试院. 江苏省普通高中学业水平测试(选修科目)说明[S]. 南京：江苏教育出版社，2015.

通过本课一题多变、层层深入、不断递进的自主学习，能在熟悉的题境中突破自己，在亲身体验的过程中领会到思想方法，这样掌握的思维方法，才会历久难忘，达到终生受益的目的。

通过同伴之间的相互讨论和质疑，对问题螺旋深入式的探讨，形成细致严谨的批判性科学态度和价值观；而一旦形成就会难以忘怀。

五、教学过程

1. 回顾旧知，引入新课

师：当带电粒子垂直进入匀强磁场后，只受洛伦兹力作用时，将做什么运动？

生：匀速圆周运动，洛伦兹力只改变速度方向，不改变速度大小，承担向心力的作用。

师：我们在之前曾学习过电场。带电粒子（不计重力）垂直进入电场时，运动情况是怎样的？

生：类平抛运动，可以分解为沿初速度方向的匀速直线运动和沿电场力方向的匀加速直线运动。

师：如果带电粒子进入到一个电场和磁场同时存在的区域，将会做怎样的运动呢？这就是我们本课的主要研究内容。

2. 由浅入深，自主探究

师：我们之前有没有学习过电、磁场共存的区域？

生：学习过。磁流体发电机和霍尔元件中电场和磁场是同时存在的，达到稳定后，粒子在其中为匀速直线运动。

师：对。它们都是因为粒子受到电场力和洛伦兹力平衡，才形成的匀速直线运动；下面我们大家看一道例题（给出必要时间让学生独立思考并计算）。

例题：如图 1，两足够长的平行金属板相距 $d=0.8$ m，之间存在电场强度为 $E=2N/C$ 的匀强电场，方向向上；同时还存在着一个垂直于纸面向外的匀强磁场，磁感应强度为 $B=1$ T。某带电小圆环套在绝缘细轨道上，从 A 点由静止开始释放并滑下，经过轨道末端点 P 进入板间（P 点切线水平，并且位于两板的中点），恰好沿水平方向做直线运动。若其电量为 $q=+1C$（重力可以忽略不计），则圆环进入板间的速度 V_0 为多少？

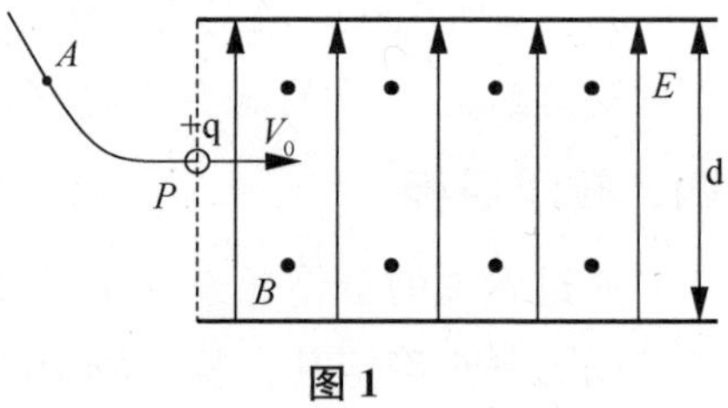

图 1

师：哪位同学来谈谈解题思路和答案？

生:圆环重力不计,在平行金属板之间只受电场力和洛伦兹力,要形成直线运动,则二力一定大小相等、方向相反,合力为零。利用 $E_q=B_{uq}$,可以得到速度 V_0 为 2 m/s。

师:本题使用的物理模型和大家之前提到的磁流体发电机是相同的,解决此类问题的关键在于受力分析,受力状态决定了物体的运动形式。合力为零,则为匀速直线运动。但是带电圆环的重力一般是比较大的,若其不能忽略,则本题的情况将会如何变化?请大家看下面的变式 1。同学们独立思考后小组之内相互交流合作,共同探究答案。

变式 1 在例题中,将"重力可以忽略不计"这一条件去掉,换成:(g 均取 10 m/s^2)

1)"质量为 $m=0.2$ kg",试分析圆环的运动情况,并求出圆环落到下极板时的位置。

2)"质量为 $m=0.4$ kg",试分析圆环的运动情况,并求出圆环落到下极板时的速度大小。

3) 在 2)的情况下,将电场强度 E 改为多少,圆环仍然可以沿直线穿过该复合场区域?

学生讨论气氛热烈,教师巡视并参与部分小组的探究学习。

师:下面谁来谈谈本题的思路和答案?

生 1:在第一问中,圆环质量为 0.2 kg,重力则为 2 N,方向向下。同时圆环还受电场力和洛伦兹力作用。而电场力 $F=E_q=2$ N,方向向上,正好和重力二力平衡,合力为零。剩下洛伦兹力承担向心力,带电圆环做匀速圆周运动。由公式 $Bvq=mv^2/R$,得到 $R=mv/Bq=0.4$ m,正好为金属板间距的一半,则粒子的轨迹为 1/4圆周,落到下极板时到 P 点的水平距离为 0.4 m。

生 2:第二问中带电圆环受到向下的重力、洛伦兹力以及向上的电场力,但重力大于电场力,其合力为 $F=mg+Bvq-Eq=4$ N,方向竖直向下,所以在合力作用下带电圆环做类平抛运动。加速度为 $a=F/m=10$ m/s^2。竖直方向为匀加速直线运动,则 $v^2=2ax$,解得 $v=2\sqrt{2}$ m/s;水平方向为匀速直线运动,则圆环的最终速度为 $v=2\sqrt{3}$ m/s。

此时学生之间有低语议论声,有人主动站起质疑。

生 3:我不同意前面同学的观点,圆环的运动速度一旦发生变化,则受到的洛伦兹力也会随之发生改变,圆环受到的合力不是恒力,所以不是类平抛运动,不能利用运动的分解来处理。但因为洛伦兹力不做功，所以可以根据动能定理$\frac{1}{2}mv_2^2-\frac{1}{2}mv_0^2=mg\frac{d}{2}-Eq\frac{d}{2}$，解得 $v_2=2\sqrt{2}$ m/s。

师：可见复杂的运动过程，受力分析是关键。因为洛伦兹力和运动状态有关，所以往往需要在重力、电场力之后分析。特别是物体做曲线运动时，洛伦兹力方向一定随速度方向变化，若其余力不受影响，则合力必然随之改变，不会出现类平抛这样的匀变速曲线运动。第二问中圆环是做一般的变速曲线运动，应运用能量关系求解。

生 4：第三问中，圆环受到的合力必须为零，则一定有 $mg+Bvq=Eq$，解得 $E=6$ N/C。

3. 问题引领、合作学习

师：同学们回答的很好。粒子的运动形式往往是由受力情况决定的。粒子在某时刻受力一旦发生变化，该时刻就为临界点，需要重新确定运动形式，再根据不同的运动形式选择不同的方法处理问题。例如匀变速运动，使用牛顿运动定律求解；一般的变速运动，使用能量关系求解。所以对于不同的问题情境，要先认真分析受力，再确定运动形式。下面请大家看变式 2。同学们独立思考后小组之内相互交流合作，共同探究答案。

变式 2：在变式 1 的 3）中，若将绝缘细轨道从 P 点水平延长足够远，水平轨道和圆环之间的动摩擦因数为 $\mu=0.1$。（g 均取 10 m/s^2）

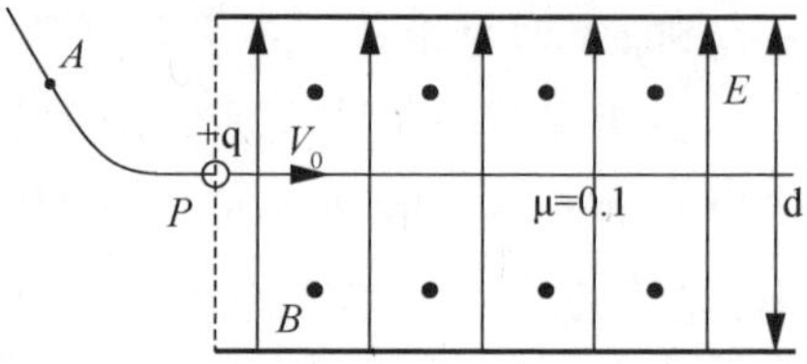

图 2

1）试分析圆环的运动情况。

2）若从比 A 点高的地方释放圆环，其以速度 $V_0=3$ m/s 经过 P 点，试分析圆环的运动情况，并求出其最终速度以及此过程中产生的热量。

3）若从比 A 点低的地方释放圆环，其以速度 $V_0=1$ m/s 经过 P 点会如何？

学生讨论气氛热烈，教师巡视并参与部分小组的探究学习

生 1：在第一问中，圆环受到的重力、洛伦兹力以及电场力和变式 1 一样，合力为零。同时由于轨道粗糙，存在摩擦，圆环做减速运动，直到最终停止。

此时议论声很多。

生 2：我不同意他的观点，正因为重力、洛伦兹力以及电场力合力为零，所以在

竖直方向上圆环对轨道不形成压力，所以不存在摩擦力，圆环一直沿轨道做匀速直线运动。

生3： 第二问中，圆环开始的速度比变式1大，则 $Bvq+mg>Eq$，则必然存在轨道对圆环的弹力 $N=Bvq+mg-Eq$，所以水平方向将存在摩擦力，使得圆环做减速运动。加速度为 $a=f/m=\mu N/m=0.25\ \text{m/s}^2$，最终停止，位移为18 m。热量为 $Q=fx=1.8\ \text{J}$。

此时学生之间有低语议论声，有人主动站起质疑。

生4： 我不同意他的观点，圆环速度减小后洛伦兹力随之变小，则弹力也变小，摩擦力 $f=\mu N$ 也变小。所以圆环不是做匀减速运动，而是做加速度变小的减速运动，不能简单运用牛顿运动定律计算。并且圆环的速度减到2 m/s以后和第一问的情况相同，不再减速，改为匀速直线运动。所以应该使用能量守恒进行求解。$Q=\frac{1}{2}mv_1^2-\frac{1}{2}mv_2^2=1\ \text{J}$。

生5： 第三问中圆环开始的速度比变式1小，则 $Bvq+mg<Eq$，则必然存在轨道对圆环的弹力 $N=Eq-mg-Bvq$，所以水平方向存在摩擦力，使得圆环做减速运动。但洛伦兹力减小后，弹力反而增加，所以是加速度变大的减速运动，最终圆环将静止。根据能量关系 $Q=\frac{1}{2}mv_1^2=0.2\ \text{J}$。

4. 知识建构、巩固训练

师： 同学们的回答都很全面、精彩。处理复杂问题时我们一定要牢牢把握受力分析这个主线，根据受力确定运动，进而确定解题方法。上面的例题大家都已经掌握和总结得很好了，下面大家再利用刚才的知识，看看这个思考题怎样解决。独立思考后小组之内相互交流，寻求答案。

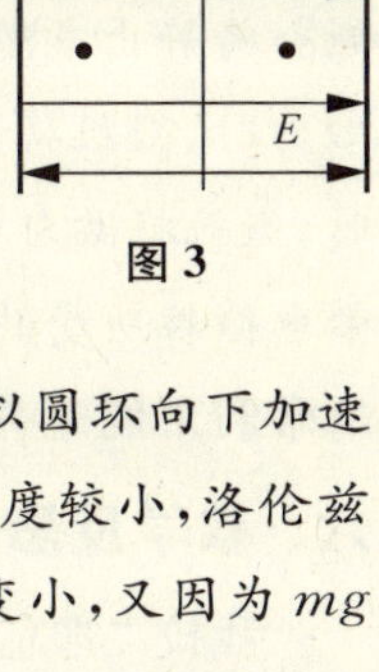

图3

思考：如图3，将变式2的装置顺时针旋转90°角后，使得小圆环从 P 点由静止开始释放，试分析小圆环的运动情况。

生1： 首先圆环在 P 点静止时受电场力作用，因而轨道和圆环之间存在弹力和摩擦力，但重力大于此时圆环受到的摩擦力，所以圆环向下加速运动。而具有速度以后，圆环受水平向左的洛伦兹力，但因此时速度较小，洛伦兹力小于电场力，则弹力为 $N=Eq-Bvq$。随圆环速度的增加，弹力变小，又因为 $mg-\mu N=ma$，所以为加速度变大的加速运动。

生 2:他回答不完整,当圆环的速度增加到使得 $Bvq=Eq$ 时,轨道弹力为零,圆环的加速度达到最大,为自由落体加速度。此后圆环速度继续增加,则洛伦兹力大于电场力,弹力 $N=Bvq-Eq$,随速度的增加而变大,又因为 $mg-\mu N=ma$,所以变为加速度变小的加速运动。直到加速度小到零,此时圆环受到的摩擦力和重力相等时,速度达到最大,$v=42$ m/s。

师:可见每一次受力的变化都不能疏忽啊,尤其是对洛伦兹力的分析,一定要和运动联系,它是一个随速度而变化的力,它的变化往往使问题出现转折。

5. 课堂总结,提炼升华

师:通过以上这些问题的解决,同学们认为,对于带电粒子在复合场中的运动类问题,我们应当如何解决。

生 1:解题过程中受力分析是关键,要根据不同的受力情况确定粒子的运动形式,然后才能解题。

生 2:受力分析中洛伦兹力是关键,它会随速度的方向而变化。所以受力分析时应该讲究顺序,洛伦兹力应该后分析。

师:总结得很好,受力分析是关键,分析的顺序也很重要。从前面的例题可以看出,我们的受力分析的一般顺序是:已知力、重力、电场力、洛伦兹力、弹力、摩擦力依次进行。

生 3:我觉得还可以对问题分类处理,根据不同的受力可以对应不同的运动形式,根据不同的运动形式可以使用不同的方法处理。例如可以分为直线运动、圆周运动、类平抛运动,分别可以使用牛顿运动定律、动能定理求解。

师:思路很清晰,但不全面。我来总结一下。根据受力情况,带电粒子在复合场中主要有以下 4 类运动形式:1) 当带电粒子在复合场中所受的合外力为零时,微粒将静止或做匀速直线运动。2) 当带电粒子在复合场中所受的合外力充当向心力时,微粒将做匀速圆周运动。3) 当带电粒子在复合场中所受的合外力不变时,微粒将做匀变速运动,通常利用运动的合成与分解、牛顿运动定律求解。4) 当带电微粒所受的合外力的大小、方向均是不断变化的,则微粒将做变速曲线运动,通常利用能量关系进行求解。

六、教学反思

我校“难忘教育”除了传授知识外,更重要的是使受教育者养成优良的情感态度和不断更新自已知识的进取的价值取向,养成终身学习的能力。不但要教会学生知识，更要让学生了解获得新知的方法。所以学生的学体现的很为重要，只有先学后教，才能使得知识真正难忘。从这方面来看，本课设计主要体现了：

1. 自主学习，层层深入

本课的设计始终为围绕问题引领展开，从学生的已有知识层面入手，不断地通过各种问题促使学生积极的思考和学习。带电粒子在复合场中的运动是高中阶段学习的一个难点，需要综合应用到运动学知识、牛顿运动定律、能量守恒关系、功能关系等多个知识点。学生刚接触这样的题目时往往无从下手。但通过不断加深的例题，使思维得到引导，通过不断地变换的已知条件，区分其中的异同，从而自发地选择不同的模型，利用不同的物理规律解决问题。

2. 合作探究，相互质疑

学习过程中产生的问题，其答案不是简单地由教师给出，而是学生经过独立思维、合作交流、讨论探究才能得到的。学生通过彼此之间的讨论，各抒已见，既可以拓宽思路，又能引发灵感；在相互启发、相互讨论、相互质疑、相互完善的过程中碰撞出思维的火花，从而使学习过程中的易混点得到澄清，易疏忽点得到强化，所习得的知识更扎实，历久难忘。

我校的难忘教育，是要让学生终身受益。所以培养学生的发散思维相当重要，是学生创新思维的必备前提，更是一种良好的学习品质。所以本课的教学设计从教学层面来看，着重体现了以下两个方面。

其一，一题多变，拓展深入

带电粒子在复合场中的运动具有较高的复杂性，往往初始条件的不同，就带来整个运动过程的变化，解题的思路和方法出现明显的区别。所以本课采用一题多变的设计思路，通过逐步改动题中已知条件和所求问题，变化出多种解题思路、方法迥异的问题情境。这既可以帮助学生触类旁通，将多个知识点融会整合，更加熟练和全面地掌握运动过程中各类情况以及相对应的解题方法；又可以培养学生灵活解题的能力，训练学生思维的变通性和逻辑性。同时本课在设计时，带电粒子的运动情况越变越复杂，知识应用不断拓展深入，但始终围绕受力分析这一课堂主线展开，蕴不变于变，达到所谓的“万变不离其宗”。使得学生在复杂多变的物理情境中，能够发散思维，全面考虑问题，异中求同，选择适当的物理模型，得到正确的解答方案。

其二，依据“最近发展区”理论组织教学，践行难忘教育

前苏联教育家维果茨基指出，学生有两个发展的水平：其一是现有发展水平，表现为学生能够独立自如完成的学习任务；其二是潜在发展水平，即学生目前尚不能独立完成，必须在教师的帮助下，通过模仿和自己不断努力才能完成的学习任务。这两个水平之间的幅度则为“最近发展区”。教学过程只有立足于尚未成熟的心理机能之上，才能形成潜在水平与现有水平之间的矛盾，从而推动学生的发展。带电粒子在复合场中的运动是一个很复杂的问题，运动形式多种多样，需要综合运用多种物理规律思考和讨论问题。若直接将复杂的高考试题直接呈现在学生面前，很多学生会无从下手，产生畏难情绪。因此本课的教学过程中始终将问题置于学生的最近发展区内，将复杂的问题阶梯化，层层递进。使得学生面对问题时，既不会简单得到答案，又不会茫然失措。通过自己的独立思考，经历一定的、艰辛的求知过程才能获得新知。这样的新知，学生不但难忘，而且学起来轻松。

（周磊　供稿）

化学学科“难忘课堂”构建方案

起源于21世纪初以德育实践为背景的江苏省南通中学“难忘教育”已在全国范围内取得了广泛的影响并产生了一定的教育成果，“难忘教育”着眼于为学生全面发展、终身发展、个性化发展搭建平台，课堂教学是学校教育的主阵地、是学校教育最重要的核心组成部分，“难忘课堂”是“难忘教育”的延伸和发展，同时也是对“难忘教育”的继承和丰富。

化学学科“难忘课堂”教学模式是在一定的教育思想、教学理论和学习理论指导下的，为完成特定的化学教学目标和内容，围绕某一主题形成的比较稳定且简明的化学教学结构理论框架及其具体可操作的教学活动方式，通常是两种以上方法策略的组合运用。简而言之，化学学科“难忘课堂”教学模式可以概括为：① 需要完成既定的化学教学目标和内容；② 表现一定的化学教学活动序列及其方法策略。化学教学模式是教学理论与教学实践的桥梁，既是教学理论的应用对化学教学实践起直接指导作用，又是化学教学实践的理论化、简约化概括，还可以丰富和发展化学教学理论。

化学学科“难忘课堂”教学模式，应建立在化学探究教学模式基础上。探究教学法又称“发现法”，是20世纪60年代初布鲁纳首先倡导的。这种教学法的特点是：在教师的启发诱导下，通过学生的亲自参与，经过探究活动，由学生主动去发现概念和规律。在这种形式的学习过程中，学生不仅能学到知识，更重要的是能学到获取知识的过程和方法（知道知识是通过怎样的过程得来的），并得到相应情感态度价值观的体验，使教学目标和智情发展同步实现；化学学科“难忘课堂”教学模式也应以教师和学生的共同探究为基础，由学生主动去发现化学知识的概念和规律。在这种形式的学习过程中，使学生学到化学知识和掌握化学技能。

一、化学学科“难忘课堂”的基本理念与教学环节

难忘化学学科“难忘课堂”教学模式是指在教学过程中，学生在教师指导下，通过以“自主、探究、合作”为特征的学习方式对当前教学内容中的主要知识点进行自

主学习、深入探究并进行小组合作交流，从而较好地达到课程标准中关于认知目标与情感目标要求的一种教学模式。其中认知目标涉及学科相关知识、概念、原理与能力的掌握；情感目标则涉及思想感情与道德品质的培养。难忘化学课堂教学模式主要涉及以下五个教学环节。

1. 创设情境

难忘化学课堂教学模式的教学总是围绕课程中的某个知识点而展开。这个知识点可以选自社会生活中的现实问题，也可以由学生学习或生活中遇到的问题而产生，但最终需由教师根据教学目标的要求和教学的进度来确定。一旦确定了这个教学出发点或者说学习对象后，教师就要通过问题、任务等多种形式，使用适宜的教学手段来创设与此学习对象相关的学习情境，引导学生进入目标知识点的学习。

2. 启发思考

学习对象确定后，为了使探究式学习切实取得成效，需要在探究之前向全班学生提出若干富有启发性、能引起学生深入思考并与当前学习对象密切相关的问题，以便全班学生带着这些问题去探究。这一环节至关重要，所提出的问题是否具有启发性、是否能引起学生的深入思考，这是探究性学习是否能取得效果乃至成败的关键。这类问题要由教师提出。

3. 自主(或小组)探究

难忘化学课堂教学模式因为采用"自主、探究、合作"的学习方式，所以在教学过程中特别强调学生的自主学习和自主探究，以及在此基础上实施的小组合作学习活动。一节课的教学目标主要靠学生个人的自主探究加上学习小组的合作学习活动来完成，因此，本环节成为难忘化学课堂教学模式中的关键教学环节。在实施过程中要处理好教师、学生、信息技术几者之间的关系。教师起到引导、支持的作用，学生要充分发挥学习的主动性与积极性，信息技术要成为学生探究的认知工具。在不同的学科中所使用的认知工具有所差异。人文学科往往可以通过让学生上网查找资料来达到促进学生自主探究的目的，这些资料能起到认知工具的作用；而在数理学科中则可以使用能发挥认知工具作用的软件，如仿真物理、化学实验室、中学物理作图工具等。

4. 协作交流

本环节是与前面的自主探究环节紧密相连的。学生只有在经过了认真的自主探究、积极思考后，才可能进入高质量的协作交流阶段。也就是说，协作交流一定要建立在自主探究的基础之上，才能为学生提供思路交流、观点碰撞、成果分享的平台。教师在此过程中要起到组织、协调、引导的作用。

5. 总结提高

教师引导学生对问题进行回答与总结，对学习成果进行分析归纳，并可联系实际，对当前知识点进行深化、迁移与提高，同时还要注意对学生学习方法的点拨和提炼。

二、化学学科“难忘课堂”的主要教学模式

化学“难忘课堂”教学模式不仅可以较深入地达到对知识技能的理解与掌握，更有利于创新思维与创新能力的形成与发展，即有利于创新人才的培养。在此过程中，能否取得成就的关键是，学生在化学知识的学习过程中的主体地位是否能得到比较充分的体现，同时还需要有教师方面的引导、帮助与支持。换句话说，化学“难忘课堂”教学模式的成功实施涉及两个方面，既要充分体现学生在化学知识学习过程中的主体地位，又要重视发挥教师在化学学科教学过程中的主导作用。离开其中的任何一方，这种教学模式都不可能有良好效果。可见，“主导—主体相结合”是化学“难忘课堂”教学模式的基本特征。化学“难忘课堂”教学通常分为理论探究、实验探究和习题探究三种模式。

1. 理论化学“难忘课堂”教学模式

理论化学“难忘课堂”教学的关键是“任务驱动，感性教学”。过程中，根据教学要求，提出任务，以任务为线索，把教学内容隐含在任务之中。学生在已有理论知识的基础上通过一个个小任务亲身去感知、领悟新知识，学生自主或在教师的指导下提出解决问题的思路和方法，并加以探索。实际上，有时候理论课与实验课分得并不是很清楚，很多时候需要在实验中获取理论知识。

具体的课堂教学可以按以下程序进行：

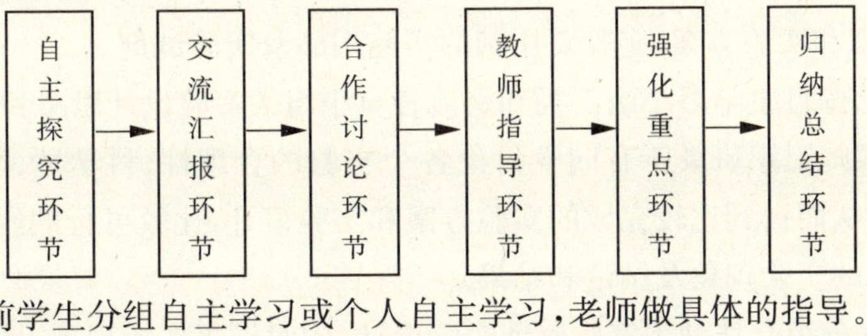

(1) 课前学生分组自主学习或个人自主学习，老师做具体的指导。

(2) 上课开始学生按学习小组汇报学习中难以理解的问题、不能理解的概念、

不能解决的习题等。

(3) 组织学生讨论自主学习中的共同问题，引导学生学习相关内容提要，让学生先发表自己的见解和理解，要让学生充分发表自己的意见和理解，以便发现学生理解中共同存在的问题。

(4) 教师针对学生自主学习中共同存在的问题、化学理论理论知识中学生不容易理解到位的问题、本节化学课中的重点和难点问题，作归纳性或引导性讲授。教师的讲授应注意到不应该是面面俱到，而是对重点难点和关键问题的讲授。

(5) 概念的辨析环节，由任课老师在课前设计好有关概念辨析的问题，在学生讨论和教师归纳讲授后，交由学生分组讨论、合作学习，再后由学习小组的同学代表发表本小组的看法和意见，教师讲评和解答。

(6) 全堂课归纳和总结环节，先由学生归纳本节课所学到的主要知识点，重点和难点，再由教师布置课前准备好的习题和作业。

2. 实验化学"难忘课堂"教学模式

实验化学难忘课堂教学的关键是"问题引领，自主探究"。在基础理论的指导下，提出问题、猜想或假设；采用独立探究或小组合作的方法设计实验，进行实验；分析论证，得出结论；最重要的是在评估与交流之中，发现问题，完善实验与结论。良好的实验是对理论掌握的有效加成。

具体的课堂教学可以按以下程序进行：

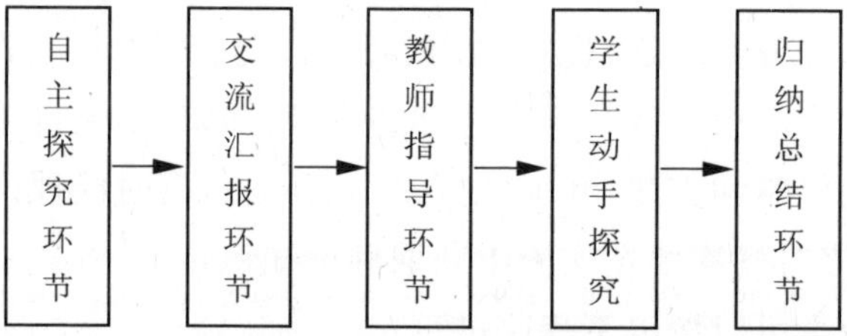

(1) 课前由老师布置实验课要探究的实验课题和内容，学生按自主学习小组设计实验步骤和实验方案，实验要用到的实验用品及实验试剂。

(2) 课上按自主学习小组汇报和交流各自小组的实验设计思路和实验方案。

(3) 由教师组织班级所有同学讨论各个实验的合理性、科学性、简约性、可行性、经济性。从而得到比较完成的实验方案和实验设计，比较可行的经济的实验方案、可能得到的实验现象及结论和结果。

(4) 学生分组合作动手实验验证实验设计、同时汇报实验现象，展示实验中用到的实验用品和仪器，教师要展示不同的实验结果，什么是正确的、应当得到的实验现象和结论，再次展示正确的实验成果。

（5）归纳环节请学生分学习小组，先讨论再汇报设计实验方案、实验注意点。

3. 习题化学“难忘课堂”教学模式

习题化学难忘课堂教学中的探究，包含了理论探究、实验探究、习题探究等等。理论探究与实验探究与前述内容基本一致。习题探究可以以发布任务的形式，让学生通过自主思考或小组合作的方法，寻求解决问题的最佳方法，尤其注重举一反三、一题多解和多题一解。

具体的课堂教学可以按以下程序进行：

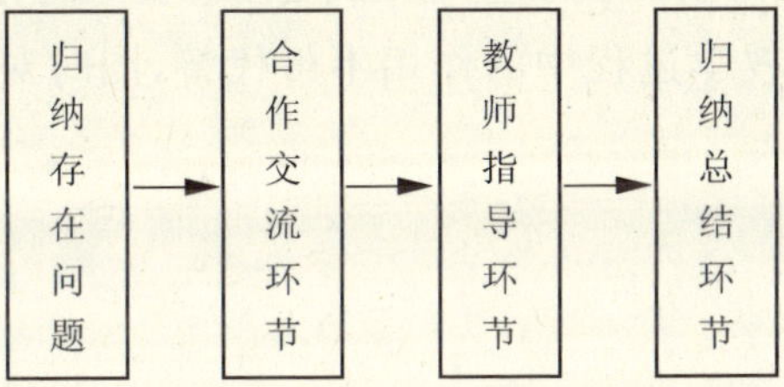

（1）教师课前归纳学生近期作业中的共同问题或试卷分析中发现的共同问题，也可以是每一个章节中要归纳的大框架中的专题性问题。

（2）分专题教师课前做好 PPT 文件，上课分别展示给学生，学生分学习小组进行探究和讨论，对习题中做错的习题提出自己的看法和解决方法。

（3）老师对各学习小组的看法和解题方法进行评判，归纳为合理的方法、不正确的方法、优秀的方法。同时引导同学讨论最佳方法、最常规的方法。尤其注重举一反三、一题多解和多题一解。

（4）当堂检验环节，用老师课前准备好同专题、同类型的习题，当场给学生练习，以检验学生当堂掌握合理解题方法的程度。

三、实施化学学科“难忘课堂”教学模式的实施政策略

在以上三种化学“难忘课堂”教学模式中，学生“自主探究环节”实际上就是“问题引领”、“自主探究”阶段，因为在化学课教学过程中我们发现，无论老师上课强调多少或讲得多么精彩，总有少数学生没有集中精力听讲或记忆不深刻。如何让学生难忘？要让学生自己去探究、自主去学习，当然教师应设计如何保证所有的学生都去自主探究、去动脑筋。这样做，会比原来的教学模式让学生更难忘，记忆更深刻。“合作交流环节”实际上就是“互动合作”学习阶段，在难忘化学课堂教学模式

下，学生的合作交流环节，是学生在学习小组中自由发挥想法、交流想法、辨析知识的重要环节。在原来的教学模式中，学生是被动地接受知识，许多知识只能一知半解地接受，而对知识的深刻含义不能理解或不能完全理解到位，而通过合作交流环节，学生主动地学习和理解知识，能使学生更长时间掌握知识、更深刻地理解知识，能使学生对知识难忘。“教师指导环节”和“归纳总结环节”是充分发挥教师在课堂教学中的作用和“知情融合”阶段，教师在课堂教学中应发挥重要作用、指导作用，由于学生自己知识局限性，对新知识的认识不可能一步到位，对新知识的整体把握还要在教师的指导下进行，对知识的延伸、内涵和知识间的联系还要在教师的指导下进行，任何一种教学模式都离不开教师的作用。归纳总结能使学生对新知识有清晰的、条理性的认知和记忆，使学生对知识更难忘。难忘化学课堂教学模式对教师的要求更高，教师在教学过程中的作用不可代替，同时对教师的培训更加迫在眉睫。

（李建冰　执笔）

示例 1

最简单的有机化合物——甲烷

一、课题来源

人民教育出版社《化学 2》第 3 章“有机化合物”第一节“最简单的有机化合物——甲烷”。

二、政策要求

关于《化学 2》中的“甲烷”，《普通高中化学课程标准》（实验）的要求是“了解甲烷的……主要性质”①。《江苏省普通高中化学课程标准教学要求》将其细化为“知道甲烷的分子结构，了解甲烷的来源，了解甲烷的可燃性、取代反应等性质及主要用途”②。

教科书以甲烷在自然界中的存在、我国使用天然气的历史以及“西气东输”的现状、天然气作为能源的特点等导入新课，然后介绍了甲烷的分子式、电子式和结

① 中华人民共和国教育部. 普通高中化学课程标准（实验）[S]. 北京：人民教育出版社，2003：13.

② 江苏省教育科学研究院课程教材研究中心，江苏省中小学教学研究室. 普通高中课程标准教学要求（物理・化学・生物）[S]. 南京：江苏教育出版社，2007：38.

构式，并设计了制作正四面体和甲烷球棍模型的“实践活动”帮助学生认识甲烷分子的结构特征。关于甲烷的性质，在回忆初中已知的物理性质的基础上，首先介绍“在通常情况下，甲烷比较稳定”，不能与酸性高锰酸钾溶液、强酸、强碱等反应，然后依次介绍了甲烷的氧化反应和取代反应①。在取代反应中，教科书通过“科学探究”栏目采用“减法原理”设计了一个对比实验，将“一支试管用黑纸包好”，人为地去除了“光”的因素，并与没有包裹黑纸的试管进行比较，让学生获得“光”是甲烷取代反应必备条件的事实材料。②

综上可知，课程标准和教科书等政策要求，主要是让学生从生活实际和已有知识出发，学习甲烷的结构和性质，重点认识甲烷的正四面体结构和取代反应的特点，使学生在初中知识的基础上有所提高。同时，使学生进一步加深对物质结构决定性质、性质决定存在和用途的认识，并了解学习有机化合物的基本思路和方法，激发学生对有机化学领域的学习兴趣。

三、学情基础

学生在九年级化学学习中，已经学习了甲烷的物理性质和甲烷能够燃烧的化学性质，在《化学1》中又较系统地学习了无机化合物的性质，了解了认识元素化合物性质的一般方法，初步建立了物质性质和用途之间的联系，这都为学习有机化合物奠定了一定的基础。但是由于受《课程标准》的限制，现行高中化学教科书对于无机化合物的知识“主要介绍了一些基本的或典型的化学事实，如物质的物理或化学性质、物质的用途及物质与生活、社会的联系等，并不追求知识的系统性和连贯性，而是注重知识的实用性和有效性”③。所以，学生对“结构决定性质”的认识不是非常的深刻。而对于有机化合物的学习，更需要从结构的角度认识其反应的机理，所以，逐步建立起有机物“（组成）结构—性质—用途”的认识关系，使学生了解学习和研究有机物的一般方法，并形成相应的分析和解决问题的能力，是开启有机化合物的学习时亟须解决的问题。

四、教学目标

通过道尔顿等科学家研究甲烷等有机物结构的化学史实、对甲烷分子结构模型的搭建，以及二氯甲烷只有一种结构的事实，认识甲烷分子的正四面体结构特征。

---

① 宋心琦. 普通高中课程标准实验教科书化学2[M]. 第3版. 北京：人民教育出版社，2007：60－62.

② 陆军. 新课程高中化学必修教科书中的科学方法体系[J]. 中学化学教学参考，2007(7)：8－11.

③ 陆军. 新课程下高中元素化合物知识体系的构建[J]. 化学教育，2007，28(12)：17－19.

结合天然气、可燃冰、页岩气等图片和介绍了解甲烷的来源。

在回忆初中所学甲烷知识的基础上巩固甲烷的可燃性，进一步体会甲烷是一种重要的能源。

通过对实验现象的观察和分析认识甲烷的取代反应等性质，知道卤代烃在有机合成中具有重要的作用。

结合对甲烷组成、结构、性质、用途的学习，进一步加深对物质结构决定性质、性质决定存在和用途的认识，并激发起对有机化学领域的学习兴趣。

五、教学过程

1. 播放新闻，引入新课

师：我们知道，有机化合物是指含有碳元素的化合物。它在我们身边随处可见，也与我们的生活息息相关。下面请大家看一个新闻视频。

视频：2014 年 5 月 21 日中俄两国签署了 30 年天然气“供气框架协议”。

师：4 000 亿美元(约合 2.5 万亿元人民币)的协议总额，这份“世纪大单”足以震惊世界。天然气的主要成分是——

生：甲烷。

师：它是最简单的有机化合物。今天，我们就一起来进一步学习这种最简单的有机化合物——甲烷。

设计意图：通过新闻视频让学生切实体会到甲烷在我们日常生活中的重要用途，激发学生学习甲烷的热情，并将燃料作为甲烷学习的情景线索贯穿本课教学的始终。

2. 分析图片，回顾旧知

师：除了天然气以外，你知道甲烷在自然界中的其他存在形式吗?

生：沼气、油田气、煤矿坑道气、可燃冰等。

投影：图片展示：“西气东输”工程建设示意图、农村沼气池、煤矿坑道气、油田气、可燃冰、深海机器人潜入海底探寻可燃冰。

师：新华网报道，德国已成功制造深海机器人，能潜入 6 000 m 深的海底探寻可燃冰。我们在初中时已经学习过甲烷，你对甲烷还有哪些了解呢?

生：甲烷的分子式是 CH_4，通常情况是无色无味的气体，有可燃性，可做燃料。

投影：这些是甲烷在自然界中的存在、分子组成、主要性质和主要用途。

设计意图：让学生回顾对甲烷已有的认识，教师再从 4 个方面进行总结，主要是为了让学生通过本节课的学习能有新的认识，体现课堂的前后呼应。这也符合学生的新知识生长在旧知识之上的一般规律。

3. 分析史料，认识结构

师：下面请大家写出甲烷的电子式。

一位学生上黑板书写甲烷的电子式。

师：在化学上，常用一根短线表示一对共用电子，这种形式叫做结构式。请写出甲烷的结构式。

一位学生上黑板书写甲烷的结构式。

师：甲烷分子的空间结构到底是怎样的呢？早在1804年，"近代化学之父"道尔顿就开始甲烷分子结构的研究。随后，在德国凯库勒、俄国布特列洛夫等一批科学巨匠的努力下，有机化合物的经典结构理论基本建立，人们提出了一些甲烷分子结构的猜想。1874年，第一位诺贝尔化学奖的获得者——范特霍夫提出了碳原子具有四面体结构的假说。下面请同学们搭出历史上科学家猜想的甲烷分子结构。

学生两人一组，合作完成甲烷分子结构模型的搭建。

师：请一组代表来和大家分享一下。告诉大家你们搭了几种结构？你们觉得哪一种是合理的？为什么？

生：我们一共搭了3种结构，有平面正方形、四棱锥形和正四面体形。我们认为正四面体形是合理的，因为甲烷分子中的4对共用电子对在碳原子的核外应该是均等分布的，平面正方形和四棱锥形的共用电子对在碳原子的四周都不是完全均等分布的。

师：回答得非常好！我这里有4个气球，现在用皮筋把它们扎在一起，请大家看一看它们将怎样分布？（四面体分布）我现在把这4个气球在黑板上压在一个平面中，现在是什么形状？（平面正方形），用力往上抛（将4个气球用一个手指弹离黑板），再看！！是什么形状？4个气球又呈正四面体的分布，这说明四面体才是它的自然状态。我们假如将这4个气球看成碳原子周围的4个共用电子对，这个中心就是碳原子的核，甲烷分子结构的自然取向应该是正四面体。近代，科学家通过X-射线和电子衍射等科学实验都证实了这一假说。在甲烷分子中4个C—H键的长度和强度相同，夹角相等。

投影：X-射线衍射仪和电子衍射试验仪；甲烷分子的键长，键能，键角。

设计意图：甲烷分子的立体结构是本课的难点和重点，也是贯穿本课的一条主线。通过介绍历史上科学家对甲烷立体结构的探索历程，并让学生自己搭建模型进行对比分析，促进学生对甲烷立体结构的认识。借助气球演示，引导学生从粒子之间作用的层面认识甲烷的立体结构，突破难点，进一步强化学生对甲烷正四面体结构的认识。

4. 操作实验，探究性质

师：刚才大家搭建的甲烷分子模型是球棍模型，这是甲烷分子的比例模型(呈现模型)。我们知道天然气是一种重要的高效清洁能源，请大家写出甲烷燃烧的化学方程式。

生：一位学生上黑板书写甲烷燃烧的化学方程式。

师：25 ℃ 1.01×10^5 Pa 时，1 mol CH_4 在空气中完全燃烧生成二氧化碳气体和液态水，能放出 890 kJ 的热量。天然气能作为燃料正是利用该反应放出的能量。在这个氧化还原反应中，甲烷被氧气——氧化，甲烷发生了——氧化反应，体现了甲烷的——还原性。我们在讨论有机物的性质时，经常从有机物的角度判断反应的类型，也就是说在这个反应中甲烷发生了氧化反应，该反应的类型通常简称为氧化反应。

师：实验室可以用哪些物质来制取氧气？

生：氯酸钾和二氧化锰；高锰酸钾；过氧化氢。

师：我们知道高锰酸钾也是一种强氧化剂，甲烷具有还原性，那么甲烷是否能与高锰酸钾溶液反应呢？我们来做个实验，看看甲烷是否能与高锰酸钾溶液反应？

投影：实验试剂：甲烷气体(小针筒内)、酸性高锰酸钾溶液。实验仪器：白色点滴板。实验操作：① 将 2～3 滴酸性高锰酸钾溶液滴在白色点滴板上；② 将点滴板上的试剂抽入针筒，并塞上塞子，轻轻晃动；③ 实验结束时，将针筒内试液保留，等课后处理。

师：请一位同学来读一下实验操作要点，其他同学听清楚了再开始实验。

学生分组进行实验探究。

师：请这组代表来汇报交流一下。

生：实验现象：酸性高锰酸钾溶液没有褪色。

师：这说明在通常情况下，甲烷还是比较稳定的，它不能与酸性高锰酸钾溶液反应。另外，甲烷也不能与强酸或强碱反应。

师：在实验室里，可以用高锰酸钾和浓盐酸反应制取氯气。氯气也是一种具有强氧化性的物质。甲烷能与氯气反应吗？课前老师利用一组装置进行了相应的实验，下面请大家来看实验的录像视频。

投影：甲烷与氯气反应实验的录像视频。

师：在 3 只 U 形管中均装满饱和食盐水，然后在 U 形管 1 的右侧充入 25 mL 甲烷和 25 mL 氯气，在 U 形管 2 的右侧充入 50 mL 氯气，在 U 形管 3 的右侧充入 25 mL 甲烷和 25 mL 氯气。U 形管 1 和 U 形管 2 用白色冷光源节能灯进行光照，U 形管 3 用黑纸包裹。思考，这样的实验设计意图是什么？

生：用两个字概括——对比。其中，有反应条件光照和不光照的对比，还有单独氯气光照和混合气体光照的对比。

师：我们来看看实验结果是怎样的？U 形管 1 液面明显上升，U 形管 2 和 U 形管 3 液面无明显变化。U 形管 1 内液面上方形成白雾，管壁出现少量油状液滴，黄绿色褪去。取 U 形管 1 内少量液体，滴加紫色石蕊试液，试液变红色。由此我们能得出怎样的结论？

生：说明在光照条件下，氯气和甲烷发生了化学反应。

师：请大家判断反应的生成物。

生：石蕊试液变红，说明反应有酸性物质生成；管内出现白雾，说明有液态小滴生成。

师：非常好！其中酸性物质应该是——氯化氢，氯化氢分子中的氢原子来自哪里？氯原子来自哪里？

生：氢原子来自甲烷分子，氯原子来自氯气分子。

师：那么，除了氯化氢以外，还有什么物质生成？请大家完成化学方程式。

生：一位学生上黑板板书：甲烷与氯气光照条件下反应生成一氯甲烷和氯化氢的化学方程式。

师：我们把有机物分子里的某些原子或原子团被其他原子或原子团所替代的反应叫取代反应，这是有机化学中一种重要的反应类型。已知一氯甲烷是无色气体，那么还有什么实验现象没有得到解释？

生：管壁还有油状小液滴。

师：说明甲烷与氯气反应除了有一氯甲烷生成以外，还有其他产物生成。你们认为生成物还有怎样的可能？为什么？

生：甲烷分子中的 4 个氢原子完全相同，除了生成一氯甲烷外，应该还能进一步发生取代反应，生成二氯甲烷、三氯甲烷或四氯甲烷。

师：分析得有理有据。请大家写出其他几个反应的化学方程式。

投影：一氯甲烷与氯气反应生成二氯甲烷和氯化氢；二氯甲烷与氯气反应生成三氯甲烷和氯化氢；三氯甲烷与氯气反应生成四氯甲烷和氯化氢。

师:甲烷氯代的产物可能有4种,其中只有一氯甲烷是气体,其他都是不溶于水的油状液体。三氯甲烷又名氯仿,它和四氯化碳都是重要的有机溶剂。虽然氯气和氧气都是氧化剂,但甲烷与氧气和甲烷与氯气反应的原理有所不同。甲烷与氧气反应能放出大量的热,这就决定了甲烷是一种重要的能源;甲烷以及后面要学习的其他烷烃与氯气反应所生成的一系列氯代烃是有机合成的重要中间体,这在有机合成中具有重要的意义。

设计意图:甲烷与氯气的取代反应是本课的重点,通过氧气、高锰酸钾到氯气的演绎,将甲烷的化学性质进行有机联系并加以对比,可以帮助学生形成条理化和结构化的知识;通过实验装置的优化和对比实验的设计,又能使学生体会甲烷与氯气反应的条件,同时体验科学探究的有关思路和一般方法。

5. 搭建模型,深化认识

师:请通过模型搭建来检验下列推理:因为二氯甲烷只有一种结构,所以甲烷分子的结构是正四面体形而不是平面正方形。

生:小组合作完成。

师:请一组同学通过你们搭建的模型来阐述一下自己的理解。

生:如果甲烷分子是平面正方形,两个氯原子可以处于邻位或者对位,那么二氯甲烷就有两种结构。而如果甲烷分子是正四面体形,怎么替换都只有一种结构。

设计意图:有机物学习与无机物的显著不同就是分子结构的重要性。通过二氯甲烷分子结构模型的搭建,可以进一步加深学生对甲烷分子正四面体结构的认识。

6. 再播视频,拓展认识

视频:能源与军事。

投影:甲烷的广泛应用:汽车行业,化工行业,电力行业,陶瓷行业。

师:甲烷的应用十分广泛,在军事、汽车等行业的运用主要是通过多种不同形式利用甲烷发生氧化反应时所放出的能量;工业上还经常通过直接转化法或间接转化法,将甲烷用于制取甲醇、甲醛以及氨气、二甲醚等化工产品。

师:大家听说过页岩气吗?

投影:页岩气图片。

师:目前科学家从页岩层中开采出来了一种重要的非常规天然气资源,人们称其为页岩气。打个比方,岩石就像是人的肌肉,而页岩气就是渗透在肌肉中的血液，开发常规的天然气是在静脉中采血，而开发页岩气就如同直接从毛细血管中采血。美国是最早开发利用页岩气的国家。在2000年，页岩气产量不足美国天然气供应的1%，而今天已经占到30%。日前从在上海举行的“2014 ECF亚洲页岩气峰会”传来消息，中国已经成为继美国、加拿大之后，第三个能够使用自主技术进行页岩气商用开采的国家。有专家预测，它将极大地改变世界能源格局。我想人类孜孜不倦地对甲烷的存在进行探索，这恰恰说明——探索来自需求。

设计意图：丰富学生对甲烷用途和自然界存在的了解，打开资源利用和能源发现的新视角。

7. 归纳总结，结束新课

师：今天我们对甲烷又有了新的认识，谁能总结一下？

生：我们学习了甲烷分子的正四面体结构、甲烷和氯气的取代反应以及甲烷的广泛用途，了解了页岩气等甲烷的存在情况。

师：今天我们对甲烷又有了新的认识，我们用4个关键词来对应：结构、性质、存在、用途。

投影：甲烷分子呈正四面体结构，碳原子对应甲烷，4个氢原子分别对应结构、性质、存在和用途（图略）。

师：本课从甲烷立体结构的分析，到甲烷化学性质的探究，借助模型的搭建，学习了甲烷的空间结构和化学性质，还学习了一种重要的有机反应类型——取代反应。这其实就是我们学习有机物的一般思路和方法。

投影：有机化学杂志《Tetrahedron》的封面。

师：这是国际上一本权威的有机化学杂志，有没有同学知道这本杂志的名称？

生：四面体。

师：四面体是有机化合物的一种基本结构，正是它的发现揭开了其他复杂有机物结构的神奇面纱！我想以这几句话来结束今天的课：探索来自需求，神奇出自平凡，创新源于思考。今天我们打开了有机化学学习的大门，让我们慢慢体会有机化学的无穷魅力！

六、教学反思

1. 利用已有知识

关于甲烷，九年级化学课程标准中有了解使用天然气（或沼气）等燃料对环境的影响、知道天然气等化石燃料是人类社会重要的自然资源等教学要求。也就是说，学生已经了解了甲烷的主要物理性质以及甲烷的可燃性。奥苏伯尔有一个著名的命题："如果我不得不将所有的教育心理学原理还原为一句话的话，我将会说，影响学习的最重要因素是学生已经知道了什么。根据学生的原有知识状况进行教学。"①所以，本课教学过程中注意从学生的已有知识出发，对甲烷的物理性质在回忆的基础进行了直接利用，关于甲烷的可燃性没有再通过有关实验探究其燃烧产物，而是直接书写燃烧的反应方程式，在分析甲烷发生了氧化反应的基础上，着重介绍了有机物反应类型的判断角度，说明甲烷的燃烧虽然是氧化还原反应，但在有机化学中通常是以有机物发生的反应为叙说主体，把该反应称为"甲烷的氧化反应"或简称为"氧化反应"。这样既避免了对学生已有知识的重复讲解，也为突出重点和突破难点留下宝贵的时间。

2. 注重结构主线

通过结构理解性质是化学学习的重要策略，这在学习有机化合物的过程中显得尤为突出。甲烷的正四面体是有机物结构中的一种典型代表，为了帮助学生认识甲烷的正四面体结构，教科书安排了制作正四面体和甲烷球棍模型的"实践活动"。为了使学生认识到结构对性质的意义以及正四面体是甲烷分子的必然结构，本课教学中贯穿了一条结构主线，主要包括以下几个教学活动。(1) 介绍了道尔顿、凯库勒、布特列洛夫、范特霍夫等科学家对甲烷或有机物结构的探索历程；(2) 组织学生根据科学家的猜想搭建甲烷分子的可能结构；(3) 用气球模拟 4 对共用电子对的自然取向；(4) 结合二氯甲烷只有一种结构的事实进一步体会甲烷的正四面体结构；(5) 借用甲烷的正四面体结构总结甲烷的结构、性质、存在和用途；(6) 以《Tetrahedron》(《四面体》)杂志的封面说明四面体是有机化合物的一种基本结构。这样不仅可以帮助学生建立起甲烷的立体结构，而且可以强化学生在有机化学学习过程中的结构意识。

3. 突出实验探究

实验是化学学习活动中实施科学探究的重要途径。关于甲烷的化学性质，本课主要涉及了甲烷与氧气、酸性高锰酸钾溶液、氯气等三种氧化剂的作用，其中甲烷的可燃性是学生的已有知识，因此本课只剩两个化学实验。其中，甲烷与酸性高锰酸钾溶液的作用，教科书没有安排实验，但是由于操作简单，于是就增设了相应

① 张春兴. 教育心理学[M]. 杭州：浙江教育出版社，1998：219.

的学生实验。关于甲烷的取代反应，教科书的对比实验，是用“减法原理”将一支试管用黑纸包好，以避免光照，但是实验中发现不包黑纸的试管中反应也比较慢，于是又用“加法原理”改进实验，用光源照射不包黑纸的试管。这样，不仅“加”光和“减”光形成了鲜明的对比，而且加快了反应的速率，在较短时间内观察到了明显的现象，为分析甲烷的取代反应提供了足够的感性材料，保证了教学活动的顺利进行。同时，这对于强化学生的实验观，提升他们的实验素养也具有积极的意义。

4. 紧密联系实际

甲烷作为一种清洁能源，自从“西气东输”工程实施以来，几乎惠及了每一个家庭。所以，教科书以甲烷在自然界中的存在、我国使用天然气的历史以及“西气东输”的现状、天然气作为能源的特点等导入新课，完全是必要的也是可行的。为了充分展示甲烷的能源意义，本课又搜集并介绍了中俄两国天然气“供气框架协议”的签订、页岩气的开采等有关甲烷作为能源的最新动态。但是仅强调甲烷是一种重要的能源，学生对甲烷社会价值的认识就只能停留在初中水平。为此，本课在比较甲烷与氧气、氯气两种氧化剂反应情况后指出，甲烷燃烧放热决定了甲烷是一种重要的能源，而甲烷以及后面要学习的其他烷烃与氯气反应所生成一系列氯代烃是有机合成的重要中间体，对于有机合成具有重要的意义。这样不仅能使学生理解学习甲烷取代反应的意义，而且能提升学生的学科价值观，激发起学生进一步学习有机化学的兴趣和热情。

（陈风雷　供稿）

示例 2

电解质溶液中粒子浓度的大小比较

一、课题来源

人民教育出版社《化学（选修 4）》第 3 章“水溶液中的离子平衡”第三节“盐类的水解”。

二、政策要求

《普通高中化学课程标准（实验）》指出，“认识盐类水解……在生产生活中的应用”①,《2013 年江苏省普通高中学业水平测试(选修科目)说明》要求“理解电解质的概念,了解溶液 pH 的定义,了解盐类水解的原理,能说明影响盐类水解的主要因素”②。

教科书“盐类的水解”一节中并未单独以标题的形式给出电解质溶液中粒子浓度的大小比较,但整节内容中以 $c(H^+)$和 $c(OH^-)$的相对大小为例,渗透了粒子浓度的大小比较的知识点。教科书结合影响盐类水解的主要因素,以促进或抑制 $FeCl_3$ 水解的探究实验为例,体会电解质溶液中粒子浓度的大小变化。研究 2010—2014 年近 5 年来的江苏化学高考第 14 题可以发现,除了 2013 年考查了难溶电解质溶解平衡中粒子大小比较,其余均考查了电解质溶液中粒子浓度的大小比较。综合课程标准和江苏高考的要求,对“电解质溶液中粒子浓度的大小比较”的专题复习就显得很有必要。

三、学情基础

学生在之前新授课“盐类水解”的学习基础上,已经认识了盐溶液的酸碱性,初步掌握盐类水解的规律和主要影响因素,在第一节和第二节学习后,对电解质的电离和溶液的 pH 有了一定的理解。虽然在学习中接触到了有关粒子浓度的大小比较,例如 $c(H^+)$和 $c(OH^-)$、$c(NH_4{}^+)$和 $c(Cl^-)$等,但是学生对系统地比较粒子浓度大小和守恒规律的掌握并没有到位,不能准确地判断粒子浓度的大小关系,没有形成清晰的问题解决的思路和方法。如何让学生充分理解曲线变化过程中粒子浓度的大小关系,将不等关系与守恒关系融会贯通,是本节复习课中需要突破的关键。

四、教学目标

(1) 回忆复习代表性的盐溶液的酸碱性,进一步理解粒子浓度的相对大小对溶液的影响。

(2) 通过弱酸溶液中滴加强碱的过程,在曲线变化中对不同情况进行分类、探讨,寻找电解质溶液中粒子浓度的不等关系和守恒关系,提高问题解决能力。

(3) 结合电解质溶液中粒子浓度的比较,体会化学与数学间的跨学科性联系,激发学生化学学习的兴趣。

---

① 中华人民共和国教育部. 普通高中化学课程标准(实验)[S]. 北京:人民教育出版社,2003:25.

② 江苏省教育考试院. 2013 年江苏省普通高中学业水平测试(选修科目)说明(物理・化学・生物)[S]. 南京:江苏教育出版社,2012:35.

五、教学设计

1. 知识回顾，分组交流

通过新授课的学习，学生已经知道盐类的水解，教师呈现 CH_3COONa、Na_2SO_3、$NaHSO_3$ 三种盐溶液，请每组同学选择其中一种，说一说该溶液中存在的粒子浓度的相等或不等关系，并在黑板上展示。

通过学生之间的互动与交流，教师对学生得出的结论充分肯定，同时鼓励学生指出存在的问题，由传统的教师找问题变成学生自己找问题，培养了学生的学习能力，提高了课堂的高效性。

设计意图：鉴于复习课的特点，学生已知的或者自己有能力解决的问题，教师不应赘述，而要让学生在交流讨论中充分获得思维的训练和能力的提升。CH_3COONa、Na_2SO_3、$NaHSO_3$ 三种盐溶液是学生比较熟悉的，学生能得到部分的定性或定量关系，但并不要求学生面面俱到，重点在于让学生大胆提出自己的观点，缺少的部分恰好是教师在复习过程中需要帮助学生超越的最近发展区。

2. 曲线变化，分类讨论

提出问题：25℃时，向 20 mL 0.1 mol/L 的 CH_3COOH 溶液中逐滴加入0.1 mol/L的 NaOH 溶液，试选择感兴趣的坐标点（图 1），讨论溶液中存在的粒子浓度的关系。

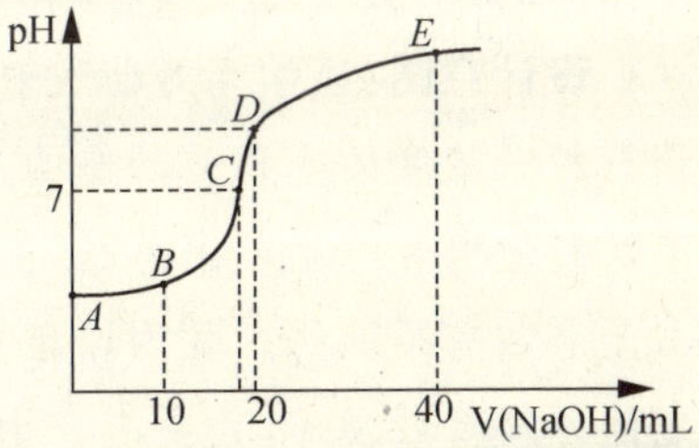

图 1

结合环节 1 中提到的 CH_3COONa 溶液，列举 CH_3COONa 的常见生成途径之一。与传统的课堂问题不同，这个问题的开放性很广，没有所谓标准答案，大大拓展了学生的思维。学生首先要对不同的情况进行分类，然后选取某一范围或坐标点，再分析溶液中存在的粒子情况，对粒子的关系进行探讨。

著名的心理学家罗杰斯曾指出：学生只有在融洽和谐的师生关系中，才能对学习产生安全感，才能真实地表现自己、充分地展现自己的个性、创造性的发挥自己的潜能。有的学生根据溶质成分将其分为单一溶质和混合溶质，也有的学生根据溶液的酸碱性将其分成了酸性溶液、中性溶液和碱性溶液，还有的学生将曲线变化的过程看做一个整体。总之不同的分类标准使得学生有了不同的认识。例如对 D 点的讨论，有学生认为就是 CH_3COONa 溶液，而有的学生认为不需要考虑溶质的成分，可以借助溶液的酸碱性和电荷守恒关系就可以得到粒子浓度的大小排序。

在讨论的过程中，学生逐渐领会到电解质溶液中粒子浓度的大小比较是有基本的思路和方法的，要正确地认识电离和水解的辩证关系。

设计意图：一般情况下，教师往往事先把不同的讨论情况分好，然后逐个让学生讨论得出结论，有时甚至强迫学生按照教师的预设思考。然而，教师包办太多往往使学生失去了体会知识“本味”的乐趣，我们应该充分相信学生，创造更多的机会鼓励学生思考，高效的课堂是要使得学生的科学素养得到全面的提高。提出曲线变化过程中的讨论问题，促进了学生分类归纳的能力，把静态的粒子浓度比较变成了动态的离子浓度关系，让学生从不同的角度感受电解质溶液中粒子浓度的变化。

3. 归纳总结，提炼方法

通过环节 2 的问题讨论，鼓励学生趁热打铁，总结归纳电解质溶液中粒子浓度大小的比较方法。学生在经过曲线变化问题的深入探讨后，拓宽了原有的思维，不再局限于溶质的成分、溶质的类别等，而是在变化过程中寻求定量关系从而找出定性关系，更有利于一些粒子复杂关系的判断，同时也要注意不论是水解还是电离都是微弱的，不能改变主要影响因素。

设计意图：让学生对曲线变化过程中的粒子浓度关系进行判断，旨在使学生认识到粒子浓度的变化是动态的，而不是静止不变的。学生理解了这个问题后，教师应及时地引导学生归纳总结，由学生提炼这类问题的一般性解决方法，对后续的学习是非常有帮助的。爱因斯坦曾说过：“学生神圣的好奇心好比一棵脆弱的幼苗，它除了需要鼓励外，还要有自由，要是没有自由，它不可避免地要夭折。”归纳的过程中应把主动权交给学生，切忌教师包揽过多，尤其是教师一言堂而学生鸦雀无声的情况。

4. 交流再探，完善认识

在经历回顾→探究→归纳的过程后，让学生运用所学的方法解决相关的问题，使学生进一步加深对粒子浓度大小比较的理解。

试一试

25 ℃时，有 $c(CH_3COOH)+c(CH_3COO^-)=0.1$ mol/L 的一组 CH_3COOH、CH_3COONa 混合溶液，溶液中 $c(CH_3COOH)$、$c(CH_3COO^-)$ 与 pH 的关系如图 2 所示。下列有关溶液中离子浓度定量关系的叙述正确的是________（填序号）。

① W 点所表示的溶液中：$c(Na^+)+c(H^+)=c(CH_3COOH)+c(OH^-)$

② pH＝3.75 的溶液中：$c(Na^+)+c(H^+)-c(OH^-)+c(CH_3COOH)=$

0. 1 mol · L^{-1}

③ 向 W 点所表示的 1. 0 L 溶液中通入 0. 05 mol HCl 气体（溶液体积变化可忽略）：$c(H^+)=c(CH_3COOH)+c(OH^-)$

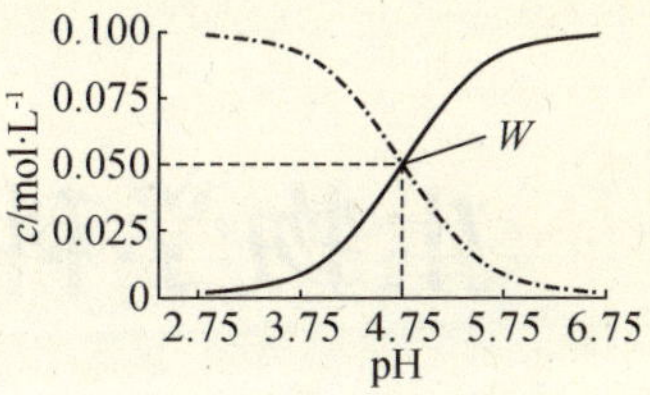

图 2

这也是曲线变化中粒子浓度大小比较的问题，可以较好地考查学生本课的知识掌握和运用情况。利用电荷守恒，学生很容易得到 $c(Na^+)+c(H^+)=c(CH_3COO^-)+c(OH^-)$，再根据图中所给的信息 W 点 $c(CH_3COO^-)=c(CH_3COOH)$，可以比较轻松判断①是正确的。借助数学上的公式变形、等元替换的思想，$c(Na^+)+c(H^+)-c(OH^-)=c(CH_3COO^-)$，根据题中信息 $c(CH_3COOH)+c(CH_3COO^-)=0.1$ mol/L，可以判断②也是正确的。但在②的选择过程中，学生往往定势思维，不能利用数学工具进行适当地变化，也是让学生体会化学与数学间的跨学科性特点。问题③是外加 HCl 气体的情况，学生利用守恒关系和数学技巧，判断③是错误的。通过本题的反馈，教师可以让学生在环节 3 总结归纳的基础上，继续完善对电解质溶液中离子浓度大小比较的认识与理解。

设计意图：围绕“曲线变化”，有意设计了一道类似的曲线变化过程中粒子浓度的关系判断题（改编 2012 年江苏高考 15 题），学生运用总结归纳的基本思路和方法，轻松地完成①的判断，随着难度的层层推进，让学生发现学科之间是关联的而不是孤立的，它们是一个有机的知识体系，激发学生学习的兴趣。

六、教学反思

“学起于思，思源于疑”，没有疑问的学生不会具有创造性，高效课堂不是学生依据教师规定的轨道按部就班地走，而应是“风乍起，吹皱一池春水”的智慧课堂，充满着师生、生生互动的灵动课堂。教师应在复习中搭建阶梯、问题引领、鼓励探讨、适时解惑，把更多的主动权交给学生，成为学生学习的指导者和促进者。本节课教学设计突出了粒子浓度大小关系在曲线变化过程中的改变，通过 CH_3COOH 溶液中滴加 NaOH 溶液的典型问题的分析，把看似静止的浓度大小比较变成动态的生成过程，让学生分类、探究、质疑、讨论、归纳、再认识，对电解质溶液中粒子浓度的大小比较形成较好的思路和方法，实现了课堂效率的高效性。

（瞿洋　供稿）

生物学科“难忘课堂”构建方案

高中生物课程是普通高中科学学习领域中的一个科目。高中生物课程将在义务教育基础上，进一步提高学生的生物科学素养，尤其是发展学生的科学探究能力，帮助学生理解生物科学、技术和社会的相互关系，增强学生对自然和社会的责任感，促进学生形成正确的世界观和价值观。课程的基本理念是：提高生物科学素养、面向全体学生、倡导探究性学习和注重与现实生活的联系。

“难忘教育”是基于学生全面发展、内驱力张扬和实践内化的全部教育过程，“难忘课堂”的构建既是对“难忘教育”的继承，又是一种超越。通中的“难忘课堂”具有优质长效、自主学习、生命成长和智慧迸发的特征，这些课堂特征与高中生物课程的性质和理念是高度统一的，同时也是相互促进的。

一、生物学科“难忘课堂”的关键要素

1. 生命性

生命性通常具有三层内涵：首先，我们的教育对象是有着丰富多样的生命内涵的青少年学生，从教育的角度来看，人生命的存在是教育的基础，是教育活动的基础，同时也是教育工作的最终归宿。通过课堂活动，学生学习知识，掌握技能，树立理想，塑造信仰等，最终都是为了使自己的生活、生命有价值，更有意义。其次，中学生物教学内容主体就是研究生物体生命活动规律的，生命性是中学生物学科区别于其他学科最根本的特点，它是由生物科学研究对象的独特性决定的。最后，课堂教学也应该是充满生命活力的，其体现在教师眼中有学生，学生积极参与教学过程以及主体性的发挥等。

2. 全面性

生物新课程的核心任务是使每一个学生的身心都得到全面和谐的发展。“难忘课堂”确立“以生为本”的教育思想，围绕学生实际和成长需要展开相应的教学活动。课堂教学既有合理的目标，又贴近学生的情感、贴近学生的知识和能力基础、贴近学生的思维状态。例如，适当降低教学起点，课堂上尽量使绝大多学生都能轻

松地学习，让全体学生参与到学习中来。还可以通过分层教学、引导学生积极参与生物知识的形成过程、倡导学生合作学习、善于组织学生进行课堂小结等过程，让每一个学生都参与到学习中来，并有所进步。

3. 有效性

所谓“有效”，是指教学活动有成效，课堂教学能促进学生发展，能达成教学目标，保证较高的教学效率和教学效益，它包括两个基本要素：一是有效率，二是有效益。教学效率从过程上看，主要是指时间，我们要重视时间的充分利用。教学效率从结果上看，主要指学习效果，我们要追求教学的综合效果。美国著名教育心理学家布鲁姆指出：学习结果包括“成绩的水平、学习的速度和情感的结果”。因此，综合效果应包括三个方面，即学生成绩的提高、学生的全面发展和师生共同发展。对教学效益来说，视角不同，有可能结果不同。应试的课堂，效益肯定是好的，但从学生的长期发展来说，效益就不一定是好的。经过一段时间的教学后，学生有无进步或发展是教学有没有效益的主要指标。因此，有效课堂是指教师在以学生发展为本的教育思想指引下，通过选择有效的教学策略，达成预期的教学目标，追求较高的教学效率和效益的课堂教学活动。

4. 活动性

在传统的课堂教学中，学生往往处于依赖教师讲授的被动接受状态，没有积极的思维活动，缺少应有的体验和实践。现代教学论强调学生获得结论性知识的同时，要亲身经历和体验知识获取的过程。难忘的生物课堂是通过设计具有针对性、趣味性、实践性的课堂活动，例如探究活动、情境模拟、课堂辩论等，倡导学生自主学习，让学生在课堂“场域”中，教师的指导下或与同学的合作中，自主学习，自主探究，经历知识的发生和发展过程。

5. 生成性

“难忘课堂”既是预设的，又是动态生成的，是充分预设与动态生成的辩证统一。预设是生成的前提和基础，生成是预设的超越和发展。课堂教学如果只讲“动态生成”，而抛弃了应有的“预设”，或者远离教学目标地想干什么就干什么，学生想到哪儿教师就跟到哪儿，那么这种教学实际上就是在开无轨电车，是无效的动态生成。同样，只讲预设，没有动态生成，不能根据教学实际作出灵活的调整和变化，就很难满足学生的学习需求和促进学生的发展。因此，“难忘课堂”是在精心预设的基础上，为各种可能的生成做好充分的准备；在富有灵性的课堂教学中，教师则成为课堂智慧生成的“助产士”、引领者和创造者，但课堂的有效生成却是围绕文本的重点、难点而进行的。

二、生物学科“难忘课堂”的操作路径

1. 问题情境

“学起于思，思起于疑”。在生物课堂中，一切学习活动几乎皆由问题驱动，所以设计精彩的问题情境是实施“难忘课堂”的前提条件。问题情境的设计要结合学生的认知实际和生活实际，紧扣教材内容，尤其要激发学生的思维，答案不能只在“对”与“不对”、“是”与“不是”、“好”与“不好”之间选择，而是需要学生以新的方式，运用已学的信息，经历一定的体验过程才能得以解决的，使解决问题成为一个动态的过程。在学生分析、内化问题的过程中教师要适时启发和引导学生，捕捉教学契机，利用好生成因素，让其转化为教学资源，为学生进一步参与学习活动奠定基础。

2. 合作学习

合作学习是“难忘课堂”的典型场景，它是基于学生个人独立思考基础上的课堂协作活动，其形式也是多样的。例如在教师指导下的学生自主探究，让学生主动参与教学过程，积极从事各种探究活动，亲自发现有关概念和原理，教师再提供相互表达和交流的时机，不同的发现，常常就是一种借鉴与学习。再比如在问题引领下的小组探究学习，小组成员在解决问题时往往会遇到新的问题或缺乏某些知识，致使探究活动无法进行下去，这时就需要学生主动查阅课本、书籍和老师提供的背景资料，主动与其他组员对话、沟通和合作，从而碰撞出智慧的火花，产生交互影响，以动态生成的方式推动探究活动，最后对问题达成共识。这些过程，学生收获了很多，不仅仅是知识，尤其是解决问题能力的培养，无疑对学生来说是难忘的。

3. 踊跃展示

课堂展示是“难忘课堂”中最具有活力的环节。课堂展示是选择由个体代表小组展示，还是选择小组合作展示；是教师展示自己的研究成果还是组织全班学生集体展示学习成果，均可视不同学习内容、学生的不同学习状态而变化。展示方式可有黑板板书展示、实物投影展示、举牌展示、借助模型展示等。不管选择何种展示方式，教师在组织展示之前，必须设定组织展示的程序和要求。通过课堂展示，学生对核心问题的解决情况都能充分呈现出来，尤其能呈现学生的思维过程、处理方法和合作态度等，教师需充分利用这些资源，使展示的效益最大化。

4. 多元评价

评价作为课堂教学的重要组成部分，除了要达到矫正补救的目的外，还要让学生获得更大的学习动力，更好地促进学生全面发展。“难忘课堂”强调突破传统单一的评价方式，即从多个角度和多元价值观对学生进行综合性评价，主要包括三个方面：① 组员自评：学生能根据自己的表现进行自我评价，明确自己学到了什么，还需要在哪些方面继续努力。② 同学互评：组员之间、小组之间彼此讨论优点与不足，互相吸取经验。③ 教师总评：教师对学生的学习过程、参与程度、合作情况、最终成果和认知能力等方面作出针对性评价，给予一些赞许，提高学生解决问题的成就感和自信心。通过各种形式的评价，学生个体会反思，小组内部体会反思，反思过程无疑又是一种自我提升的过程，对学生的成长是有意义的。

三、生物学科“难忘课堂”的实践反思

通过多次评优课、公开课的实践，“问题情境—合作学习—踊跃展示—多元评价”这种生物学科的“难忘课堂”实践模式是可行的，效果也是显著的，对学生来说也是难忘的。但在多次磨课、评课活动中，我们认为，还有值得思考与改进的地方。

研究表明，当学习发生在有意义的情境中时，才是有效的，情境可以通过帮助学生形成对情境意图的察觉，指引学生的活动。真实的情境既能向学生暗示情境资源，同时又有利于问题的解决。所以情境创设无疑是一堂课成功的关键。理想的“问题提出”当然是学生在教师设置的情境中自己发现和提出的，但实践中发现，有时限于学科内容或学生学情，这种境界很难达到，更多的时候还是需要教师直接提出探究的问题。问题的设计显然是一种艺术，到底是“问题链”形式还是“主问题”形式，是值得反复推敲的。

合作学习过程中，小组成员的确定、小组成员的任务分工是活动开展的前提，这些问题的解决需要考虑多个方面，才能达到最优的组合，发挥最大的小组合力。在学生的合作学习中，教师的角色应该是“引导者”和“促进者”，教师应主动与学生互动，把控活动节奏，调整思维走向，充分调动和保护学生的合作学习热情，同时也要关注合作学习的有效性，而不是停留在热热闹闹走过场的表面形式上。

从教师的角度来说，学生的展示环节需要更大胆、放开手脚的心理，不能束手束脚，而需要充分相信学生。事实证明，通中孩子的展示环节是信得过的，学生的语言和神态、展示方式的选择以及最后的小结都是精彩的。但有时还是需要适度的提醒和暂停，否则会出现乱糟糟的场面。

由于课堂教学时间的关系，评价环节有时是不够的、不充分的。评价时，更多的也只是从好的角度进行评价，是肤浅的。如果一个学生能主动指出其他成员或其他小组的问题所在，提出自己的想法，并敢于争辩的话，那么这种评价才是有积极意义的。因此，"质疑、面质、辩论"就成为生物学科"难忘课堂"未来评价环节所关注的核心。

四、结语

经过一段时间的教学实践，生物学科建构的"难忘课堂"是让学生难忘的，对教师来说也是难忘的。但作为一种"文化课堂"，对教师的要求是很高的，教师也应该有更高的追求。一是要真正领悟构建的操作要义，获得理念与方法的"内化"，对构建过程做到得心应手，做到课堂"无痕"。二是要在"无意"的教学行为中，既紧扣课堂建构要求，又能使学生在课堂的潜移默化中自我体验、有感而发、水到渠成。三是要使课堂透射出"知情融合"的认知魅力，赋予课堂宽广的认知背景和丰富营养，顺乎自然且向其所然，回避功利且积极进取，在情绪昂扬和日积月累中获得成长和成功的喜悦。

（蔡利永　执笔）

示例 1

降低化学反应活化能的酶（第 1 课时）

一、课题来源

人民教育出版社《生物 1（必修）——分子与细胞》第 5 章"细胞的能量供应和利用"第 1 节"降低化学反应活化能的酶"。

二、政策要求

关于"降低化学反应活化能的酶"，《普通高中生物课程标准》（实验）的要求是"说明酶在代谢中的作用"，活动建议为"探究影响酶活性的因素"，意在通过学生实验，让学生能够准确理解酶在代谢中的作用及影响酶活性的因素。《江苏省普通高中生物课程标准教学要求》将其细化为"说出酶的本质和作用，尝试比较过氧化氢在不同条件下的分解效果，举例说明酶的特性，概述酶促反应的基本原理，探究影响酶活性的条件，掌握控制实验变量的科学方法"。

教科书以"斯帕兰扎尼研究鹰的消化作用"进入学习情境，然后再通过实验"比较过氧化氢在不同条件下的分解”与“影响酶活性的条件”，帮助学生正确理解酶在代谢中的作用及特点，最后通过“科学 · 技术 · 社会”中的“酶为生活添姿彩”结合实际介绍了酶在生活中的应用，使学生对酶在代谢中的作用有了一个更深的理解。尤为重要的是，教材结合相关实验，要求学生体会什么是自变量、因变量和无关变量以及什么是对照实验，从而有助于培养学生的科学探究能力。

综上可知，课程标准和教科书等政策要求，主要是让学生从生活实际出发，通过体验科学的探究过程，引导学生归纳总结酶在代谢中的作用及特点。因此，科学地设计实验、进行实验及实验结果的处理等科学探究过程成为本部分教学的重点之一。

三、学情基础

学生通过初中生物学科的学习，已对消化酶等酶在代谢中的作用有了初步了解，通过探究“馒头在口腔中的变化”等实验，对一般实验的方法也有一定的了解，这为本节课的学习奠定了一定的基础。希望通过全面系统的实验，一方面使学生对酶在代谢中的作用有更深的理解，另一方面使学生逐步熟悉“观察现象—提出问题—作出假设—实验探究(包含设计实验并进行实验)—结果处理”科学的研究流程，进而提高学生分析问题、解决问题的能力。

四、教学目标

通过实验和探究，学会控制自变量，观察和检测因变量的变化，能够分析对照组和重复实验的结论，对科学探究的过程有全面系统的认识，养成科学探究的兴趣。

通过对实验结果的分析处理，理解酶在代谢中的作用机理，明白酶具有非常高的催化效率。

五、教学过程

师：体育课是大家非常喜欢的课程，而在运动过程中难免有一些擦伤等小的意外伤害，当你擦伤后到医务室或医院，医生一般会做怎样的处理呢？

生：用碘酒、过氧化氢、紫药水等进行处理。

师：目前医院里用得比较多的方法是过氧化氢处理，过氧化氢为什么能够消毒呢？

生：因为过氧化氢具有非常强的氧化性，能够消灭大部分的微生物，从而达到消毒的作用。

师：(展示过氧化氢消毒的图片)，过氧化氢消毒时为什么有那么多的气泡？

生：因为过氧化氢分解产生了水和氧气，形成了气泡。

师：过氧化氢能够分解产生了水和氧气，那么影响过氧化氢分解的因素有哪些呢？下面请大家看一下医用过氧化氢的使用说明(图片)。大家有没有关注到其在贮存时不能超过 20 ℃，这说明什么？

生：说明过高温度下，过氧化氢的分解会加快，而使过氧化氢失效。

师：是真的吗？那当然需要实验来证明，下面请大家完成"课堂活动一"的相关内容，并准备进行交流。

附：**【课堂活动一】** 阅读教材"控制变量"部分，完成相关问题：

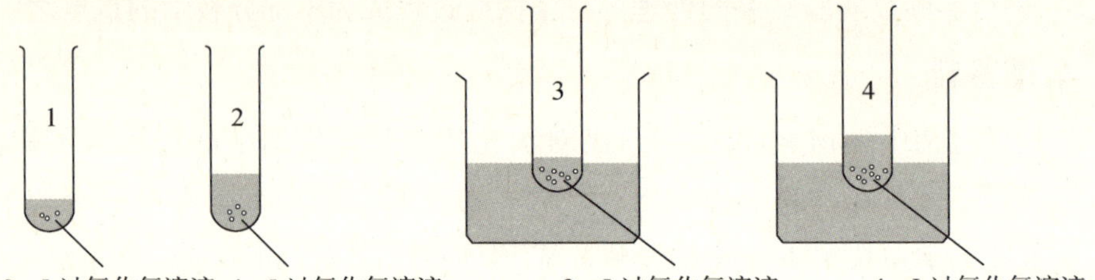

分析思考：

1. 从上述 1、2、3、4 四个实验装置中选择合适的装置组合，证明"加热会加速过氧化氢的分解"这个结论，说明理由，并利用所提供材料完成相关实验，记录实验结果。

2. 本实验中：

① 自变量是_________________________，如何设置的？

② 因变量是_________________________，如何观察和记录的？

③ 无关变量有_________________________，如何控制的？

根据实验现象，得出的结论是：_________________________。

（在分组完成上述问题的基础上，分析归纳出什么是自变量、因变量和无关变量以及什么是对照实验，并说明实验过程中应注意事项，在此基础上完成实验并得出正确的结论。）

师：通过以上实验我们可以发现过氧化氢的分解确实受到温度的影响，而且一定范围内，温度越高，其分解速率越快。同时我们也知道过氧化氢是可以消毒的，其实人体内由于物质氧化分解过程中，也会产生大量的过氧化氢，那么人体内过氧化氢是不是越多越好呢？（展示图片：过氧化氢对人体健康的危害）

生：通过阅读资料，我认为人体内产生的过氧化氢必须及时分解掉，否则会对人体健康产生影响。

师：不错，那么影响过氧化氢的分解除了受到温度的影响，还会受到哪些因素的影响呢？下面请大家认真完成“课堂活动二”，并准备分组汇报。

附：**【课堂活动二】** 在所提供的背景资料、实验器材的基础上，设计相应实验，探究过氧化氢在不同条件下分解速率的差异。

背景资料：

过氧化氢溶液除受热易分解外，遇到高锰酸钾、二氧化锰、碘化钾、金属粉末等无机物（这些无机物一般作为催化剂）以及有机物（主要是相应的过氧化氢酶）时也容易分解。

肝脏（细胞中含有过氧化氢酶）是生物体细胞代谢的重要器官，也是生物体主要的解毒器官。

实验器材：

新配制的体积分数为3%的过氧化氢溶液

新鲜的猪肝脏研磨液、猪肉组织研磨液

质量分数为3.5%的$FeCl_3$溶液、0.1 mol/L的KI溶液

量筒、试管、滴管、试管架等

［请完成下列探究过程］

【提出问题】 ____________________________________。

【作出假设】 ____________________________________。

【设计实验】 ____________________________________

提示：设计实验时，要明确实验目的、分析各种变量，根据实验材料形成相应的方案，并预期实验结果。

【实施实验】

①小组合作，共同完成修正完善后的实验方案。

② 记录实验结果。

试管号					
气泡产生量					

③ 分析结果，得出结论。

【表达交流】

(1) 说明完成该实验设计的注意事项。

(2) 说明实验的结果，并根据实验结果进行分析，得出结论。

（在分组完成上述问题的基础上，形成具体的实验方案，并进行小组之间的交流，最终形成系统的、科学的实验方案，并按实验方案进行实验。）

师：根据以上实验，可以得出哪些结论呢？

生：通过以上实验发现加热、氯化铁、肝脏研磨液都能使过氧化氢的分解加快。而且肝脏研磨液（过氧化氢酶）促进过氧化氢分解的速率最快。

师：不错，那么我们能不能分析一下加热、氯化铁、肝脏研磨液使过氧化氢的分解加快的原因呢？

生：加热能为过氧化氢的分解提供能量。

师：不错，我们把分子从常态转变为发生化学反应的活跃状态所需要的能量称为活化能。那么氯化铁、过氧化氢酶能不能为过氧化氢的分解提供能量呢？

生：不能。

师：那么为什么氯化铁、肝脏研磨液都能使过氧化氢的分解加快呢？

生：氯化铁、过氧化氢酶应该是降低了过氧化氢反应的活化能，而且过氧化氢酶降低活化能的作用更显著。

师：对，通过本节课的学习我们知道了，酶是一种生物催化剂，他能降低化学反应的活化能，而且与无机催化剂相比，酶的催化效率更高。

六、教学反思

1. 在“问题情境”中难忘探究主题

课堂教学的主体是学生，只有学生能够自觉主动参与的课堂，才是有效的、难忘的课堂，创设合理的、联系实际的问题情境，能使学生置身于情境中，激发学生的好奇心和探求问题的兴趣，促使学生积极主动地进行科学探究，让科学探究成为学生的内在需求。建构主义认为，学习者要想完成对所学知识的意义构建，即达到对该知识所反映事物的性质、规律以及该事物与其他事物之间的联系的深刻理解，最好办法是让学习者到现实世界的真实环境中去感受、去体验（即通过获取直接经验来学习），而不是仅仅聆听别人关于这种经验的介绍和讲解。① 在教学中要尽量为学生创设问题情境，提出富于启发性的问题，捕捉学生的创造性思维的兴奋点，这是培养学生科学探究的前提。在本节课的教学中我首先提出“体育课是大家非常喜欢的课程，而在运动过程中难免有一些擦伤等意外伤害，当你擦伤后到医务室或

① 蔡利永. 情景设计促成“难忘课堂”——以“种群的特征”（第 1 课时）为例[J]. 中学生物学，2014(8).

医院，医生一般会做怎样的处理呢？”因为这是生活中常见的事情，所以同学们学习的兴趣一下子就被激发出来，提出了多种方法，如碘酒、过氧化氢、紫药水等方法。在此基础上，我提出目前医院里最常用方法是用过氧化氢处理，再提出“过氧化氢消毒的原理是什么？保存和使用时有哪些需要注意的地方？”（同时出示过氧化氢试剂瓶上的使用说明），通过对以上问题的分析思考，激发学生探究“哪些因素会影响到过氧化氢的分解？”的兴趣，进而让学生进行“科学探究”式的学习。如此通过环环相扣的问题情境，能让学生较长时间内保持学习的兴趣，从而使学生能够自觉、主动地进行学习，与传统讲授法相比，学生不再是被动的接受者，首先是对“降低化学反应活化能的酶”主题内容充满了期待，再借助问题探究的过程，学生始终是学习的主人，它的好处就在，当学生面临真实的生活世界时，他就会在脑海中浮现出与该主题内容相关的课堂场景，并运用相关的原理来形成对周遭世界的解释。因此，契合实际的问题情境既是学生的“直接经验”，也是学生对生物主题内容学习的“难忘通道”。

2. 在“合作学习”中难忘探究历程

科学探究的方法不是教出来的，应该学生在自己亲历科学探究过程中，由自己归纳总结出来的，“合作学习”是让学生亲历科学探究过程的重要载体。例如，在进行“课堂活动二”教学时，我首先让学生认真阅读背景资料，然后先独立完成有关学习任务，出现的结果可谓百花齐放、各显神通，但是到底有没有不足，自己却发现不了。此时，我提醒组长把小组内不同同学的方案拿出来让小组内同学讨论，最终形成该小组的一个最佳方案，供全班同学参考，这个过程中就已经有同学发现部分同学的表述不到位，尤其是关于无关变量和因变量的表述，好多同学未注意“等量”、“相同时间”等关键词的表达，这些都是小组内同学发现的。在小组内同学讨论的基础上，每个小组拿出了他们认为的最佳方案供全班同学分析，而此时有同学对第四组给出的方案提出疑问，第四组同学提出的问题是“酶能加快过氧化氢的分解吗？”，假设是“酶能加快过氧化氢的分解”，具体过程是“取三支试管，分别编号 1、2、3，向三支试管中加入等量的过氧化氢溶液，然后向 2、3 号试管中加入等量的氯化铁和肝脏研磨液，相同时间内比较试管内气泡的多少”，该同学根据提出的问题，认为在实验方案中 2 号试管没有意义，即要探究他们的问题，只要 1 号和 3 号试管就够了，当然我对他的说法表示了肯定，并说明要学会不同问题应该用不同的方法去解决。同时我又提出，该组同学的方案中有没有其他问题呢？心细的同学又发现，按照该方案，最终三支试管中溶液总量不同，应该在 1 号试管中加入等量的蒸馏水，如此这般，在大家讨论的基础上形成了最终方案。当然，合作学习的形式多种多样，但都应该是基于学生个人独立思考的基础上的课堂协调活动，在个人思考的基础上，小组成员之间、小组之间、老师和同学之间，相互交流，各抒己见，通过对话、沟通和合作，进而碰撞出智慧的火花，产生交互影响，达成共识，最后再通过学生自己的归纳总结，形成一套严谨的、科学的探究方法。这种相互之间的讨论、争辩过程，能够激发同学的积极思考，让每个同学都能参与其中，这个过程与只有老师讲方法和注意点相比，同学的收获要多很多，如思辨能力、语言表达能力的提高等。

（陈春建　供稿）

示例 2

DNA 重组技术的基本工具

一、课题来源

人民教育出版社《生物（选修 3）——现代生物科技专题》专题 1“基因工程”第 1 节“DNA 重组技术的基本工具”。

二、政策要求

《普通高级中学生物课程标准（实验）》（以下简称为《课标》）指出：“在当代科学技术领域中，生物科学和技术的发展尤为迅速，成果显著，影响广泛而深远。生物科学与人们的日常生活、医疗保健、环境保护、经济活动等方面密切相关。此外，教学中要注重使学生在现实生活的背景中学习生物学。要力图促进学生学习方式的变革，引导学生主动参与探究过程、勤于动手和动脑，逐步培养学生搜集和处理科学信息的能力、获取新知识的能力、批判性思维的能力、分析和解决问题的能力，以及交流与合作的能力等。”[①]

“难忘课堂”是贯穿智慧与情感的，是教与学灵动、共建的课堂，是积极主动、顿悟内生的课堂，是跌宕起伏、历久弥新的课堂，而课堂教学又是有序实践的过程。建构“难忘课堂”不能脱离课堂教学目标、内容和知识容量，也要借鉴、吸纳各种有效教学策略。[②] 经过一段时间的实践探索，我们学科逐渐形成了包括“问题情境、

① 中华人民共和国教育部. 普通高中生物课程标准[S]. 北京：人民教育出版社，2003：1.

② 姚天勇，陆军. “难忘课堂”的文化意蕴与操作要义[J]. 江苏教育研究，2014(6)：12 - 16.

合作学习、积极展示、多元评价”在内的“难忘课堂”操作要义。

立足课程标准要求，尝试设计“难忘课堂”的执教思路：用转基因抗虫棉的培育过程作为一条线索来引导学生学习 DNA 重组技术的基本工具。学生利用老师自制的材料，通过一次次的动手操作、一步步的合作探究、一回回的展示评价，完成对本节课内容的学习，让学生留下难忘的印象。

三、学情基础

本课的学习者是生活在城市里的高二学生，他们见多识广、思维活跃。对转基因生物只是从电影、新闻中听到过这样的词语，而对转基因生物及食品的安全性，学生并没有全面而正确的认识。面对转基因食品时，学生不知道该如何选择，这种情况之下就使得学生对 DNA 重组技术有一定的兴趣和迫切的学习需求。学生在高一的生物学习中，已经学习了关于 DNA 的结构、复制、转录和翻译的知识，这为本节内容的学习打下了一定的基础。由于本节内容是讲述微观上的物质分子，学生对此并没有太多的直观感受，这就需要教师想办法解决这个问题。

四、教学目标

通过对转基因棉花的培育过程，初步了解基因工程的操作程序，并能知道 DNA 重组技术所需要三种基本工具的名称。

通过自学完成学案、利用模型动手操作，能简述出 DNA 重组技术所需三种基本工具的作用。

通过对 DNA 重组技术所需三种基本工具的学习，感悟基因工程的诞生和发展离不开理论研究和技术创新。

五、教学过程

1. 问题导入、创设情境、启迪思维

师：同学们，你们听说过或者吃过哪些转基因食品？

生：……

多媒体呈现：转基因食品油及其配料说明。

师：这是我昨天在家里找到的一样转基因食品，你们看它的配料说明，这瓶油就是用两种转基因生物的种子加工而成的：一种是转基因大豆，另一种是转基因油菜。

多媒体呈现：转基因抗虫棉。

师：其实早在 20 世纪，1993 年我国科学家就已经独立自主地研究培育出了转基因生物，就是这个转基因抗虫棉，我们国家拥有它的自主产权。它的培育就是运

用基因工程技术。

多媒体呈现：抗虫棉的培育过程图解。

师：……（讲解培育过程）

师：请同学们阅读学案上关于基因工程的概念，并完成思考1。

……学生进行阅读，完成思考1。

师生讨论，明确基因工程的操作对象、操作环境、原理、特点。

师：那么在基因工程的各个操作时需要用什么工具呢？

2. 合作学习、积极展示、多元评价

（1）限制性核酸内切酶——“分子手术刀”。

师：进行基因工程时，首先要把目的基因提取出来，如果我们有一把分子剪刀，在目的基因两端用一剪，不就把目的基因给取出来了！这把剪刀是什么呢？它有什么作用呢？请同学们相互讨论完成学案上有关“分子手术刀”的知识填空。

学生相互讨论、交流完成学案上有关“分子手术刀”的知识点……

学生汇报讨论结果，师生共同进行评价……

师：好，下面我们一起来看看图片演示的*Eco*RⅠ限制酶、*Sma*Ⅰ限制酶的作用。

利用多媒体，师生一起讨论*Eco*RⅠ限制酶、*Sma*Ⅰ限制酶的作用……

师：通过前面的学习，下面就要检验同学们的学习效果了。请同学们利用老师制作好的DNA分子模型，用你们手中的剪刀代替限制酶，把模型中的两个目的基因从它所在的DNA分子上剪下来。好，现在请同学们开始操作。

……

老师巡回查看学生操作是否有问题，并加以指导。及时地把剪切正确的、错误的情况向学生进行展示，并和学生讨论形成原因。

（2）基因导入受体细胞的载体——“分子运输车”。

师：目的基因提取出来后，就要想办法把它导入受体细胞中。目的基因自身是不能直接进入受体细胞的，就算进去了，也不能进行复制和表达，对受体细胞来说就没有任何用处。这就需要一个“帮手”，这个“帮手”是什么呢？请同学们相互讨论完成学案上有关“分子运输车”的知识填空。

学生相互讨论、交流完成学案上有关“分子运输车”的知识点……

学生汇报讨论结果，师生共同进行评价……

（3）DNA连接酶——“分子缝合针”。

师：有了分子运输车，下面我们就要把目的基因“装”上车。怎么把目的基因和载体连接在一起呢？请同学们相互讨论完成学案上有关“分子缝合针”的知识填空。

学生相互讨论、交流完成学案上有关“分子缝合针”的知识点……

学生汇报讨论结果，师生共同进行评价……

师：好，下面请同学们把刚才剪下来的目的基因1和2，分别连接到载体1和2中，用透明胶带模拟“分子缝合针”。

……

老师巡回查看学生操作是否有问题，并加以指导。及时地把剪切正确的、错误的情况向学生进行展示，并和学生讨论形成原因。

师：请同学们观察自己连接好的DNA分子，在其中有来自两种生物的DNA片段，这样的DNA称之为重组DNA。刚才在连接时，我们需要先做什么？

生：……

师：剪切载体和目的基因时我们使用的限制酶种类有什么关系？为什么？

生：……

师：好，通过今天的学习，我们对基因工程使用的基本工具有了个基本的了解。课后请同学们尝试完成学案后面的《自我检测》。

六、教学反思

1. 问题情境，打开求知大门

随着教学改革如火如荼地进行，越来越多的教师关注问题情境的设置。一个好的情境能激发学生的好奇心和兴趣。在好奇心和兴趣的带领下，学生就能主动参与到学习过程中。问题是思维的起点，更是思维的动力。设置问题情境，能对学习活动发挥引领作用。

在学生以往的印象中转基因生物是个离自己很遥远的事情，所以我从学生吃到过的转基因食品作为起点，拉近学生和基因工程这个高科技的距离。当课上我问到学生听过或者吃过转基因食品时，他们七嘴八舌，有的说转基因的油不能吃，有的说美国人、日本人都不吃转基因食品，还有的说崔永元调查过转基因技术等等。接着就以转基因抗虫棉的培育过程为学习背景，因为转基因抗虫棉是我国拥有自主产权的转基因生物之一，利用它来激发学生的自豪感，提高学生的学习兴趣，并希望学生将来有研究生物的“中国梦”。另外的一个重要原因就是转基因抗虫棉的培育过程中就使用了本节课所讲到的基本工具，希望用转基因抗虫棉的培育过程作为一条线索来引导学生不仅学习本节课的内容，还可以延续到下一节内容的学习过程中，起到联系前后的作用。在这样的情境之下，学生发现其实转基因技术、食品早就出现在我们身边，而不是自己想象中的那么遥远。当学生对一件事物的观念和认识发生了重大改变时，我想一定是难忘的。

2. 自主思考为基础，生生、师生互动合作学习

作为课程改革重要理论支撑的建构主义教学论认为，人的认识不是被动接受的，而是根据自己的经验主动建构的。学生通过前面的学习，已经掌握了DNA的分子结构，能够准确分辨DNA结构图解，也掌握了DNA复制的过程、基因表达的转录和翻译过程，这为学习本节课打下了知识基础。所以在面对新知识的学习中，我把大块的知识分解成小点编写在本节学案中，先在课前预习中由学生利用书本按照学案上的顺序进行自我学习，然后在课堂上再由学生和学生之间进行交流讨论进一步完善学习成果，最后教师和学生进行交流，对重点、难点部分教师借助多媒体工具再进行讲解，使学生形成正确的理解，为动手操作的环节打下基础。

郑金洲教授认为："课堂不是教师个人表演的舞台，而是师生之间交往、互动的舞台；课堂不是对学生进行训练的场所，而是引导学生发展的场所；课堂不只是传授知识的场所，而且更应该是探究知识的场所；课堂不是教师教学行为模式化运作的场所。"[①]本节课内容讲述的是微观水平的DNA分子的结构变化和重组，用肉眼是不可见的，学生无法形成感性认识，所以课前教师自制了DNA分子模型，并用剪刀、透明胶来模拟DNA重组技术基本工具进行DNA重组过程的操作。当学生进行动手操作时，某些学生不知道如何下手，有的主动地和旁边的同学进行讨论，有的就跟着会的同学一步一步操作。那些会操作的同学就像个师傅一样一边自己动手做还一边解说，甚至还手把手地进行着指导。做得快的同学完成后就迫不及待地把我喊过去询问对不对，当我跷起大拇指表扬时，他的脸上露出得意的神色；而当我指出问题时，旁边的同学哈哈大笑，他恍然大悟不住点头，马上就修改起来。学生之间互相热烈讨论，合作完成需要动手的操作，从而直观感受到工具作用之后所达到的结果，不仅提高了动手能力，也给学生留下了难忘的印象。

知情合一思想是由美国的罗杰斯提出的。他认为认知与情感是浑然一体、密

① 郑金洲. 重构课堂[J]. 华东师范大学学报(教育科学版)，2001(3)：53-63.

不可分，教学过程不仅是一个认知过程，而且总伴随着一定的情感活动。“难忘课堂”倡导知情融合，就是期望通过教学过程的充分展开，使学生在认知的同时能获得积极的情绪调动和愉悦的情感体验，在此基础上使学生逐步形成积极、主动的学习态度和正确的价值观。本节课在开始的引入中就以学生感兴趣的转基因食品入手，调动学习情绪。在后来的学生互动学习知识点和进行动手操作时，老师挑选出具有代表性的学生的学案和动手操作的成果，并由学生、老师一起来评论错与对、优点和缺点以及形成原因，并加以具体的表扬和点评，让学生体验成功的感觉，学生和老师都留下了难忘的印象。

（张霞　供稿）

政治学科“难忘课堂”构建方案

根据学校“难忘课堂”的操作要义——“问题引领，自主探究，合作学习，知情融合”，政治学科“难忘课堂”的构建，注重学生的感受、思考和体验，致力于激发学生的情感活动，使认知和情感在一定情境和思考中得以激活和升华，并使学生的认知落实到其心理结构中，同时使情感要求的规范落实到学生的行为践履中。

一、政治学科“难忘课堂”的基本特征与原则

高中思想政治课程既是人文与社会领域中的学科课程，又兼具德育课程的特有性质。因此，政治学科“难忘课堂”应该具备以下特征。

一是认知与情感的统一。传统课程过分强调认知性目标，把知识的价值看做是本位的、首位的，智力、能力、情感、态度等其他方面的价值都是附属的，这就从根本上失去了对人的生命存在及其发展的整体关怀。虽然现行政治学科课程要求重视高中学生在心理、智力、体能等方面的发展潜力，关注学生的情感、态度和行为表现，课堂教学实践中也做出了很大的努力，但传统课程的弊端仍未得到根本改观。

二是感性与理性的统一。现行课程的构建凸显“以生活为基础、以学科知识为支撑”[①]的课程理念，正是基于感性认识和理性认识的辩证统一。感觉是认识的起点，感性认识是理性认识的基础；但感觉到了的东西我们不能立刻理解它，只有理解了的东西才能更深刻地感觉它。在课堂教学中，必须引导学生合理地寻求学生对生活现实的体验和教材知识教学的结合点，让学生将感性认识上升到对课程的学习。

三是探究与接受的统一。探究性学习指学生通过类似于科学家科学探究活动的方式获取科学知识，并在这个过程中，学会科学的方法和技能、科学的思维方式，形成科学观点和科学精神。课程标准倡导研究性学习方式，鼓励学生独立思考、合作探究。同时，教学中所学习的知识具有抽象性、复杂性、公共性，个体即使通过探索也很难在自发的生活中全部而深刻地获得。因此，教师要引导学生在范例分析

① 中华人民共和国教育部. 普通高中思想政治课程标准(实验)[S]. 北京：人民教育出版社，2004：2.

中展示观点，在价值冲突中识别观点，在比较鉴别中确认观点，在探究活动中提炼观点。这里倡导的探究性学习，是针对传统课堂过于偏向接受式学习即教师讲授而言的，而非完全贬低接受性学习的价值。当然，接受性学习即教师讲授的方式方法也要与时俱进。

在课堂教学中，无论是目标的取向，还是内容的选择、方法的运用以及效果的评价，都要遵循以下原则。

一是关注学生的发展，避免过于强调功利性。联合国教科文组织21世纪教育委员会指出："教育应当促进每个人的全面发展，即身心、智力、敏感性、审美意识、个人责任感、精神价值等方面的发展。"然而，受现行评价制度的影响，长期以来政治学科教学仍然很大程度上存在着片面追求表面的学业成果、忽视学生的精神成长，忽视深层的态度、观念、思维方式、情绪情感发展的倾向。这对于学生健康和可持续的发展会产生极大的负面影响。

二是关注学生的需要，避免过于强调利他性。从人的本性上讲，"人们奋斗所争取的一切，都同他们的利益有关"①。这是人生存的基础，也是人奋斗的条件。传统的教育，往往是以培养"利他性"为主旨，要求青少年奉行"心中只有他人，而唯独没有自己"、"为了集体利益而牺牲个人的一切"，凡是要做到"大公无私"、"公而忘私"等等。实践证明，这种剥离个人需要和利益的道德要求，丧失了它应有的感染力和号召力，起不到教育的作用，相反还可能导致学生道德上的双重人格。

三是关注学生的差异，避免过于强调齐一化。人是有思想的，每个人的思想是不可能完全相同的，但每个人思想的形成、发展是不能摆脱他人而存在的。同时，社会本身的复杂性和社会角色的多样化，注定了人们具有不同类型和不同层次的价值观念。因此，政治学科的教育教学，不是把本来有差异的存在加以消解进而达到统一而又标准的目标，而是引导学生在互补中丰满各自的观念进而形成普遍认同的共同的价值观、信仰等。

二、构建政治学科"难忘课堂"的基本环节及其操作要领

"教育必得经由受教育者的感受、体验，才能进而产生悟解，最终使教育的内容内化为学生的素质，使教育的目的根植于学生的心中。"②构建政治学科"难忘课堂"，必须具备如下基本环节。

---

① 马克思，恩格斯. 马克思恩格斯全集[M]. 第1卷. 北京：人民出版社，1982：82.

② 缪建新. "难忘教育"的理论与实践[J]. 上海教育科研，2005(10)：75－77.

一是创设教学情境，激发学生兴趣。“一般情况下，如果学习的主题直接与学生经验和兴趣相关，他们就会更关注并更多地参与。”①当代教学论流派都强调教学要从学生经验出发。因此，我们必须在教学目标的引领下，选取和设置与教学内容的内在结构和学生生活最贴近的案例和问题，把概念和原理具化到真实的、当下的生活世界中去，导入并进而引导学生主动关注学习任务。

创设教学情境要领：第一，贴近学生的生活世界和兴奋点。否则，不仅不容易激发学生的主动性、积极性，而且学生在感知情境时会比较生涩，不利于在感觉和知觉的基础上迅速形成表象，并借以形成概念、作出判断和推理。第二，贴近学生的已有知识和出发点。以激活学生原有知识，促进新旧知识联系，生成新的认知结构。第三，贴近学生的学习目标和需求点。教学情境基于学生已有知识并指向新的学习任务时，学生由此形成的困惑与问题恰恰是教学的生长点。

二是借助问题引领，启发学生思维。思维活动是在表象、概念的基础上进行分析、综合、判断、推理等认识活动的过程。根据修订的布卢姆认知目标分类学，认知过程维度的思维按照复杂程度由低到高分为记忆、理解、运用、分析、评价、创新六个层次。思维由问题产生，不同层次的思维需要不同类型的问题的引领。由于学生的思考是在不同成熟水平上进行的，教师必须加以区别并根据教学目标选择不同等级的问题，从而引导学生深层思考学习内容。

教学问题设计要领：第一，要基于教学情境和目标，避免问题与情境“两张皮”和偏离教学目标“为问而问”的现象；第二，要照顾班级学情，让所有学生“有话可说”，引领学生进入“最近发展区”，达到预期的思维要求；第三，要巧妙设计，注意从现象到本质，根据不同的思维要求，合理确定问题的类型，做到循序渐进、逐层深入。

三是展开交流互动，调动学生激情。维果茨基认为，大部分学习都是通过人的内部思想和人与人之间的互动产生的。有效地开展以积极的情感体验和深层次的认识参与为核心的“师—生”、“生—生”的多维互动，能够使学生在充满教学民主的过程中，使教师真正从知识的传授者转向学生发展的促进者，提高主动学习和发展的能力，从而引导学生积极体验学习过程。

开展交流互动要领：第一，建立互动机制。根据学生的特点将学生分成具有同质性的小组；确定小组讨论的成功标准、讨论规则和结构化步骤；第二，促进学生参与。留足思考时间，让学生理清思路、组织语言，并充分交流讨论；完善倾听技巧，

---

① 肯尼斯·莫尔.课堂教学技巧[M].刘静，译.北京：人民教育出版社，2010：215.

教师要充分接收学生的信息，学生之间也要互相认真接收彼此的信息；鼓励学生质疑追问，指导学生学会表达；第三，进行评价矫正。对学生在交流互动中的表现进行全方位的、合理的评价，包括肯定学习热情、研究态度、协作精神、自我批评意识以及指出不足等，以正确引领学生的成长。

四是指导自主建构，培育学生情智。在学校教育里，知识的传授具有本体性，也就是说，“学校教育的目的是基于或离不开知识传授这个基本活动的”。[①] 因此，只有不断优化学生的认知结构，才能促进学生全面和持续发展。同时，有意义的学习不是简单的知识的叠加和累积，而是所学的知识能够使人的态度、行为和个性发生变化，能够全面渗透到学习者人格和行为中的学习。因此，我们还要引导学生在学习相关知识的基础上，实现情感的升华，从而引导学生全面达成学习目标。

指导自主建构要领：第一，帮助学生精心建构知识框架，进而达成认知方面的学习目标，并伴随着学生能力的培养和情感态度价值观的渗透；第二，指导学生进行知能训练和社会实践，对课堂学习内容进行深化、拓展与迁移；第三，帮助学生将社会生活的价值观念内化为自己的精神世界，形成情感上的共鸣，使每一个人的内在禀赋在核心价值观的指引下得到充分发展。

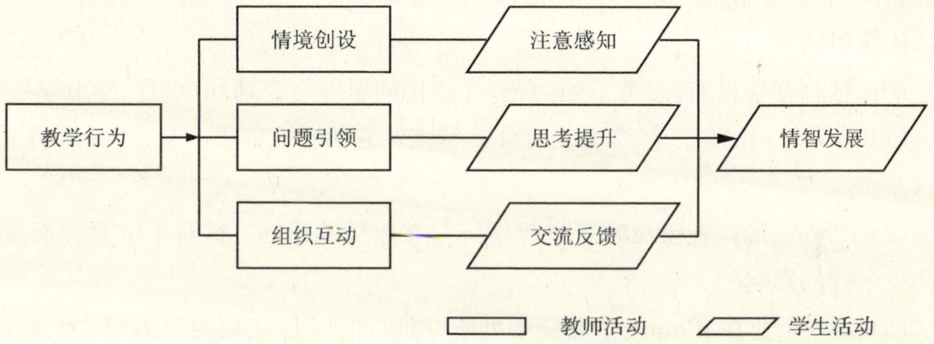

图1　政治学科“难忘课堂”流程图

三、政治学科“难忘课堂”教学设计要点示例

以《思想政治1》（人民教育出版社2011年版）第十一课“面对经济全球化”为例，展示政治学科“难忘课堂”教学设计要点。

① 张楚廷. 由《几何原本》说到课程改革[J]. 课程·教材·教法，2009(9)：17-21.

教学情境

设计 iPhone 的美国苹果公司把制造环节分解到六个国家和地区的九家企业，然后将先进工业化国家制造出的高附加值零部件运送到中国，利用当地的廉价劳动力完成组装，最后出口到美国进入苹果公司的营销网络。

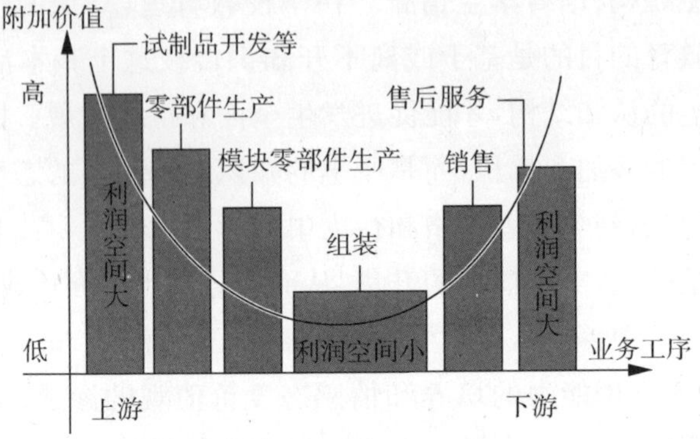

图 2 "微笑曲线"示意图

亚洲开发银行的研究报告显示，中国在一部 iPhone 178.96 美元的批发价格中仅能获得 3.6%的价值，约 6.50 美元，处于"微笑曲线"(见图 2)的最底端。

问题引领

请你结合背景材料，思考下列问题，并把你的思考与老师和全班同学分享：

(1) 苹果公司的生产经营方式有什么特点？它为什么能够主导 iPhone 的生产经营？

(2) iPhone 的产业链反映了世界经济存在怎样的趋势？这对于世界经济发展会产生怎样的影响？

(3) 我国企业在 iPhone 产业链中处于"微笑曲线"最底端的原因何在？对此，我们应采取什么样的态度和对策？①

交流互动

在"面对经济全球化"的教学中，我们可以建立 4～6 人一组的任务小组，即为了完成某项任务或者作业而进行的分组。如将上述三个问题分别分配给各个小组，要求小组每个成员都承担一定的任务(按照小组分工，就某一方面形成自己的看法)并且发挥作用(准备发言或对别人的发言作出评价)。

① 周建民. 试论思想政治课教学情境的运用策略[J]. 思想政治课研究，2013(3)：6 .

根据弗兰德斯互动分析系统，我们在"面对经济全球化"的情境分析时，除去围绕三个情境问题的小组讨论合作学习即"生生互动"的时间，在"师生互动"的过程中，教师语言比率一般不要超过50%，这样才能确保学生的参与程度，充分实现师生互动。

在传统的评价项目的基础上，增加"课堂表现"评价内容，激发学生课堂参与的内驱力。

自主建构

学习"面对经济全球化"这一框，学生必须建立起如下知识结构(如图3所示)。同时，应该借以渗透共生性人格，即既使个体坚持自我、保持"不同"，又要形成个体间的"和谐共在"的人格特质的教育。我们可以借助于"你认为，国际社会贫富差距越大对发达国家越有利吗?"等带有价值观辨析性质的问题，引导学生在剖析经济全球化的不利影响(在给发展中国家提供发展机遇的同时，加剧了发展中国家与发达国家的不平衡，使得贫富分化更加严重)的基础上，既看到发达国家和发展中国家之间存在差异，存在各自的不同利益，因而有矛盾、冲突和斗争；也看到各国有共同的利益和价值基础，应该相互尊重，和谐共在，共同繁荣。这样，学生才能更具有国际视野，更好地认同建设和谐世界、包容性发展等理念和主张，最终成为具有世界眼光并推动世界历史发展的主体。

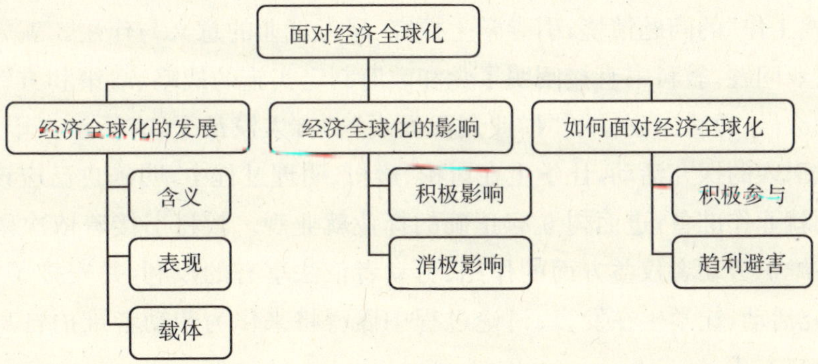

图3 《面对经济全球化》的知识结构

在此基础上，指导学生联系实际，对课堂学习内容进行深化、拓展与迁移的训练和实践。

(周建民　执笔)

示例 1

新时代的劳动者

一、课题来源

人民教育出版社《思想政治 1——经济生活》第五课“企业与劳动者”第二框“新时代的劳动者”。

二、政策要求

《普通高中思想政治课程标准》(实验)对本框教学的目标要求是:“评析劳动者依法维护自身权益的案例;列举几种就业途径和创业方式;树立诚实劳动、合法经营、积极创业的观念,确立正确的择业观。”①《江苏省普通高中思想政治课程标准教学要求》对学生提出的具体要求是:“了解劳动的意义和就业的作用。了解我国的就业问题。树立正确的择业观。理解劳动者依法享有的主要权利,依法维护劳动者权益。”②

教科书以马克思的经典言论和我国的宪法规定引入正文,让学生从国家和个人两个角度体会劳动的意义,使学生认识到劳动光荣、劳动伟大。教材还安排了一个专家点评,让学生阅读、体会,以加深对劳动意义的认识。接着,教科书设计了“李师傅找工作”的问题情境,引导学生探究、思考就业的意义与作用。就如何解决我国的就业问题,教科书直接阐明了党和政府制定实施的战略、政策和方针。关于劳动者怎么做,教科书安排了“择业观面面观”、“有人没活干,有活没人干”两个以漫画形式引入的探究活动,让学生在讨论、辨析、明理过程中,明确自己应该如何为将来顺利就业作准备,进而树立起正确的择业就业观。教科书接着依次阐述了我国政府在维护劳动者权益方面的作用、劳动者依法享有的权利,并安排了“小张的遭遇”探究活动,让学生在发言、讨论过程中懂得将来作为劳动者维护自身权益的正确途径与方式。

综上可知,课程标准和教科书等政策要求,基于学生终将成为劳动者这一事实,着眼于学生未来的成长,让学生通过自主、合作与探究学习,认识到新时代需要

① 中华人民共和国教育部. 普通高中思想政治课程标准(实验)[S]. 北京:人民教育出版社,2003:7.

② 江苏省教育科学研究院课程教材研究中心,江苏省中小学教学研究室. 普通高中课程标准教学要求(思想政治·历史·地理)[S]. 南京:江苏教育出版社,2007:3.

什么样的劳动者，认识到劳动与就业的重要性，从而树立起正确的劳动、就业观念、增强法律意识和维权意识。

三、学情基础

学生对社会生活中的劳动、就业与维权现象，有所见、有所闻，甚至有所思。但是，这些现象毕竟离学生生活较远，学生对此缺乏直观感受和实践体验，对如何正确对待劳动、如何实现高质量就业、如何维权等问题，缺乏客观、辩证的理性认识。这需要教师整合和丰富教材资源，精心选择热点案例，巧妙创设主题情境，积极开展合作探究，激发学生学习兴趣，调动学生参与情感体验，帮助学生理性、客观认识社会现象，积极认同正确的劳动观、就业观、维权观，真正提高参与现代经济生活的技能。

四、教学目标

懂得劳动的意义和就业的作用，树立劳动光荣、劳动平等的观念。

树立正确的择业就业观，认同“行行出状元”的价值取向。

正确认识当前就业形势，树立积极创业观念。

懂得劳动者维护自身合法权益的途径与方式，增强自身的法律意识和权利意识。

五、教学过程

1. 情境引入，感悟生活

师：“五一”国际劳动节快到了，当我们在享受3天假期带来的轻松愉悦时，有一些人却仍坚守在自己的岗位上。来看一段视频资料。

视频：《致敬劳动者》。

思考：谈谈你对劳动的认识。

生：劳动是人类文明发展的源泉；劳动是所有财富的创造活动；劳动是一种美德；劳动能够为他人、为社会作出自己的贡献，推动社会的发展。

师：同学们讲的都非常好，思想境界都很高。视频中的这些人很普通，从事的工作很平凡，但都是社会不可缺少的。劳动只有分工不同，没有高低贵贱之分，劳动为社会创造财富，所以，劳动是光荣的，我们应尊重各行各业劳动者的劳动。

设计意图：通过观看《致敬劳动者》的视频短片，激发学生学习热情的同时，让学生感悟劳动的光荣、劳动者的伟大，树立起正确的劳动观念。

2. 创设情境、合作探究

师:接下来,我们走近一个人,围绕发生在他身上的系列故事,来一起探讨怎样成为一名新时代的劳动者。

【职场亮相】 小李的梦想,是成为一名电子工程师。因此,他选择并顺利考入了某大学电子与信息技术专业,成绩名列前茅。四年过去了,当小李大学毕业去人才招聘市场找工作时,傻眼了!招聘市场人山人海,他感叹道:找一份工作不容易啊!

探究一:小李为什么要去找工作(就业)?

生:找工作可以取得收入,养活自己,并且实现自己做工程师的梦想;为社会创造财富,实现自己的社会价值。

师:就业其实不仅是为自己,也是为他人、为社会。它是民生之本,对社会生产发展具有重大意义。对个人:取得劳动报酬,获得生活来源;同时实现社会价值,提高精神境界。对社会:生产物质财富和精神财富。

设计意图:创设小李在人才招聘市场求职的情境,可以让学生感同身受,进而积极主动地探究问题,理解懂得找工作(就业)对个人、对社会两方面的重要意义。

师:现在找一份工作不容易。在当前严峻的就业形势下,要想顺利实现就业,我认为首先还是要先解决一个观念的问题。接下来,我们继续走近小李。

【职场选择】 小李在人才招聘市场转了几圈,有3个岗位让他有点动心。

职位	招聘人数	薪水
(华远公司)元器件应用开发	3人	6 000元/月
(富力公司)装配钳工	15人	2 800元起/月
(斯科公司)涉外临时翻译(工作方式:兼职)	2人	200元/小时

探究二:① 假如你是小李,将如何选择?

② 假如你是招聘者,会看重小李的哪些素质?

师:以小组为单位,展开合作探究。

生:选择第一个职位的考虑是:工资比较高、职位也比较符合他所学的专业。

师:根据自己的兴趣爱好和专长选择岗位,这给我们的启示是应树立什么样的就业观?

生:树立自主择业观。

师:这一职位只招收3人,竞争一定很会激烈。所以,还给了我们什么启示?

生:树立竞争就业观。

生:选择第二个职位的考虑是:这一职位容易得手,而且从它做起,可以磨炼自己,以后有机会再考虑更好的职位;招聘人数比较多,竞争没那么激烈;努力干,收入也是可观的。

师:选择这一职位的同学务实、低调,而且愿意从基层做起,难能可贵,我们都应该有这样的一种思想品质,千万不能"眼高手低"。事实上,在这样的普通岗位上,用心去做,不断地钻研、创新,能不能干出一番事业来呢?

图片:展示"金牌工人"许振超、窦铁成;"蓝领专家"孔祥瑞;"知识工人"邓建军等。

师:四位普通工人在自己平凡的岗位上做出了不平凡的业绩。俗话也说:"三百六十行,行行出状元。"所以,我们应该树立起怎样的就业观?

生:树立职业平等观。

生:选择第三个职位的考虑是:工资待遇高,而且是兼职。

师:现在社会上出现了越来越多的类似于涉外临时翻译这种兼职工、钟点工、家政服务、经纪人、自由撰稿等这样的就业方式,给大家提供了更多的选择,我们可以灵活地、多渠道地就业。这启示我们应树立什么样的就业观?

生:多种方式就业观。

师:面对激烈的市场竞争,劳动者必须树立正确的就业观,坚持自主择业观、竞争就业观、职业平等观、多种方式就业观;还必须加强学习,努力提高自身的技能和素质。

设计意图:围绕小李面临的岗位选择情境,根据合作学习的机制与要求,让学生以小组为单位展开合作探究,保证学生全员参与、充分互动交流,让学生在思想与智慧的碰撞中,树立起正确的择业就业观。

师:当然,如果有能力、有条件的话,我们也可以怎样做呢?这一做法也是当前国家大力宣传、鼓励并在财政、税收政策等方面给予支持的。

生:自主创业。

师:创业,既可以给自己造饭碗,同时也可以给别人创造就业机会。为促进就业,国家制定并实施的一战略,一政策,一方针分别是什么?

生:实施就业优先战略和积极的就业政策,制定了劳动者自主就业、市场调节就业、政府促进就业和鼓励创业的方针。

师:实现了就业,是不是就可以体面劳动、体面生活了呢?接下来,我们再次走进小李。小李经过竞聘，最终被富力公司录用。但工作一段时间后，他后悔了。怎么回事呢？

【职场维权】 小李最终被富力公司录用。根据口头协商，从装配钳工做起。上班期间，他尽心尽职。因公司业务繁忙，他每天都要加班，在人手不足的时候，还须客串搬运工。工资按照实际工作时间算，没有加班费的说法，公司也没有给小李缴纳三险。小李气愤不已，找公司老板讨要说法，但碰壁而回。小李决定向法院起诉公司。

探究三：① 小李的哪些合法权益受到了侵害？

② 小李维权的前提是什么？最大的障碍可能是什么？

③ 小李还可以通过哪些途径维权？

生：公司侵犯了小李取得劳动报酬的权利、休息休假的权利，还有享受社会保险和福利的权利。

师：劳动法规定，劳动者享有的权利包括：平等就业和选择职业的权利，取得劳动报酬的权利，休息休假的权利，获得劳动安全卫生的权利，接受职业技能培训的权利，享有社会保险和福利的权利，提请劳动争议处理的权利以及法律规定的其他劳动权利。

生：小李维权的前提是自觉履行劳动义务。最大障碍应该是没有和公司签订书面的劳动合同。

师：小李履行了义务，但权利没有得到保障，所以要告公司。但是由于没有签订劳动合同，可能会给自己维权带来麻烦。当然，这也不是说就再也没有打赢官司的可能了。

师：小李只要能拿出比如工资条、工作证、考勤记录等凭证，证明双方存在劳动关系的，也是可以的。但是，最有力、最有效的凭证显然是劳动合同。所以，将来工作了，一定要跟用人单位签订正规的劳动合同。

生：除了向法院起诉外，还可以通过投诉、协商、申请调解、申请仲裁等途径来维权。

师：劳动者应增强权利意识和法律意识，通过投诉、协商、申请调解、申请仲裁、向法院起诉等正当途径来维权。

设计意图：创设小李入职后的遭遇情境，并让学生在有梯度和深度的问题探究中，懂得劳动者依法享有的主要权利，深刻掌握维权的正确途径和方式。

3. 自主建构、理性认知

师：学习了这一框的内容，再来思考这一问题：究竟怎样才能成为一名新时代的劳动者？请大家围绕这一问题，将主干知识加以整合，建构知识体系。

学生代表在黑板上展示。

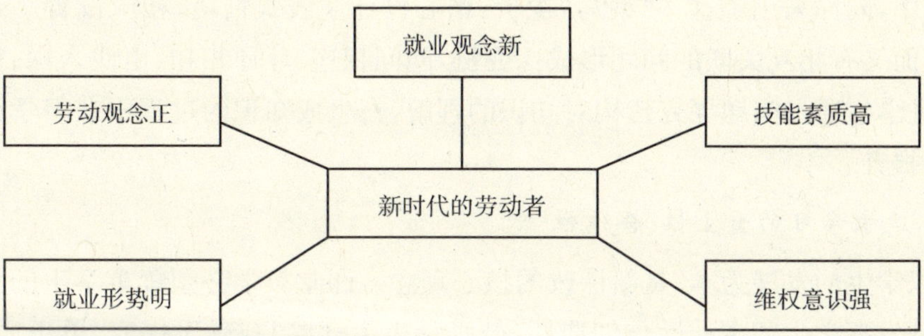

设计意图：发挥学生的主体作用，让学生自主建构知识网络，真正内化所学知识。

4. 交流互动、学以致用

【职业规划】 结合自己的职业理想，为自己打造一份职业规划。要求：将写有自己职业理想的卡片，贴于黑板，向全班同学作一说明并简要阐述自己的职业规划。

学生在励志音乐声中，纷纷走上讲台将卡片贴于黑板，并简要介绍自己的职业规划。

设计意图：互动交流、踊跃展示自己对未来职业的畅想与规划，初步形成职业意识，并以此作为自己努力奋斗的目标。

六、教学反思

政治课堂教学追求“难忘”，必须让新课改理念内化于心、外化于行。

1. 追求教学的生活化、情境化

新课程倡导“贴近学生、贴近社会、贴近生活”的理念，要求遵循由感性认识上升到理性认识的认知发展规律。情境式教学，旨在通过创设鲜活时尚、合理生动的情境，让学生身临其境，增强学习兴趣；由境入理，增强学习效果。本课从学生的认知实际出发，精心设计了如下情境：播放视频短片《致敬劳动者》引入新课学习；围绕小李求职、入职这一主线，创设了职场亮相、职场选择、职场维权等系列情境，展开新课学习。

2. 追求知识的生成性、探究性

新课程教材文本的编写，多数情况下是情境导入与问题探究在前，概念、观点归纳陈述在后，其特点是注重知识的生成性与探究性。学生在感悟情境与合作探究中，在互动交流与多元解读中，生成的知识才会"内化于心"、根深蒂固。在本课的设计中，同样采用了这一"编写"逻辑：精心设计主线式情境，相应设置一系列相对独立而又有相互关联的问题形成探究链，问问相连、环环相扣、由浅入深、循序渐进，促进学生通过问题探究建构对知识的理解，在生成知识的过程中获得学科素养的全面提升。

3. 追求学习的自主性、合作性

"以学生的发展为本"是新课改的核心理念。课堂教学必须尊重学生的主体地位，充分发挥学生的主动性与创造性，鼓励学生主动参与、乐于探究、勇于质疑，培养学生自主获取新知的态度和能力。当然，引领学习的问题，或者相关探究任务，由学生个体独立完成有困难时，则需要开展合作学习。本课让学生观看视频短片，自主感悟劳动的价值；自主构建知识网络、自主打造职业规划；从学生感兴趣的"职场"话题切入，巧妙设计探究问题，精心组织小组合作，让学生在师生、生生等互动合作中碰撞智慧的火花，实现有意义的知识建构，同时增强团队协作精神。

（潘卫泉　供稿）

示例 2

政府的职能：管理与服务

一、课题来源

人民教育出版社《思想政治 2——政治生活》第三课《我国政府是人民的政府》第一框"政府的职能：管理与服务"。

二、政策要求

根据高中思想政治课程标准的要求，对本框的学习要求学生明确政府履行职责的表现和作用。

现代社会，人们的社会生活离不开政府的组织和管理。政府根据法律管理社会公共事务，维护社会公共利益，解决社会共同问题。我国是人民当家作主的社会主义国家，为人民服务是我国政府的宗旨，管理与服务是它的基本职能。具体地说，在社会主义市场经济条件下，政府的职能涉及五个方面：政治建设、经济建设、文化建设、社会建设和生态文明建设。政府履行职能的程度与我们的生活质量密切相关。因此，我们要了解政府的职能，支持政府的工作，寻求政府的帮助。

三、学情基础

关心时事政治的学生经常会在新闻报道中听到或看到我国政府具体的所作所为，这使得学生具有一定的感性认识基础。但是，对我国政府的职能等抽象理论的认识，却相对比较模糊。这就需要教师在学生对政府具备一定感性认识的基础上，通过一定教学方式和方法的运用，引领学生对我国政府的性质职能等产生较为深刻的理性认识，从而实现感性认识到理性认识的升华。

四、教学目标

明确我国政府的基本职能，理解我国政府带给人们生活的便利。

通过归纳我国政府的基本职能，用政府职能的相关知识分析和评价身边政府部门的作为，提高学生归纳与分析能力；通过在特定情境中小组成员间的学习，培养学生合作探究学习能力。

通过生活体验和理论学习，懂得我国政府职能发挥作用的重要性，从而更好的理解政府、相信政府、支持政府。

五、教学过程

环节一：导入新课

【情境创设】 2014 年 3 月 26 日，西藏林芝第十二届桃花艺术节在在享有雪域桃源美称的林芝县嘎拉村隆重开幕。本届桃花节主题是《相约林芝 · 寻访中国最美春天》，主办单位是林芝县人民政府。在上课一开始，循环播放本届桃花节开幕式及桃花美景的图片，并伴以从林芝走出去的门巴族女歌手央吉玛的动听歌曲《呼唤》。

设计意图：选用桃花节的事例：一是本课在林芝二中借班执教，材料具有强烈的本土生活气息，更易激发学生的学习兴趣；二是通过本届桃花节的主办单位林芝县人民政府，引出本节课的课题：政府的职能——管理与服务。

环节二：新课教学

(1) 政府的职能

【情境创设一】 (PPT 播放以下四则图文并茂的材料)

材料一：2008 年 3 月 14 日，西藏拉萨市区发生了打砸抢烧严重暴力犯罪事件。

这是由达赖集团有组织、有预谋、精心策划煽动，境内外“藏独”分裂势力相互勾结制造的。事件发生后，西藏自治区迅速组织公安、武警和其他有关方面，扑灭着火点，救治受伤人员，并加强了对学校、医院、银行和政府机关的安全保卫，依法打击打砸抢烧暴力犯罪活动。

材料二：西藏自治区新修订的《西藏自治区重要景点食品安全工作条例》2014年1月1日正式实施，该条例要求地方政府加强对区内重要景点食品市场的监管职责，并加强处罚力度。

材料三：为支持林芝地区教育的发展，政府对林芝二高新建项目总投资7 750.34万元。其中，中央政府投入6 470万元，自治区政府投入1 313.34万元。

材料四：西藏林芝地区政府补助农牧民医疗标准分别由2009年的人均140元提高到2013年的260元，农牧民82.3%的医药费用将得到报销补偿，且最高报销补偿支付限额不低于5万元。

（过渡、提问）上述四则材料分别体现了政府的什么职能？

（学生回答、教师点评）上述材料一至四分别体现了政府保障人民民主和维护国家长治久安职能、组织社会主义经济建设职能、组织社会主义文化建设职能和提供公共服务的职能。

设计意图： 选取以上四则材料作为事例：一是取材本土色彩；二是引导学生通过对职能的区分和甄别加深对政府具体职能的认识。

【情境创设二】 围绕第十二届桃花节的举办，创设情境：假如你是林芝县长，将会采取哪些具体措施切实履行政府四大基本职能，以确保本届桃花文化旅游节顺利开展？

（学生讨论回答、教师点评）此问题没有标准答案，只要学生言之有理即可。譬如，加强桃花节的安保力量，则是体现了政府保障人民民主和维护国家长治久安的职能；对桃花节景点中的摊贩小市场加强监管，则是体现了组织社会主义经济建设职能；加强对本届桃花节举办的宣传力度，则是体现了组织社会主义文化建设职能；在桃花节景点设置卫生便民点以服务有高原反应的游客，则是体现了政府提供公共服务的职能。

设计意图：继续以桃花节举办为事例：一是体现情境设置的延续性；二是有利于考查学生在熟悉的情境中对政府职能理论的深刻理解和灵活运用，以更好凸显教学重点。

【情境创设三】 围绕第十二届桃花节的举办，创设情境：在本届桃花节筹备过程中，曾就两项议题展开争论：1. 为拉动林芝地区服务业发展，当地政府是否应该规定游客必须入住的宾馆？

桃花节期间，林芝地区宾馆的入住价格预计将会出现上涨，对此，政府应该管还是不管？

假如你是林芝县政府的县长，你将如何回应上述问题？

（学生讨论回答、教师点评）政府职能的发挥，一方面不能越位，即不该管的不要管，譬如政府在桃花节期间强制规定游客的入住宾馆，这是干涉消费者个人自由意志的表现，政府如果这样做则属于典型的越位；在桃花节期间林芝地区的宾馆价格有一定程度上涨，只要是符合市场调节规律的，政府则不必干涉，否则也属于越位。另一方面也不能缺位，即该管的要管好，譬如如果在桃花节期间林芝地区宾馆的价格离奇上涨，具有明显损害游客合法利益的现象，作为政府则必须履行经济建设职能，对该现象要进行有力的监管；由此可见，政府履行基本职能，必须要有效发挥作用，但也并不意味着包办一切。

设计意图： 继续以桃花节举办为事例：一是体现情境设置的延续性；二是有利于学生在熟悉的情境中辩证思考政府职能作用的有效发挥，从而更好地突破教学难点。

（2）便民利民的政府

【情境创设】 在日常生活中，我们经常会和政府的哪些部门打交道？

（请在括号里选择相应的政府部门以解决相关问题：教育局、公安局、工商局、卫生局、房管局、民政局、民族宗教事务局、城管局、环保局）

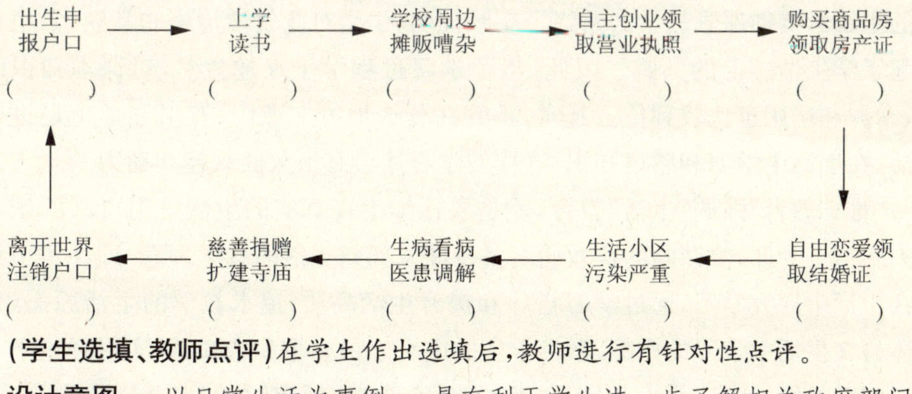

（学生选填、教师点评）在学生作出选填后，教师进行有针对性点评。

设计意图： 以日常生活为事例：一是有利于学生进一步了解相关政府部门解决哪些问题；二是有利于引导学生切身感受我们的政府是便民利民的政府。

环节三:探究提升

【情境创设】 为建设鲁朗国际旅游小镇、打造中国最美特色乡镇,林芝县政府为此召开专题新闻发布会。假如你是政府发言人,请说明林芝县政府打造最美乡镇的目的和具体措施,并邀请特约评论员进行点评。

(学生以同桌两位同学为小组进行合作探究学习:一个同学作为发言人,侧重思考打造最美乡镇的目的和具体措施;另一个同学作为特约评论员,侧重运用所学政府职能相关知识进行分析点评。

设计意图: 继续以桃花节举办为事例:一是体现情境设置的延续性;二是通过学生思考打造最美乡镇的目的和具体措施,并加以点评,目的在于引导学生将所学的政府职能的相关知识用来回归生活,模拟指导家乡的建设,进而在培养学生分析问题和解决问题能力的同时,也激发了学生热爱家乡、建设家乡的美好志向;三是采用政府新闻发布会的方式,形式新颖,设问开放,容易调动学生的学习兴趣和积极性,有利于培养学生的创新思维能力。

六、教学反思

本人执教的课题《政府的职能:管理与服务》参加西藏自治区政治优质课评比,当时在西藏林芝第二中学借班上课。作为内地教师去西藏上课,我首先考虑的是如何在教学过程中充分调动当地学生的积极性。我认为,只有坚持课堂回归学生的生活:一方面引导学生通过对自己生活的体验去探究知识学习;另一方面学生又能通过对知识的学习来指导和提升自己的生活品质。正是在这样的教学理念指导下,我经过精心思考,选择了林芝当地正在举行的第十二届桃花艺术节作为教学情境的主线索贯彻课堂教学的始终。实践证明,学生对此教学情境非常熟悉,也极大勾起了学生情感上的共鸣。因此,整个学习过程学生兴趣盎然,对课本知识的理解、掌握和运用也比较到位。其实,不管在什么地方上课,只有引导学生走进当地生活,在生活中学习和感悟知识,这样的学习才会有恒久的兴趣和动力。

“难忘教育”强调“生活”教育,就是要让学生在真实的生活里用自己的亲身经历去感悟。为此,本课题的执教始终坚持课堂回归生活的教学理念:即注重引导学生在生活中探究学习,通过学习指导和提升生活品质,追求教学的生活原态,让学生体验在生活中学习的乐趣,激发学生的内在学习兴趣和求知欲,实现理论学习和生活实践的统一。这集中凸显了“难忘教育”是“生活”教育的理念与特质。

(蒋卫星　供稿)

历史学科“难忘课堂”构建方案

课堂是教师传授知识的地方，也是学生学习并展示学习成果的地方；但课堂又不只是教师传授知识的地方，也不只是学生学习并展示学习成果的地方，它还是师生体验成长分享人生经验的地方。因此，难忘课堂的建构，不仅有助于学生发展，也有助于增进教师的职业幸福感。

一、历史学科“难忘课堂”的具体特征

优质高效、自主学习、生命成长与智慧迸发是难忘课堂的一般特征，也是学科课堂教学共同追求的目标。结合历史学科特点，力图达成上述目标的历史课堂，一般具有以下几个具体特征。

1. 有细节

仔细分析《历史课程标准》中的“内容标准”，我们会发现其表述基本上采用的是“了解（列举、简述、知道）＋理解（认识、说明、体会）”模式，这提醒我们：历史学习是以史实为基础的；历史教学要重视史实的了解与运用。但是，对史实的了解与运用不能只停留于抽象而宏大的历史叙事，还要重视典型细节的运用。典型细节能够体现历史事件、历史人物、历史现象的完整性与复杂性，可以使人物形象更加饱满、事件进程更加生动、现象更加立体。

2. 有思想力

所谓“思想力”既是思想对客观物质世界的作用力，也是指解决问题或困境的一种能力。历史知识的真正价值不在于知识本身，而在于隐藏在知识背后的思想。由于对历史的认识因人而异，历史蕴含着太多可供学生思维和思考的内容，因此，历史学科在本质上才成为教人思考的学科，而非驯养或教化的学科。正是基于历史学科的这一本质，历史课程才有了存在的价值，历史学习的主要目的也就不应止于知道过去发生过什么，而是要借助对史实或者史料的研读、分析，训练技能，掌握研究方法，养成证据意识，提高判断能力和批判能力，让学生成为根植于丰富历史

沃土上的一株“会思想的芦苇”；追求、渗透思想力也应该成为历史课堂的常态。

3. 有感染力

现代情感教育理论认为，学生的认知过程与情感过程是交织在一起的统一过程，教学过程应该是一个充满活力和激情的过程，应实现认知发展和感情发展的统一。在历史教学中，重视情感既是必需的，也是可能的，说其必须是因为“情感”本身就是历史教学的三维目标之一；说其可能是因为：历史学科富有大量的蕴含着情感因素的历史事件、历史现象；历史事件、历史现象及历史人物的多样性、多变性以及曲折性又能激起人们情感的丰富与多彩。感人心者，莫先乎情，我们要努力地让历史课堂成为富有感染力的课堂。

4. 有“学生”

课堂教学的出现与存在主要是因为学生的学，学生的学是课堂教学的核心。1985年联合国教科文组织（UNESCO）第四次国际成人教育会议宣言提出了“学习权”的概念，其内涵主要包括学习资源的公正分配和自由的学习过程两个方面。对于中学课堂而言，学生的学习权是否得到尊重和满足主要表现为：学生有没有融入教学过程中；学生的思考有没有受到鼓励；学生的情感有没有被激发；学生的独特性有没有得到尊重等。换言之，学习权得到尊重和实现的课堂，一定是学生的价值感和幸福感得到关照和提升的课堂。“我听过，就忘了；我看了，就记住了；我做了，就理解了”，所以，历史课堂应该是“眼”中有“学生”的课堂。

二、历史学科“难忘课堂”的基本步骤

1. 创设情境，设疑激疑

“学问千千万，起点是一问”，问题是思维的起点，也是思维的动力。历史不是现成的答案，而是人们为理解和解释现实问题与过去展开的对话。为了帮助学生体验和理解历史，训练技能，形成正向的情感、态度、价值观，难忘历史课堂非常重视“问题”的设计与运用。问题可以由教师通过分析学情和课程要求提出；或者由学生主动提出；还可以由教师或从复习旧知开始，或从生活实例、历史典故、诗词歌曲、投影录像等材料入手创设一个不悱不发令人困惑的问题情境，鼓励、启发学生提出问题。

2. 提供支持，自主探究

这种支持可以是方法性的，比如查什么资料、怎么查资料、怎么分析使用资料；可以是情感性的，比如鼓励、暗示；也可以是组织性的，比如小组合作；还可以是物

质的，比如提供资料。值得注意的是资料支持，首先要用足教材，对于教材中缺乏资料支撑的结论性文字，从理论上或理想状态看，最好是由学生搜集材料，但由于主客观条件的限制，教师很有提供资料的必要。探究一般分两步走：首先应该是学生个体自主思考，当学生的思考无法独立解决问题时，教师可以视课堂时间的多寡、问题对教学目标达成的影响程度等因素的综合考虑决定是通过师生对话还是小组合作学习加以解决。

3. 成果展示，评价升华

成果展示可以通过师生对话、同伴讨论、小论文、演讲、辩论、戏剧等形式，具体视学生情况、教学条件、教学内容、教学进度灵活安排。一般多采用师生对话、同伴讨论形式。评价主要通过自评与他评等方式进行。自评指学生对自己的探究过程和探究成果的评价，他评是其他学生或教师对某个学生的探究行为和探究成果的评价。评价的目的不是得出“对”或“错”、“是”或“否”的价值判断，评价在这里实质上是反思的组成部分和表现形式，主要目的在于总结探究活动的基本收获与不足、如何巩固收获、弥补不足，从而为今后解决类似的问题打下基础。这种收获与不足，可以是技能的、方法的、能力的，也可以是情感的、心态的。

三、构建历史学科“难忘课堂”的注意事项

1. 上述步骤的实施要视具体学情、课程内容灵活运用

比如，可以作为一种基本结构单独使用、贯穿于整个课堂；还可以与相应的程序相结合。这个相应的程序包括：导入—创设情境，设疑激疑—提供支持，自主探究—成果展示，反思升华—小结—随堂训练。根据教学内容的不同，这个程序还可以变化为：导入—了解历史—理解历史：创设情境，设疑激疑（1）—提供支持，自主探究（1）—成果展示，反思升华（1）—创设情境，设疑激疑（2）—提供支持，自主探究（2）—成果展示，反思升华（2）……—小结—随堂训练。又如，根据问题的难易程度及学生的思考情况，可以适当延长、丰富或简略“提供支持，自主探究”环节。

2. 课程资源的选择要多样

历史学习是以史实（资料）为基础的，但受历史教材的篇幅限制，教材缺乏立体的多面的史实（历史资料），同时教材还存在叙述角度单一、叙事失之过简、结论过多且过于武断等不足。因此需要借助史学成果，补充多面的尤其是容易激发认知冲突的史实（历史资料）以便调动学习兴趣、激疑设疑。考虑到课时限制和学科地位，史实（历史资料）的补充并非多多益善，而是要围绕教学核心目标、教学重点、难

点精心挑选典型性的资源。此外，史实（历史资料）的形式和呈现方式尽量多样化，比如，前者可以是文字的、图片的、影像的、实物的，后者可以是讲述的、影像的。此外，如有可能，可以让学生参与史实（历史资料）的搜集、整理、选择。

3. 问题的确定要遵循“精”和“确”的原则

“精”指的是一堂课思考的问题宁缺毋滥，宁少毋多，由于学时、课堂时间、资料等的制约，一堂课思考的问题以 1～2 个为宜。“确”指的是问题要符合学情、符合课标精神，即要有探究的价值。一般来说，事情的真伪、起因、影响、材料的鉴别、对已有认识的质疑才有探究的价值。

4. 课堂逻辑要符合学生的认知特点

所谓课堂逻辑，是指课堂教学的展开顺序。历史课堂教学是以过去的事为基础的，过去发生的事有其自身的“逻辑”，即事情的演变顺序、因果关系——教材一般以“背景（原因）—经过—影响（评价）”的顺序呈现在学生面前。但这是教材的思路，未必符合学生从已知到未知、从简单到复杂、从具体到抽象的认知逻辑。因此，我们要在尊重历史逻辑的基础上，从学生的认知起点出发，有细节、有想象地展开历史，从已知到未知、从感性到理性的设计课堂逻辑。

（范从华　执笔）

示例 1

抗日战争

一、课题来源

人民教育出版社《历史 1》第四单元第 16 课“抗日战争”。

二、政策要求

关于“抗日战争”，《普通高中历史课程标准》（实验）的要求是：“列举侵华日军的罪行，简述中国军民抗日斗争的主要史实，理解全民族团结抗战的重要性，探讨抗日战争胜利在中国反抗外来侵略斗争中的历史地位。”①《江苏省普通高中历史课程标准教学要求》将其细化为：“列举南京大屠杀和‘七三一部队’对中国军民犯下的罪行等侵华日军犯下的罪行……体会中华儿女万众一心、浴血奋战和不怕牺

① 中华人民共和国教育部. 普通高中历史课程标准（实验）[S]. 北京：人民教育出版社，2003：2.

牲的斗争精神。"[①]

人教版教科书将"抗日战争"编排在《历史 1》第 4 单元"近代中国反侵略、求民主的潮流"的第 16 课。教科书以历史图片"日本天皇宣读投降诏书"设置情境、对比介绍了日军官兵听闻此事"惊呆"以及中国人民"欢呼雀跃"的历史场景、设问战争究竟给中日两国带来了什么导入新课，然后教材从全民族的抗战、日军的滔天罪行、抗战的胜利三个方面介绍了抗日战争的有关史实，在"历史纵横"栏目简明扼要地回顾了初中已学的 20 世纪 30 年代日军侵华的主要大事，并设计了"学思之窗"通过日本军人对家人关爱有加和在中国滥杀无辜的对比，引导学生深层思考：是什么使日本侵略者从人性变为反人类的兽性？

总之，根据课程标准的教学要求，历史教科书的编写力求从学生已学知识出发，学习抗日战争的主要史实，重点认识全民族抗战的宏大图景，突破抗日民族统一战线的形成、抗日战争胜利的原因等难点，进一步加深对正面战场和敌后战场相互支援，中国抗日战争和世界反法西斯战争遥相呼应的深刻认识，增强民族认同感和历史责任感。

三、学情基础

高一学生对九一八事变、卢沟桥事变、南京大屠杀、台儿庄战役、百团大战等重大事件已有基本的了解，特别是对九一八事变后中国抗日救亡运动，如：东北的抗日义勇军、抗日游击队进行的艰苦卓绝斗争有一定的了解，对抗日战争是中华民族的解放战争有一定的认知，这就为深入学习奠定了一定的基础。但是初中的教材对具体的历史事件描述性介绍多，分析的成分少；孤立介绍多，对比分析少。老师的教学受课时的制约和中考功利性的驱使以应试为目的，导致学生学习历史以背书、做题为主，思维的系统性、批判性、灵活性等还很欠缺，日本发动侵华战争及在华的残暴行径容易导致学生把日本当成凶险的国家，产生狭隘的民族仇恨，深入学习"抗日战争"正是教师对学生进行正确的价值观引领的契机。课前要指导学生以教材为依托，查阅网上资源，进一步理解和掌握教材内容，做好预习工作。

四、教学目标

（1）通过梳理历史史实，整体认知日本侵华给中国人民造成了极大的灾难，认

① 江苏省教育科学研究院课程教材研究中心，江苏省中小学教学研究室. 普通高中课程标准教学要求（思想政治・历史・地理）[S]. 南京：江苏教育出版社，2007：23.

识到中国人民的抗战是“民族抗战”。

(2) 通过比较分析抗战初期两个战场的不同特点及成因，掌握横向联系知识的基本方法。

(3) 综合分析抗战胜利的原因，尤其是抗日民族统一战线的成因、伟大作用，分析中国战场在世界反法西斯战争中的贡献、地位和抗战胜利对中国近代化进程的作用；增强民族自尊心、自信心，激发民族责任感、历史使命感，树立强国之志，增强珍爱生命、热爱和平的人文意识。

五、教学过程

1. 创设历史情境，引入教学主题

师：中日两国一衣带水，自古以来，友好交往。2008 年我曾应邀访问日本，我不懂日文，但在日本的 8 天时间里，我与他们的交流并无太大的问题，日本在语言文字、穿着打扮、建筑风格等方面深受中国文化的影响。但是，近代以来，尤其是明治维新以来，日本走上了侵略扩张的道路，发动甲午战争，参加八国联军侵华，一战期间，日本对德宣战，侵略山东，提出灭亡中国的《二十一条》，中国惨遭日本的蹂躏，20 世纪 30 年代，日本帝国主义更是加快了侵华的步伐，今天就让我们一起走进那血雨腥风的峥嵘岁月，学习第 16 课《抗日战争》。

设计意图：通过分享访日的所见所闻，让学生切实体会到中日两国文脉相通，激发学生学习抗日战争的兴趣，并将教师对日本侵华战争的感知、感悟作为学习抗日战争的情景线索贯穿本课教学的始终。

2. 运用历史地图，归纳侵华史实

师：出示 ppt 主题一：野蛮侵略犯下滔天罪行。

师：出示 ppt 20 世纪 30 年代中国地图。

师：请同学们根据所学知识并结合教材的历史纵横，列举 20 世纪 30 年代日本的侵华史实。

生：略。

师：出示 ppt 列举 20 世纪 30 年代日本的侵华史实。

师：根据日本卢沟桥事变之后的战略部署，卢沟桥事变的发生标志着日本侵华进入到什么阶段？

生：由局部侵华发展到全面侵华。

师：演示 ppt 由局部侵华发展到全面侵华。

设计意图:让学生回顾初中已学的抗日战争认识,结合历史地图进行总结,通过新旧知识的勾连,宏观感知日本蓄意侵华史实,这也符合新课程的理念和维果斯基有关“最近发展区”的理论。

3. 选取乡土资源,感知日寇暴行

师:日本法西斯的铁蹄践踏中国大江南北,其暴行更是触目惊心。一时之间,山河变色、哀鸿遍野。

请同学们阅读书本,列举全面侵华期间,日军犯下了哪些令人发指的罪行,制造了哪些惨案?

生:南京大屠杀、潘家峪惨案、731 部队细菌战。

生:我去过南京大屠杀纪念馆,那里面有一个黑洞洞的屋子,每隔 12 秒钟,就有一滴水从屋顶落下,同时一个遇难同胞的肖像就出现在墙壁上,瞬间又消失在黑暗中,在持续 6 周的时间里,超过 30 万中国同胞遇难,相当于每 12 秒就有一人惨死在日军的屠刀下,这“滴答滴答”的声音令我难忘。

生:潘家峪惨案中,整个村子的村民几乎全部遇害。

生:还有臭名昭著的 731 部队,他们用活人做实验,惨绝人寰。

师:(出示 ppt 图片资料——毒气战)日军遗留在中国境内的化学武器至今还在毒害着中国群众。2013 年 1 月,在江苏省南通市港闸区也发现了日军侵华期间留下的炮弹。

师:出示 ppt 日军在南通登陆的照片。

师:抗日战争时期,江苏南通也不幸遭受了日本侵略者的践踏。我给大家讲一个真实的故事。我老家江苏如皋的抗日勇士将日本军队的通讯线路用剪刀剪断,导致日军通讯局部中断,日军恼羞成怒,挨家挨户进行排查。我爷爷是裁缝,家里有裁衣服用的大剪刀,受到日军怀疑,被日军抓去,手腕被钢丝穿入再吊起严刑拷打,我爷爷咬紧牙关,始终没有屈打成招。我的曾祖父变卖家产,四处托人求情,后来日本人只好把我爷爷放了,我爷爷侥幸捡回了一条命。然而,此后的岁月里,每逢刮风下雨,季节变化,他的双臂就疼痛难忍,这样的疼、这样的痛伴随了他老人家的一生。在日本法西斯的铁蹄之下,国人被生灵涂炭,我爷爷的遭遇只是其中的一个缩影。

以上只是日本帝国主义长达 14 年侵华罪行的若干侧面。日本在中国大地的罪行还有哪些?

生:政治上的以华制华、经济上的疯狂掠夺,文化上的奴化教育等等罄竹难书。

师:面对如此歹毒强悍的敌人和亡国灭种的危机,国恨家仇迫使许多人深思中国向何处去？中国的出路在哪里？中国当时两大政党，他们作何反应呢？

生：国共两党合作抗日。

设计意图：通过让学生介绍南京大屠杀纪念馆、教师口述爷爷在抗日战争中的悲惨遭遇，介绍日军在南通登陆的照片，让学生既能感知日军暴行，又避免因描述或展示太过血腥的图景，而在学生的集体记忆里留下消散不去的创伤经验，进一步使学生认识到日本全面侵华，殃及中国千万家庭，激起中华民族的反抗，为学习全民族抗战做准备。

4. 围绕问题导向，有利自主学习

师：出示 ppt 主题二 众志成城铸就钢铁长城

师：出示 ppt 材料，材料一《八一宣言》；材料二《庐山谈话》；材料三《国共合作宣言》。(解读关键句)标志着国共两党实现国共第二次合作，抗日民族统一战线正式建立。

师：抗战按照时间、阶段分，从 1931 年到 1945 年的 14 年抗战，其中 1937—1945 年的八年是全面抗战，分为三个阶段：防御阶段：1937 年的七七事变—1938 年 10 月武汉、广州沦陷，此后，日本无力大举进攻，中国也无力在短时间内取胜，因此抗战进入相持阶段(毛泽东有一篇论著叫《论持久战》)；1938 年 10 月—1945 年 8 月的相持阶段期间，随着世界反法西斯战争形势的好转，中国军队已经开始局部反攻。第三阶段指 1945 年 8 月全面反攻直至胜利。

师：请同学们阅读书本，说说抗战可划分为哪几个战场？国难当头，国共两党是如何抗战的？

生：中国国内，有蒋介石国民政府领导军队作战的正面战场，有中共领导八路军新四军和广大人民作战的敌后战场。中国境外，有中国远征军开赴缅甸战场作战。

师：在这些战场上发生了哪些重要战役？

生：在正面战场上：战争前期(防御阶段)国民政府组织了四大会战，淞沪会战(上海)，太原会战(山西)，徐州会战(江苏)，武汉会战(湖北)。

师：大家还记得初中学习过抗战以来的首次大捷是什么战役？是哪个会战的组成部分？

生：平型关大捷是八路军一一五师取得的胜利，有力地配合了正面战场的太原会战。

生：在徐州会战中李宗仁领导的台儿庄血战，国民政府的军队消灭了日军上万人，台儿庄胜利鼓舞人心。

设计意图：本主题内容十分繁杂，但历史发展的主线相对清晰，有关史实学生也较为熟悉，以问题导向提示学生看书、阅读材料、分析思考的重心，揭示了教材内容之间的内在逻辑联系。

5. 播放抗日视频，礼赞抗日英雄

师：下面请同学们观看一段淞沪会战中宝山县城保卫战的视频，给大家印象最深的是什么？

生：我印象最深的是姚子青领导的国民党将士的英勇奋战、宁死不屈的民族精神。

师：血战到底的英雄气概正是一种抗日精神的最好诠释。

生：我印象最深的是战斗进行得非常激烈，死伤惨重，让我看到了日本残暴的同时，更感到了国民党组织的正面战场的积极抵抗。

师：对。那些在青天白日帽徽下的士兵，如姚子青带领的500勇士、谢晋元率领的800壮士等，他们为抗战作出了巨大的民族牺牲。

淞沪会战最后的结局如何？意义何在？

生：淞沪会战虽然失利，但正面战场将士们的不屈抵抗持续了3个多月，打击、牵制了日军的侵略势力，粉碎了日军三个月灭亡中国的迷梦。

设计意图：增强学生对抗日战争的感性认识，加深学生对抗日战争是中华民族的解放战争的理解，深切体会不屈不挠、顽强抗争的民族精神。

6. 依靠问题驱动，激活课堂思维

师：如果说正面战场作战的场面十分惨烈，那么，敌后战场的战斗也饱尝艰辛。大家能不能试着从路线、战术、战果等方面介绍一下敌后战场的情况呢？

生：在敌后战场上，实行全面抗战路线，开展游击战，开辟抗日根据地。

师：全面抗战路线表现为放手发动群众，把敌人陷入人民战争的汪洋大海之中，而不是仅依靠政府和军队。游击战的战术还表现为大家熟悉的地道战、地雷战、麻雀战等等。关于抗日根据地的建立，大家看地图，不难发现，主要分布在华北地区（山西、河北等省）。其中有一场进入相持阶段后的著名战役是什么？请一个同学介绍一下。

生：1940年百团大战，在华北，彭德怀领导，是主动出击的一次大规模战役。

师：（出示ppt百团大战的战绩）请哪位同学评价一下？

生：这一系列战绩，大大增强了全国抗战的信心，蒋介石也发来了贺电以示嘉奖。这场战役也在一定程度上改变了外国人眼中中国军队不堪一击的积弱形象，提升了中国的国际形象。

师:在国外战场上,中国军队远征缅甸,电视剧《我的团长我的团》就是以此为原型创作的,中国军队为什么要远征缅甸?

生:为了确保滇缅国际交通线的畅通。中国军队远征缅甸,成功救出被围英军,并在英美军队的配合下,将日军赶出缅甸,为世界反法西斯战争作出了贡献。

师:请大家注意思考:中国抗日的三个战场之间有何联系?先看中国国内的正面战场和敌后战场之间的联系?(提供两党互相评价对方的历史材料)

生:相互配合,互相依存。

师:对。国民党领导的正面战场和共产党领导的敌后战场,共同抗击了日本帝国主义的野蛮侵略,有力地打击了日本侵略者的嚣张气焰。

师:除了国共两党合作之外,抗战还有什么特点?请看几组中国各阶层抗日图片。

生:全民族抗战。

师:对,不分职业:有工人、农民、资产阶级、地主、学生等;不分年龄性别:男女老少齐上阵;不分地域:少数民族、海外华侨也积极参战或捐款捐物。社会各阶层,有钱的出钱,有力的出力,汇集成了一股巨大的民族洪流,形成了伟大的抗日民族统一战线,最后取得了怎样的成果?

生:1945 年 8 月 15 号日本宣布无条件投降。

生:1945 年 9 月 2 号日本正式签署了无条件投降书。

师:抗战胜利的原因有哪些(从中国、世界、日本三个角度分析)?

生:略。

师:富士山的太阳终于下山了,抗战的胜利在中国近代反侵略战争和世界反法西斯战争中有怎样的历史地位与特殊的历史意义?(出示 ppt 呈现图片、材料)

生:自 1840 年鸦片战争以来,抗日战争是中国人民第一次取得反侵略的完全胜利,这必然大大增强中国人民的民族自尊心和自信心,鼓舞中国人民继续革命,争取解放。

师:"完全胜利"不仅仅指军事上的胜利,还有政治上的,比如,在抗日战争期间,中国政府没有和外国签订不平等条约,不仅如此,还废除了一系列不平等条约,收回了治外法权。

师:(出示 ppt 呈现材料)中国的抗日战争在世界反法西斯战争中的地位怎样?

生:中国的抗日战争是世界反法西斯战争的重要组成部分。

师：抗日战争使中国伤亡3500余万，损失惨重，做出了巨大的民族牺牲。牵制、打击了日军的侵略势力，为世界反法西斯战争的胜利作出了重大贡献，也赢得了国际社会的尊重，在二战后期的《开罗宣言》和《波茨坦公告》中，英美等国强调：日本必须将窃取于中国的台湾、澎湖列岛及其附属岛屿归还中国。中国收回台湾，并成为联合国安理会五大常任理事国之一，大大提高了中国的国际地位。

设计意图：设计问题链，引导学生从世界反法西斯战争、全民族抗战等宏观视野运用整体史观思考问题，解决问题的过程，成为教师引导学生学习的过程。在此过程中，学生掌握了本课的基本知识，训练了思维，提高了能力。

7. 总结提炼反思，鼓励自由表达

师：出示ppt主题三 以史为鉴积极面向未来

师：同学们，抗日战争的硝烟已经渐渐散去，河山虽然还我，却是满目疮痍。战争给中国千千万万个家庭，给整个中华民族留下了挥之不去的隐痛。

出示ppt探究：是什么让他们泯灭了人性？（结合课本学思之窗材料）

生：略。

师：出示ppt探究：今天我们怎样处理中日关系？

材料一　参与南京大屠杀的侵略者东史郎真诚忏悔。

材料二　陈怀民的妹妹致信高桥的妻子美惠子。

材料三　日本右翼分子兴风作浪：篡改教科书、参拜靖国神社、钓鱼岛问题。

生：只有自己强大了，在国际上有地位了，就没有哪个国家敢欺辱我们。

生：既然日本不肯承认这段历史，那我们就搜集更多更全面的侵华证据，让他们在证据面前低头。中日两国的很多人、很多团体在为此奔走，被评为2002年感动中国十大人物的王选就是其中的代表，作为731部队细菌战诉讼原告团团长，她收集了大量图片、资料、录音带等控诉侵华日军的罪行。

生：我觉得中国还可以广泛开展多边外交，获得更多的国际支持，以此来孤立日本，施加压力。

师：因为珍爱和平，我们回首战争，我们当然不希望两国交恶，但是面对日本的不断挑衅，触及我们的国家利益和国家主权的，我们一定要据理力争，决不妥协。然而，抗争的方式有很多种，大家认为前一阵所看到的打砸日货的行为合适吗？能为我们赢得国际社会的尊重和认可吗？

生：不能。我们要理性爱国，提高国民素质。

师：今年是抗日战争结束70周年，南京大屠杀幸存者李秀英临终前告诫我们：

要记住历史，不要记住仇恨。战争不能取代建设，让我们“守望相助、同舟共济、共同发展”①，以史为鉴，面向未来！

设计意图：结合与抗日战争相关的现实问题，有针对性地设计和引导学生开展探究活动，使学生加深对抗日战争的历史与今天现实关系的理解，从而较好地落实了本课的教学目标。

六、教学反思

1. 设计教学主题，厘清教学思路

《抗日战争》在模块中的地位极为重要。近代前期，中华民族反抗外来侵略的斗争屡遭失败，抗日战争的伟大胜利，扭转了这一局面，它成为中国反抗外来侵略、走向民族复兴的重要转折。同时，当前中日关系的发展，由于日本右冀势力的种种行径而艰难曲折。如何落实课程标准的有关教学要求？如何使高一学生通过本课的学习，既增长知识，又能辩证地看待近代史上日本的侵华行径，理性地认识当今的中日关系，从而实现以史鉴今的社会功能？这些是我在设计本课时着重思考的问题。为此，本课以教材为依托，根据学情分析，将学习内容整合为三大主题：即：野蛮侵略，滔天罪行；众志成城，钢铁长城；以史为鉴，面向未来。以主题立意作为课堂教学的主线，“教学目标与教学主题的融合则是将现实和未来、学习与成长、学生与课程融于一体的过程。”②

2. 整合课程资源，解决学习问题

新课程实施以来，“用教材教”的理念已深入人心，但如何用教材教，既发挥教材这一最重要的课程资源，又合理整合其他课程资源？本堂课上呈现的史料有文献、视频、图片等，在选择史料时，注重乡土资源的应用，让学生在阅读、观察乡土资源的过程中理解、掌握相关知识，提高学科能力。如，学生们从我爷爷的遭遇中，从日军在南通姚港登陆、在如东烧毁民房等图片中，能体会到日军的残暴。学生们从新四军进攻石港伪据点、教材中回民支队练刺杀等图片，能体会到抗日战争是一场全民族的抗战。学生的这些体会、认识，以多种史料为依托，有史实依据，因此，学生学习的过程，也是培养论从史出的习史习惯，提高自己阅读、观察、分析史料等能力的过程。

---

① 人民日报评论部. 习近平用典[M]. 北京：人民日报出版社，2015：175.

② 徐锡成. 历史课堂教学目标的价值实现[J]. 历史教学问题，2015(1)：59.

3. 问题驱动教学，培养批判性思维

所谓问题驱动教学，是指基于建构主义教学理论，教师从学生原有知识和经验基础出发，设置一系列问题，以问题统领教学过程，激发学习动因，引导学生自主学习，主动研究问题，从而掌握知识，提高思维能力。在本堂课教学过程中，我注重以问题为中心推进教学流程。具体而言，配合文字、图片、视频等多种材料的呈现和问题的提出，根据学生自主或合作解决问题的实际情况，及时对学生的思路加以引导或对学习问题进行阐释，努力构建“难忘课堂”，“而教学过程的展开则主要采取师生平等对话、合作探究等形式，让学生在轻松愉悦的氛围中主动获取知识并生成相应的技能”①。课堂上，师生间、生生间，通过对话、交流、配合，教学进程流畅。比如，学生对于问题：“今天我们应怎样看待中日关系？”畅所欲言，让心灵吸收感悟，这使我深切体会到，在新课程改革背景下，问题引领教学的方式，有其必要性和必然性，如今的课堂不仅是传授知识的讲坛，更应成为学习知识、探究问题的乐园。适应现代社会需要的历史课堂，必须打通学生书本世界和生活世界之间的界限；必须关注学生的生命价值，给学生以主动探索、自主支配的时间和空间；必须关注学生的心理世界，创设对学生有挑战性的问题或问题情境，熏染、提升学生的思辨能力，达成育人的目的。

（陈建云　供稿）

示例 2

启蒙运动(一轮复习)

一、课题来源

人民教育出版社《历史 3》第三单元第 7 课“启蒙运动”。

二、政策要求

高中课标明确规定：“在掌握基本历史知识的过程中，进一步提高阅读和通过多种途径获取历史信息的能力；通过对历史事实的分析、综合、比较、归纳、概括等认知活动，培养历史思维和解决问题的能力。”史料教学是实现课程标准核心目标的重要途径之一。学生在对史料的理解基础上，通过不断质疑，形成自己的认识，

① 姚天勇，陆军. 难忘课堂：内涵、特征与建构[J]. 教育理论与实践，2015(7)：48.

从而真正做到“论从史出、史论结合”。《2015年江苏省普通高中学业水平测试(选修科目)说明·历史科》明确规定考查学生获取和解读信息的能力,即“理解试题提供的图文材料和考试要求;整理材料,最大限度地获取有效信息;对有效信息进行完整、准确、合理的解读”。这样的测试要求在试题中得到了很好的体现,也促使我们在历史教学中充分地运用史料教学,培养学生阅读史料的能力。

三、学情基础

在思想史教学过程中关注史料的有效运用不仅是课程标准和测试的要求,也是思想史教学的内在需要。本课的授课对象是高三历史选修班学生,他们基本上掌握了一些重要的基础知识和学习历史的基本技能,对于启蒙思想家的主张、启蒙运动的影响也有较深的印象,但是,思想内涵深藏在思想的表象之下,有一种道不尽、说不清、讲不透的感觉,仿佛飘然于天上。学生对于“启蒙思想家何以会产生这些思想?”“启蒙思想的内涵是什么?”等问题的深层次理解还不够,再加上教材中提供的有关思想史的史料有限,有必要为学生提供更多的史料,让学生在阅读、分析史料的基础上,感悟历史人物的思想内涵,认识历史人物的思想价值,还原历史人物的本来面目,确定其历史地位。

四、教学目标

(1) 通过阅读、分析史料,概括归纳启蒙思想家的主要观点,领会启蒙思想家追求科学与理性、敢于批判旧制度的革命精神。

(2) 结合特定的历史环境、时代背景感悟广义上的启蒙运动的进程,感受思想文化的进步是有血有肉、多姿多彩的历史进程。

(3) 通过自主探究与小组讨论,运用所学知识并联系社会现实多角度论证伏尔泰的观点,认识先进思想对人类社会发展的巨大推动作用。

五、教学设计

1. 创设情境,激起疑问

课上我首先展示了陈乐民先生在《启蒙札记》中的一段话:“‘启蒙’有普世性。任何一个民族从不文明、野蛮、愚昧、专政、盲从的社会到文明、民主、自由、人权受到普遍尊重的社会,都必须经过‘启蒙’阶段,不能逾越和绕过。”请同学们先在心里判断一下:从人类文明发展的历程来看,陈乐民先生的观点是否正确?

设计意图:从“启蒙”的定义入手,开门见山,直奔主题,为学生进入下一步深入学习设置了一个悬念,激发学生的求知欲。

2. 提供支撑，自主探究

（1）史料拓展，温故知新。利用教材“学思之窗”中引用的材料：“恩格斯指出：‘……他们不承认任何外界的权威，不管这种权威是什么样的。宗教、自然观、社会、国家制度，一切都受到无情的批判；一切都必须在理性的法庭面前为自己存在作辩护或者放弃存在的权利。’”抛出问题：在已学知识的基础上分析指出材料中的“他们”指什么人？他们无情批判的对象有哪些？批判的武器是什么？学生从材料的解读可以完成这三个问题，在此基础上，再结合教材内容，从不同方面举出具体例子加以说明。在学生发言后，补充史料：

材料一 这个“魔法师”比法国国王这个“魔法师”更强有力，“有时他令国王相信，三等于一，人们所吃的面包并非面包，所饮的酒并不是酒，诸如此类，不胜枚举。”神学著作“问题之多，几乎和书中的行数相同。”

——孟德斯鸠《波斯人信札》，第 39、49 页

材料二 基督教只是宣扬奴役与服从。它的精神大大有利于暴君制……真正的基督教徒，被造就出来就是作奴隶的。

——卢梭《社会契约论》，第 173 页

请学生根据史料分析启蒙思想家的观点，从而进一步归纳启蒙思想家们对宗教的共同态度。批判现存的、不合理的社会存在，目的是为了描绘他们心目中理想的社会蓝图。呈现史料：

启蒙思想家使得法国和整个欧洲的旧制度都遭受到了一场毁灭性的打击。但更重要的则是他们发展一系列具有革命性的原则，并打算通过这些原则进行大规模的社会改革。其中特别使我们感兴趣的是他们在经济、宗教和政治三个领域中提出的一些具体建议。

——斯塔夫里阿诺斯《全球通史》

请同学在独立梳理教材基础知识的同时，通过同桌、小组间的合作完善自己的答案，具体说明启蒙思想家们提出了哪些具体建议。

对教材的梳理，同学们会发现，这些具体建议侧重体现在政治领域，其他两个领域涉及的内容甚少，此时，呈现补充材料：

材料三 每一个人，在他不违反正义的法律时，都应听其完全自由，让他采用自己的方法，追求自己的利益，以其劳动及资本和任何其他人或其他阶级相竞争。

——亚当·斯密《国富论》

材料四 总之，一种事业若对社会有益，就应当任其自由，广其竞争。竞争愈

自由，愈普遍，那事业就愈有利于社会。

——亚当·斯密《国富论》

材料五 我们的世界是由物质的运动形成的，……但是他却永远地生存着，所以它的运动必定有不变的规律。

——孟德斯鸠《论法的精神》(上册)第1页

材料六 我存在着，我有感官，我通过我的感官而有所感受。这就是打动我的心弦使我不能不接受的第一个真理。

——卢梭《爱弥儿》(下册)第383页

材料七 狄德罗说“如果想要我们相信神的话，一定得让我摸得到它”。

——葛力《18世纪法国哲学》第308页

通过对史料的解读，同学们会发现：启蒙思想家们在经济上主张实行自由放任主义，反对重商主义；宗教哲学方面热情宣扬唯物主义、无神论等思想。

设计意图：人教版教材主要呈现了启蒙思想家们在政治方面的一些主张，而宗教、经济等方面的思想没有太多涉及，因此，通过相关史料的分析，学生就可以更完整地理解启蒙运动。在梳理完这些内容之后，和学生一起总结法国启蒙思想家用“理性主义”的武器去反对专制王权追求民主、反对宗教神权追求自由、反对贵族特权追求平等、反对愚昧迷信追求科学，这一时期人文主义被赋予了崭新的时代精神——反对封建专制，构建理性王国。这样，学生可以更好地理解启蒙运动时期“理性”的时代内涵。

(2) 比较分析，提升能力。学术界认为，启蒙运动有广义和狭义之说。广义的启蒙运动最早产生于英国，而后发展到法国、德国，波及荷兰、意大利、比利时、奥地利等国。启蒙运动以18世纪的法国声势最大，成就最高，影响最深，是欧洲启蒙运动的高潮和中心，故狭义的启蒙运动指的是18世纪法国的启蒙运动。接下来我就与学生一起解读史料、结合已学知识回顾启蒙运动在不同国家的发展历程及其独特的精神气质。呈现史料：

材料八 “启蒙”这个术语在英格兰和荷兰很少被使用；在那些国家显然没有必要使用纲领性的口号。

材料九 ……在那里它以特别批判性的和改革主义的姿态出现，充满了改进、现代化和进步的悲怆。

材料十 这种公共讨论的先决条件是交流制度的日益集中，以及书刊市场和新闻报刊的膨胀。同时也要有一种宽松的检查制度和一种启蒙话语的出现，后者关心公民的私人伦理、政治的基本原则、公共教育和社会关系。

——材料均摘自鲁道夫·菲尔豪斯《进步:观念、怀疑论和批评——启蒙运动的遗产》

通过对材料的分析和已学知识的回顾,学生会发现英国的启蒙具有渐进性。这一特点的形成与英国独特的政治进程、传统文化等因素有着密切的关系。英国相对自由的环境、渐进式的政治改革,促使霍布斯、洛克等人的思想发展,他们的天赋人权、分权思想实际上是对英国社会、政治的反思和总结,他们推崇理性,却从未否定上帝和宗教信仰。

但是在另一个国度,启蒙却呈现出了完全不同的气质。这种完全不同的特点又是产生于怎样的历史环境之中呢?

材料十一 每个法国人每天都在他的财产、人身、福利或自尊方面受到某种旧法律、某种旧政治惯例、某些旧权力参与的妨碍,而他看不到任何他本人能采用的医治这种特殊疾病的药方。似乎要么全盘忍受,要么全盘摧毁国家政体。

——托克维尔《旧制度与大革命》

美国波士顿大学教授詹姆斯·施密特在他主编的论文集《启蒙运动与现代性》的前言里,说过这样一段话:"启蒙运动是欧洲的一个历史事件,但是'什么是启蒙?'这个问题,却独一无二地是一个地地道道的德国问题。"请学生阅读教材"历史纵横"思考德国的启蒙思想家是如何回答这个问题的呢?这体现了德国的启蒙具有什么特点呢?结合材料和所学知识试着想一想原因何在?

设计意图:对于启蒙运动,人教版教材更多地侧重于对法国启蒙运动的介绍,对德国启蒙运动开展采取了以点带面的方法,选择了康德的思想观点,没有对启蒙运动进行全方位的展示,通过这个环节,学生就可以调动已学知识深入分析:启蒙运动为什么最早兴起于英国,而法国却成为启蒙运动的高潮和中心?更深切地体会启蒙运动在英法德三国的发展呈现出了不同的特质,是与各国的历史环境密切相关的。

3. 成果展示,评价升华

康德说:"从迷信解放出来唤作启蒙。"对自然界来说,它是与黑暗相对立的;对于人世间来说,它是与愚昧和专制相对立的,因此,启蒙不可能通过一场运动来实现。实际上,法国启蒙运动并不是我们通常认为的有领导、有组织并有预设目标的运动,而是自然、自发、在日常进行的具有广泛社会影响和久远历史价值的精神和心智活动。它实质上一种永久的、涉及每一个人的精神现象。

呈现法国国家图书馆里的一份珍贵收藏——两百多年前的一颗充满激情的心

脏。它的主人伏尔泰说:“我的心脏在这里,但到处是我的精神。”请学生结合所学知识多角度论证这一观点(要求:观点理解准确;层次清晰;史论结合)。引导学生独立思考,找准观点:启蒙思想对世界的发展产生了深远的影响。在此基础上,小组成员采用独立思考、思维碰撞相结合的方式分角度进行阐述。发动同一角度的学生开动脑筋,多层次寻找支撑观点的有力论据,进一步完善各自的思路。

设计意图:通过本课的复习,学生一起整理了本单元的知识框架,对人文精神的发展历程有了更深的理解。在此基础上,我设计了一道小论文形式的问题,让学生把已经学过的知识、思维的成果展示出来,并在同伴之间互相合作加以完善,有助于学生更好地理解启蒙运动。最后,我选用了一段康德的话:“通过一场革命或许很可以实现推翻个人专制以及贪婪心和权势欲的压迫,但却绝不能实现思想方式的真正改革;而新的偏见也正如旧的一样,将会成为驾驭缺少思想的广大人群的圈套。”作为结语,进一步凸显了启蒙的普世性和长期性,首尾呼应,与学生共勉。

六、教学反思

在思想史教学中,精准、恰当的史料运用不仅能让干瘪、枯燥的知识变得丰满、生动,而且能够调动大家学习的积极性,更加准确地领悟和掌握知识。史料教学能让历史课变得形象生动,对培养学生的历史思维能力有十分重要的意义。这不由得让我想起“百家讲坛”的主讲人通过精心选择的史料,给大家提供了与古人交流、体悟的机会,听众自然成为了参与者、研究者,这势必会激发他们了解历史的兴趣,提高他们的探究意识。在《历史 3》特别是思想史教学的过程中,我们除了关注能力的培养之外,是不是也可以选择一些历史人物的名人轶事,从而让伟人走下神坛,走近学生的心灵呢?

(杨春霞　供稿)

地理学科“难忘课堂”构建方案

一、中学地理教学的现状与要求

现今基础教育中存在着一些问题，特别是学校及社会都把中学教育的终极目标定位于把学生送进高一级的学校深造。每年中考、高考结束之后，电视、报纸、网络等各种媒体关于各地状元的报导铺天盖地。多数家长衡量学校教育好坏的标准主要就是升学率。中学生也普遍存在急功近利的现象，所学知识很难有长久地记忆，往往在考试之后便被遗忘，也就无法形成属于学生自己的知识和能力。美国未来学家 Alvin Toffler 说过：“未来的文盲不再是不识字的人，而是没有学会怎样学习的人。”如果我们今天的基础教育还是仅仅教授学生文化知识，而没有能够让学生学会自己学习，那么我们就是在培养“文盲”。

地理课程标准指出：“地理课程要提供给学生与其生活和周围世界密切相关的地理知识，侧重基础性的地理知识和技能，增强学生的生存能力。”“学习对生活有用的地理”是其中最强调的理念之一，表明地理课程将从纯粹的“科学世界”重新回到学生的“生活世界”，而生存和生活能力是持续和永恒的需求。因此，我们的教育必须要达到持久的效益，在课堂教学中就要努力构建“难忘课堂”，以实现教育难忘。

地理是研究人类生存发展与地理环境关系的科学。地理学科引导我们去认识环境，适应环境，合理地利用环境，有效地改造环境，促进人类与环境协调发展，因而也是我们生存的科学，是我们生活的工具，即公民必须具备的基本素质。高中地理的“难忘课堂”核心是帮助学生理解和应用，而非传统意义的机械掌握。

二、地理学科“难忘课堂”的基本理念

地理学科“难忘课堂”的教学模式是指在教学过程中，学生在教师指导下，通过以“自主学习、深入探究、解决问题”为特征的学习方式，对课堂教学内容中的主要知识点进行学习并对相关问题进行探究合作交流，从而较好地提升学生解决问题

的能力，达到课程标准中关于认知目标与情感目标要求的一种教学模式。地理学科“难忘课堂”的教学模式主要秉承了以下几点理念。

1. 激发兴趣的理念

捷克教育家夸美纽斯说过：“求知与求学的欲望应该采用一切可能的方式去在孩子们身上激发起来。”列夫·托尔斯泰也说过：“成功的教学所需要的不是强制，而是激发兴趣。”可见兴趣才是激发学生学习的原动力。高中地理教学怎样才能激发学生求知与求学的欲望呢？

地理学科“难忘课堂”的教学总是围绕课程教学要求中的相关认知点而展开。这些需要认知的内容来源广泛，可能是来自大自然的某些现象，可能是来自社会生活中的现实问题，还有可能由学生学习或生活中遇到的问题而产生。因此，教师在教学过程中就必须根据教学目标的要求来选择合理的问题，以问题激发兴趣，引领学生进入课堂，引发思考。

2. 强调自主的理念

美国教育界流行过一句话：“I hear，I forget。I see，I know。I do，I understand。”从中不难看出，仅仅是听到、看到还是远远不如自己亲自做到。地理学科“难忘课堂”的教学模式强调“自主学习、深入探究、解决问题”的学习方式。因此在教学过程中特别强调学生的自主学习和自主探究，要尽可能在学习环节中让学生亲身参与。

通常，在教学内容确定后，学生即可在相关问题的引领下进行自主独立学习。这种学习是学生带着问题的学习，是一种有明确目的的学习，因而可以使学生的学习更加有效、更加自信。这样全体学生带着问题去学习、去发现，为下一步的合作探究打下了坚实的基础。这一环节是“难忘课堂”教学承上启下的关键环节，因此，教会学生自主学习的方法十分重要，即教会学生怎样围绕问题去学习、怎样在学习中找到解决问题的方法。在具体的实施过程中，这一环节中可以用微课的形式来分解某些重点、难点。

3. 合作交流的理念

萧伯纳说过：“你有一个苹果，我有一个苹果，互相交换，各自还是得到一个苹果；你有一种思想，我有一种思想，互相交换，各自得到两种思想。”不同的学生在学习过程中会获得不同经验体会，互相交流能使思想发生碰撞，获得更多有价值的思想。所以，我们的教学模式还强调合作交流的理念。

在一堂课上，教师起到引导、支持的作用，学生要充分发挥学习的主动性与积极性，信息技术要成为学生探究的认知工具，这些都需要师生之间、生生之间相互合作。地理学是一门文理交融的综合性科学，自然地理有较多的逻辑思维过程，需要培养学生严谨的科学态度和严密的逻辑推理，有些观察和实验可以分小组合作完成；人文地理和区域地理可以通过让学生合作查找资料并进行分析研讨。所以，在课程实施中会设置师生交流、生生交流等环节。这些环节是与前面的自主探究环节紧密相连的。学生只有在经过了认真的自主探究、积极思考后，才可能进入高质量的协作交流阶段。也就是说，交流一定要建立在自主探究的基础之上，才能为学生提供思路交流、观点碰撞、成果分享的平台。教师在此过程中要起到组织、协调、引导的作用。通过协作交流可以使学生对问题的认识和理解更加充分，思路得到进一步的拓展，从而实现认知水平的提升。

4. 总结提升的理念

教师引导学生对问题进行回答与总结，对学习成果进行分析、归纳和梳理，并可联系实际，对当前知识点进行深化提炼、迁移应用，使学生对所学知识和相关技能得到检验并学会应用，以实现地理教学从“科学世界”到“生活世界”目标境界。

三、地理学科“难忘课堂”的主要教学模式

1. 教材基本情况分析

地理必修三个模块的基础课程教学是高中课程教育中的重要组成部分，根据教学内容又大致可分为自然地理和人文地理两大板块。

高中地理中的自然地理部分，主要在必修Ⅰ部分。属于自然科学（偏理科）内容，规律性较强，教学中需要有较多的逻辑思维。对于学生而言，学习时，应该采用偏重理科的学习方法，强调理解重于记忆，侧重于对地理原理、地理规律的理解运用，使所学内容形成知识链（如地球运动—大气运动—水循环—生物生存的自然带等）。

人文地理和区域地理部分，主要在必修Ⅱ、Ⅲ部分。属于社会科学（偏文科）内容，教学中需要运用较多的社会信息和数据资料来帮助学生进行分析和理解，而学生则需要在理解的基础上对所学知识加以利用，同时实现对知识的记忆。所以，在教学中如何让学生学会对信息资料的分析综合、对比判断并学会研究地理事物和现象的特征与成因，思考它们之间的相互关系，就显得十分重要。

2. 课堂教学程序

(1) 根据教学目标要求给出相关的某个自然地理现象或某个人文地理事件或某个研究案例,提出本节课主要的探究问题。这一环节中所提出的问题应具有启发性、能引起学生的深入思考。

(2) 配合上述问题、事件或案例,展示有关信息,并将总的问题进行分解(逐步推进的小问题),引导、启发学生的思考。

(3) 指导学生开始自主学习:以课本内容为主,结合教师给出的信息和分步骤的小问题逐一进行自主思考分析、综合探究,寻找合理的逻辑规律,寻找资料信息之间的相互关系,从中归纳该事件或案例的形成规律及产生的影响。

(4) 组织学生展示并讨论自主学习中的发现的困惑或共同的问题,进一步启发和引导学生学习相关内容提要,同时可进一步补充相关资料信息,在学生先充分发表自己见解和理解的基础上,教师发现学生对某些问题的理解中共同存在的问题。

(5) 教师针对学生自主学习中共同存在的困惑、不容易理解到位的问题、总结归纳不容易到位的问题、本节课中的重点和难点问题,引导并开展课堂讨论。通过讨论逐步归纳地理现象的产生规律,教师也可以通过准确的讲解(也可以结合一些学生身边的事例加以佐证),帮助学生形成完整的知识体系,实现"现象—规律"的提升,从而引导学生逐步掌握本节课的重点和难点。

(6) 根据教学目标和要求所涉及的重点和难点提出相关的练习,根据学生已初步形成的"现象—规律"能力,教师再举出某个典型的事件或案例,帮助学生进行课堂知识的巩固,请学生运用已有的能力进行综合分析和归纳总结,同时逐步教会学生运用知识解决问题的方法,并提升学生解决实际问题的能力。

(7) 课堂归纳和总结环节,先由学生归纳本节课所学到的主要知识点、重点和难点,教师进行补充、完善,布置相关的习题和作业。

四、实施地理学科"难忘课堂"教学模式的注意事项

(1) 合理利用教学资源,提高课堂教学效率是实现地理"难忘课堂"的主要途径。即利用多种方式,引导学生自主学习、探究、总结,从而掌握规律;鼓励学生动手动脑,实现认知提升;促进课堂合作交流,实现共同提高。

(2) 适时引导、加强互动、促进主动学习是实现地理"难忘课堂"的有效办法。即抓住要点引导学生,在发现中自主掌握;针对难点进行讨论,在互动中加强理解;

利用热点激发兴趣，在探索中促进学习。

（3）精心设计课堂活动，在有效的活动中形成地理“难忘课堂”。要做到活动有效，在活动的设计上就要遵循一定的原则。我们认为：围绕课标，合理取舍，是课堂活动设计的依据；强调重点，突破难点，是课堂活动设计的前提；切合实际，追求价值，是课堂活动设计的目的。

（4）地理课堂教学还必须要运用现代教学设备，从地理事物的内在联系出发，设计课堂教学，充分利用现代教学设施，展示地理图片，体现学科特点，增强直观性，同时利用多媒体手段，展示教学要点，可有效提高教学效率。

（5）案例教学，是培养和提升学生地理综合能力的有效途径。通过案例展示，帮助理解地理要素的相互关系；利用案例事件，理解地理现象的产生机制；进行案例分析，寻找人地协调的主要途径。

“难忘课堂”地理学科方案是我们在教学实践过程中总结出的一套比较高效的模式，然而吕叔湘说过：“如果说一种教学法是一把钥匙，那么，在各种教学法之上，还有一把总钥匙，它的名字叫做‘活’。”任何一种教学模式都不可能尽善尽美，都不可能放之四海而皆准，我们必须在实践中不断对它进行完善。

（孙薇薇　执笔）

示例 1

地球公转的地理意义

一、课题来源

湖南教育出版社《地理 1》第一章“宇宙中的地球”第三节“地球的运动”中的一级标题“地球的公转”中的子标题“地球公转的地理意义”。

二、政策要求

《江苏省普通高中地理课程标准教学要求》中对“地球公转的地理意义”的标准要求为“分析地球运动的地理意义”，具体学习要求细化为“理解黄赤交角及其地理意义，绘制太阳直射点移动轨迹示意图，掌握太阳直射点的移动规律，掌握昼夜长短及正午太阳高度角纬度变化规律及季节变化规律，了解四季的形成原因”①。

① 江苏省教育科学研究院课程教材研究中心，江苏省中小学教学研究室．普通高中课程标准教学要求（思想政治・历史・地理）[S]．南京：江苏教育出版社，2007：88.

“新课标湘教版”编排了“地球的运动”一节内容，含“地球的自转”和“地球的公转”两个子标题。在“地球的公转”部分，设置了“地球公转”和“地球公转的地理意义”两个次一级标题，在“地球公转的地理意义”部分介绍了“太阳直射点的南北移动、各地正午太阳高度的变化，昼夜长短的变化以及四季的更替、五带的划分”。

本模块课标要求，如图 1：

	内容结构	行为动词	行为条件	行为程度
地球公转的地理意义	黄赤交角	→ 理解 →	利用课件和学案 →	正确理解
	直射点的移动规律	→ 绘制 →	利用课件和学案 →	正确绘制
	昼夜长短和正午太阳高度的变化规律	→ 掌握 →	利用地球仪和课件 →	用比较规范的地理术语掌握并说出
	四季成因	→ 了解 →	利用课件 →	正确了解

图 1　课标分解示意图

这部分内容是高中自然地理知识的重点和难点，内部逻辑非常紧密，前后知识环环紧扣，层层递进。传统思路梯度清晰，经典且易于学生掌握。但是，如果只是凭借地球仪和教师的巧舌如簧还是难以让学生将抽象变为直观，变不可视为可视。因此，设计本部分内容时要紧扣课程标准，充分研究教材和学情，建立灵活的思维模式，更要在具体教学过程中，根据学生反馈，超越教学模式，从“有模之术”到“无模之境”。

三、学情基础

初中地理学习侧重关注感性知识，而高中地理更多需要用理性思维来解读地理现象和事物。九年级地理学习的断层以及立体几何的空白使得大部分高一新生的地理基础较差，空间想象力不足，给本模块教学带来很大困难。因此在教学过程中，教师要多途径积极调动学生内隐的经验类知识和外显的编码化知识，让学生主动参与昼夜长短与正午太阳高度变化规律的探索，进而整合思维，最终正确了解四季的成因。

四、教学目标

结合动画素材绘制直射点回归运动的轨迹示意图，掌握直射点的回归运动规律。

通过地球仪演示判断昼夜长短和正午太阳高度的变化，增加空间感知。

通过直射点的回归运动轨迹示意图和地球侧视图，分小组讨论总结昼夜长短和正午太阳高度的变化规律。

结合知识系统的建立，了解四季更替的原因。

五、教学过程

1. 创设情境

诱发学生自主学习的欲望是“让学”的前提。教师在课堂设计时设置的教学情境，实际材料很多取材于学生生活，新闻事件，或者教师本身经历，也就是十分接地气，从学生已有的知识经验和生活背景出发，才能促进他们在探索过程中真正理解和掌握双基，同时获得深刻的体验。

设计说明：由真实的生活情境设疑导入，学生由情境产生对地球公转相关知识的兴趣。

教学流程：展示南通四季景观图并引发学生思考夏季炎热而冬季寒冷的原因。

2. 自主探究

探究活动是培养科学观念与能力的最关键的途径，地理难忘课堂中处理好“知识点的落实”与“充分运用探究手段”的关键是落实学生的主体地位。

设计说明：增强自主探究，独立思考问题的能力。

教学流程：学生通过教师引导，借助动画素材独立思考直射点回归运动的轨迹示意图，并将其绘制出来。

3. 明确任务

明确学习目标，获取有关信息与资料，培养一定的科学探究精神。

设计说明：学生通过演示活动，加强对昼夜长短变化和正午太阳高度变化的印象。

教学流程：学生通过教师引导，演示地球仪判断昼夜长短和正午太阳高度的变化。

演示活动一：判断昼夜长短变化

① 将地球仪放置接近夏至的位置。

② 轻轻拨动地球仪，观察红点在昼半球和夜半球分别走过的路径的长短。

③ 同样的方法观察白点和黄点，并总结各点所在纬线的昼夜长短情况。

演示活动二：正午太阳高度的变化

① 将地球仪放在秋分位置。

② 拨动地球仪，使白点处在黄道面(地理书所演示的平面)上。

③ 一位同学拿把直尺摆放出经过白点的切面的姿态。

④ 另一位同学拿一支笔表示太阳光，使笔经过白点，垂直于直尺。

⑤ 将笔平移到黄点的位置，将直尺摆放出经过黄点的切面，判断笔和直尺的夹角。

⑥ 同样的方法判断红点对应的正午太阳高度角。

4. 自主学习

教学的本质就是经验的再构，当一个新的信息出现的时候，个体必然对原有的知识经验建构，破坏原有的知识"平衡"达到一个新的"平衡"，即将新的信息内化。自主学习就是不断破坏已有的知识平衡，到非平衡，由知识的"基态"跃迁到"激发态"，建立新的"平衡"。

设计说明:学生通过这个环节提高观察地理事物、分析地理问题的能力，提高地理空间思维能力和归类总结，化繁为简的能力。

教学流程:(1) 学生在教师引导下，在学案上绘制晨昏线，结合图思考并总结昼夜长短纬度变化规律。(2) 学生在教师引导下，结合图和问题独立思考正午太阳高度的纬度变化规律。

5. 合作交流

学生在教师引导下展示、汇报个人或小组的学习成果，生生之间、师生之间进行合作交流，通过不同观点的碰撞融合，获取新知。

设计说明:学生通过这个环节提高地理空间思维和总结的能力。

教学流程:(1) 学生在教师引导下讨论夏至日到秋分日的直射点移动规律、北回归线和北半球的昼夜长短变化，再将不同节气之间的北半球昼夜长短变化标注在直射点的移动轨迹示意图上，从而得到昼夜长短变化的季节变化规律。

问题:① 从夏至到秋分，直射点的移动方向有何规律。

② 从夏至到秋分，分析北回归线的昼夜长短变化。

③ 从夏至到秋分，分析北半球昼夜长短变化。

(2) 学生通过教师引导，讨论分析、总结出正午太阳高度的季节变化规律。

问题:① A 点什么时候正午太阳高度达到一年中最大值、最小值?

② 夏至日，什么纬度区域距离直射点所在的纬线(北回归线)达到一年中最近，正午太阳高度达到一年中最大值?

③ 夏至日，什么纬度区域的正午太阳高度达到一年中最小值？

6. 学以致用

这个环节是知识的深化，需要教师引领学生用刚才“顿悟”的知识去解决新的问题，达到知识应用熟练的程度，同时也训练学生反思性思维，促进学生思维冲撞、渗透、磨合。

设计说明：学生通过这个环节提高理论联系实际，即用所学的知识来解释现实现象的能力。

教学流程：学生通过教师引导，结合探究得出的昼夜长短和正午太阳高度的变化规律思考，总结出四季形成的原因。

7. 总结提升

教学过程中，学生大部分的知识是以碎片化形式存在，总结提升环节能够促进学生在整体上把握本节知识，构建思维体系，更好的巩固知识。

设计说明：构建知识框架，形成完整的知识体系。

教学流程：学生针对教师呈现的不完整的知识框架图，思考并完善具体知识框架。

8. 反馈评价

任何学习都必须内化为学习者的知识素养，才是真正有效的学习。反馈评价环节一方面可以促使学生及时巩固双基，内化知识，发现问题并及时予以分析和解决，另一方面学生和教师也可以藉此诊断教学活动效果。

设计说明：学生随机选择日期，并对自己的同学进行抽查和评价学习效果，形成一个思维活跃的学习氛围。

教学流程：学生提问并评价。

问题：① 该日期直射点位于哪个半球？

② 该日期北半球的昼夜长短变化规律？

③ 该日期以后，直射点向哪个方向移动，北半球昼夜长短如何变化？

④ 该日期到下一个节气，北回归线及其以北地区的正午太阳高度变化规律？

六、教学反思

1. 不足之处和应对措施

(1) 不足之处。本课容量大，逻辑推理性强，很多内容集中在让学生通过各种类型的素材进行归纳，即通过提供的条件总结结论，然后再用结论去演绎和验证。然而，答案的深度令多数学生在短时内无法打开思维，更难以营造课堂上“踊跃发言”的氛围。因此，为了在45分钟内完成学习任务，教师在问题的解答方面过于倾向思维活跃区，未花很多时间关注边缘区。某种意义上，面对学生的个性差异，课堂上的兼顾公平还有提升空间。

（2）交替运用同质分层和异质合作。在课堂小组合作学习中，先要求学生提前预习相关内容，帮助学生认识自我，开发自我，正确看待自己的优势，让学生自己选择成立合作小组，尽量采用“异质合作”，优势互补的形式，让学生互相搭配，互相影响，鼓励某方面高水平的学生帮助困难生，同时也要防止困难生过多依赖优生。因此，各有所长的学生组合在一起可以让学生充分认识到合作是成功的需要，合作的关键是建立协调的人际关系。

但是，一味安排异质合作学习，也会降低优生对挑战性问题的热情。因此，就像美国的苏维亚·瑞姆博士在《班有天才》一书中所说：“在做重复练习任务时，最好将天才学生单独放在一起做更难的工作，其他学生可以分成各个异质小组，每个小组中安排一位能力强的学生，但不必是天才学生。”“同质分层”让优生相对集中，合作学习较难的内容，这样他们能找到自我价值，分享彼此经验，找到学习的乐趣。而普通生在各自的小组里学习的目标是优势不是太大、易于被自己赶超的同学，也能增强自己的信心。

2. 地理难忘教育的实施策略

（1）生态课堂乃实施地理难忘教育核心所在。“生态”一词在生态学中是指一定的地域空间内生存的所有动植物之间、动植物与所处环境之间的相互关系，它强调系统中各因子之间的相互关系。生态课堂融合了生态学的精髓，以生态的方式来思考问题，关注课堂中所有生命的共同成长，是一种系统观、整体观、联系观、均衡观，不断生成智慧的场所。地理科学研究的主题是人地关系，也就是要求用系统、整体、协调、生态的观点去解读地理事物和地理现象所包含的各个因子及其相互关系，这和生态课堂的主旨是一致的。

地理难忘教育要求教师在教学过程中应该让学生深刻体会到地理知识的生活化，引领学生走进生活，深刻体会到地理知识在社会生产、生活中的功能和价值，这才是地理难忘教育的不懈追求。地理难忘教育要让学生在学习过程中难忘，就要充分激发学生的学习兴趣，促进学生思维的深度参与。地理难忘教育中的学生不仅是教师教学的对象，还是教学“资源”的重要构成者和生成者，是一种“活性资源”，教师不仅要把心思放在备教材、教案上，更需要把心思放在学生身上，更多地去研究学生，发现学生，才能在地理难忘教育中真正营造生态课堂，体现共生互赢。

(2) 问题式教学促进地理难忘教育精妙呈现。“难忘课堂”是学生在知识与技能、过程与方法、情感态度与价值观等方面获得全面发展的场所，具有优质长效、自主学习、生命成长和智慧迸发的特征，并有以生为本的教学思想、共同成长的教学取向、预设生成的教学过程和记忆深远的教学效果等建构路径。①由学生自己发现、提出问题，进而解决问题，再发现一般规律必然会让人留下难忘的记忆印迹。

在地理难忘教育中使用问题式教学有利于激发学生探究的欲望和自主学习的内在动力，促进学生在掌握知识和技能的同时又能具有一定的质疑、批判精神，形成发现问题、分析问题、解决问题和表达论证自己观点的能力。该教学模式还有利于引导学生自主设计研究问题，搜集解决问题的各种资源，自主探究或者合作探究找到解决的方案，切实提高高中地理课堂教学效益。教学过程中，教师需要注重新旧知识的相互联系，从最具启发性的角度诱导学生联想，启发学生地理深度思维的形成，促进其知识、能力和情感的迁移。

（翟云霞　供稿）

示例 2

大气环境

一、课题来源

湖南教育出版社《地理 1》第 2 章“自然环境中的物质运动和能量交换”第三节“大气环境”。

二、政策要求

普通高中地理课程的目标是从学生的全面发展和终身学习出发，构建体现现代教育理念、反映学科发展、适应社会需要的地理课程。高中地理必修课程分为三个模块，其中《地理 1》侧重于自然地理，关于全球气压带、风带一节内容的教学要求，普通高中地理课程标准(实验)中指出：绘制全球气压带、风带分布示意图，说出气压带、风带的分布，移动规律及其对气候的影响。根据“标准”，要求学生能够阅

① 姚天勇，陆军.“难忘课堂”的文化底蕴与操作要义[J]江苏教育研究，2014(6)：12-16.

读并熟练绘制全球气压带和风带的分布图，掌握全球性大气环流及其对气候的影响。

关于本节内容的教学，教材从三圈环流开始讲授，也就是假设地表性质均匀情况下的理想模式，在此基础上全球一共形成7个气压带、6个风带。然而事实上，由于海陆热力性质的差异，近地面的气压带和风带并不是呈条带状分布的，而是形成一个个的高低气压中心。如此设计由浅入深，能够很好地让学生理解全球气压带风带的分布。关于气压带风带的移动，通过模式图展示气压带风带分布的平均状况，以此为参照，得出北半球气压带风带大致是夏季北移、冬季南移的结论。

以气压带、风带的分布和移动为基础，加上海陆分布和下垫面性质等多因素的影响，从而形成了复杂的气候，通过举例说明，探讨不同气压带、风带影响下的气候具有不同的特征。

三、学情基础

高一新生在学习地理时普遍表现出两大方面的特征：一方面，学生的初中地理基础知识有很大的差异。比如有些学校的初中地理课程开设的并不完善，地理课课时得不到保障，使得部分同学的地理基础知识和基础技能都存在较大的问题，对高中地理的进一步学习造成很大的不良影响。另一方面，高一新生的学习热情高涨。绝大多数的学生满怀信心地进入高中阶段，这对于高中地理的学习又是有利的。在这种情况下，教师在教学的过程中，应该注重牢牢把握“双基”，扎扎实实完成新授课教学，既要激发、引导学生的学习兴趣，又要注意把握学生之间的差距，做到分层教学、因材施教。

四、教学目标

绘制全球气压带、风带分布示意图，说出气压带、风带的分布、移动规律及其对气候的影响。

通过阅读全球气压带风带的分布示意图，说出气压带风带的分布规律，在此基础上能够绘制全球气压带和风带的分布图。

通过观察太阳直射点的移动对全球气压带和风带的影响，说出气压带和风带的移动规律。

通过小组合作，探究气压带和风带对气候的影响。

五、教学流程

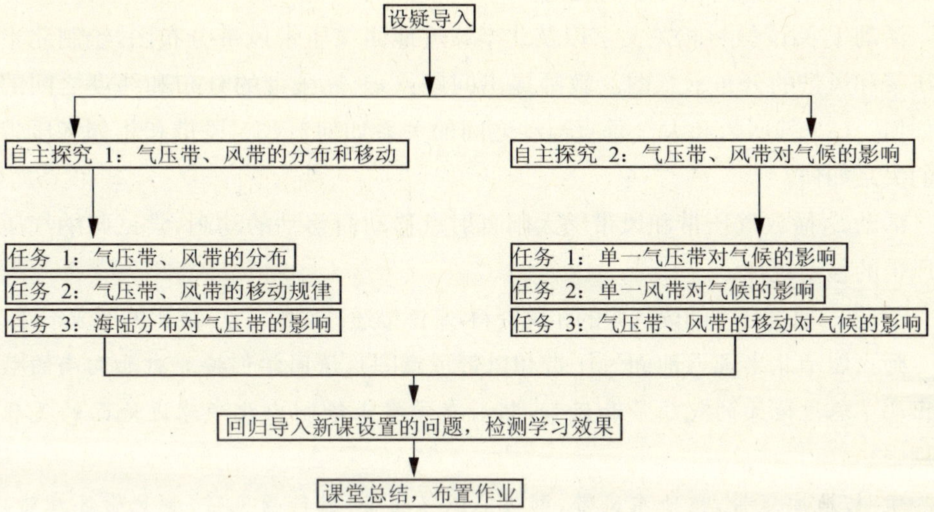

六、课堂实录

1. 问题引领

根据本节课的教学目标，创设符合学生认知水平的情境，设置疑问，提出问题，导入新课。

以家乡南通图片作为导入，观察南通地区位于亚欧大陆东岸，气候潮湿，植被葱郁；与此同时，给出同纬度大陆西岸的景观图片（沙漠），设置问题：为什么纬度相似，景观差异却如此之大？为新课的学习做好铺垫，达到“课伊始，趣亦生”效果。

师：同学们观察这两幅图片，能说说两幅图片展现的景观有什么不同吗？

生：一幅是南通，植被葱郁；另外一幅展现的景观是茫茫沙漠。

师：同学们观察一下，他们的位置有什么特点呢？

生：这两个地区一个位于亚欧大陆东岸，另外一个位于亚欧大陆西岸。

师：很好，同学们再看看他们的纬度有什么特点？

生：他们所处的纬度位置都差不多。

师：为什么同纬度地区，位于大陆东西两岸的两个地区景观差异如此之大，学完了今天的内容，我们应该就可以找到答案了。

2. 自主学习

学生自主阅读教材文字以及相关示意图，由浅入深，掌握北半球近地面的气压带和风带的分布，全球气压带风带的分布，气压带风带的季节性移动等问题，这一环节旨在培养学生独立自学的能力。

活动1：阅读教材相关文字以及北半球近地面气压带风带分布图，绘制北半球气压带和风带的分布示意图。教师提出问题：(1) 气压带的分布和纬度之间的关系如何？(2) 气压带和大气垂直运动之间的关系如何？(3) 风带和相邻气压带之间的关系如何？

活动2：播放气压带和风带随太阳直射点移动而移动的动画，尝试归纳气压带和风带的移动规律。

活动3：通过自主阅读气候的相关资料，掌握描述气候的方法，降水的形成条件等。

师：(展示北半球近地面气压带和风带示意图)，请同学们按照自北向南的顺序读出北半球近地面的气压带和风带，然后在学案上绘制出北半球近地面的气压带和风带。

生：极地高压带，极地东风带，副极地低气压带，盛行西风带，副热带高压带，东北信风带，赤道低压带。

学生独立绘制北半球气压带和风带图，教师巡回检查学生绘制情况，对学生出现的问题进行及时的点评。同桌互相检查绘制示意图的情况。

师：同学们绘制完毕后，思考以下几个问题，① 气压带的分布和纬度之间的关系如何？② 气压带和大气垂直运动之间的关系如何？③ 风带和相邻气压带之间的关系如何？

生：(1) 赤道低气压带位于赤道附近，副热带高气压带位于30°附近，副极地低气压带位于60°附近，极地高气压带位于90°附近。

(2) 低气压带空气上升，高气压带空气下沉。

(3) 风带都是从高低压流向低气压。

师：南半球的气压带风带的分布又是怎样的呢？请同学们互相合作，四个同学为一组，绘制出南半球的近地面的气压带风带。

学生互相讨论，合作探究。教师适时点评。

师：请同学们结合所绘制的示意图，归纳一下全球气压带风带的分布有什么规律。

生：全球近地面气压带风带的分布规律是南北对称，相间分布。

师：(展示气压带风带随太阳直射点的移动而移动的示意图)，气压带和风带的位置是否会发生变化，请同学们仔细观察动画，看看能不能找出一定的规律。

生：气压带和风带随太阳直射点的南北移动而移动，北半球，大致是夏季北移，冬季南移。

师：(展示实际的气压带风带分布图)，海陆分布也会对气压带和风带产生影响。事实上，由于海陆热力性质差异的影响，北半球的气压带和风带并不是条带状的，而是被分裂成一个个的高低气压中心，南半球由于海洋面积辽阔，气压带风带基本是条带状分布。

3. 合作探究

以自主学习作为铺垫，激发学生主动学习的积极性。采取小组合作探究的模式，以小组合作的方式进行探究和学习，培养学生互相合作、交流的团队精神，提高学习效率。

活动1：通过自主学习和绘制北半球近地面的气压带和风带示意图，小组合作完成南半球近地面的气压带和风带，通过搭建新旧知识之间的“桥梁”，找出新旧知识之间的联系，从而完成对新知识的探究，合作探究结束后展示交流学习成果，教师作适当的点评和讲解。进而提出新的问题：全球近地面的气压带和风带有什么样的分布规律？

活动2：合作探究，讨论气压带和风带对气候的影响。包括：① 单一气压带对气候的影响；② 单一风带对气候的影响；③ 气压带、风带的移动对气候的影响。这是本节课的重点内容之一，气压带、风带对气候的影响主要表现在气温和降水两个方面，在前面自主学习气候资料的基础上，通过教师的引导，完成知识点的探究。

师：(展示关于气候的相关资料)，请同学们阅读资料，思考一下气候的组成要素是什么？气温是如何描述的？又是怎样表示降水的特点？

生：气候由气温和降水两大要素构成，表示气温，一般用高温、温和、寒冷等词语来表示，降水可以用湿润、干燥等来表示。

师：同学们分成三大组，第一组：合作探究单一气压带对气候的影响。第二组：讨论单一风带对气候的影响，第三组：讨论气压带风带交替控制对气压带的影响。

学生合作探究，最后每小组派出代表出来交流讨论的结果。

气压带	分布(纬度)	垂直方向气流运动状况	对气候的影响
极地高气压带	南、北纬90°附近	下沉	寒冷干燥
副极地低气压带	南、北纬60°附近	上升	温和湿润
副热带高气压带	南、北纬30°附近	下沉	炎热干燥
赤道低气压带	赤道附近	上升	高温多雨

风带	风向(低纬↔高纬)	对气候的影响
极地东风带	高纬吹向低纬	寒冷干燥
中纬西风带	低纬吹向高纬	大陆西岸:温和湿润
低纬信风带	高纬吹向低纬	炎热干燥

阅读气压带、风带移动示意图,观察北纬 30°～40°的地区。

夏季受 副热带高气压(气压带或风带)控制,气候特征是炎热干燥。

冬季受 盛行西风(气压带或风带)控制,气候特征是温和多雨。

4. 总结提升

合作探究之后,小组派出代表展示成果,对探究的知识点进行归纳总结,交流经验,使学习的内容形成系统,便于理解和记忆。

学生汇报展示气压带和风带对气候的影响。教师适当点评之后回归课堂开始时的问题,为什么纬度相似,景观差异却如此之大?通过本节课的学习,学生讨论回答,检测本节课的学习效果,前后呼应。

师:我们一起探究了气压带风带对气候的影响,回到我们课堂开始时提出的问题,同学们现在能不能告诉我为什么南北纬 30°附近缺云少雨,气候干旱吗?

生:受副热带高气压带影响,气流下沉,降水少。

师:但是我们南通也在北纬 30°附近,为什么却是一片绿色的生机呢?这个问题留给我们同学课后思考,我们下节课一起讨论。(为下一节新课做铺垫)

七、教学反思

大气环境一节是《地理 1》的一个重点,更是一个难点。回顾和总结这一堂课,固然有成功的经验,但是也存在一些不足。一是课堂教学内容容量太大。为了在有限的时间内完成教学任务,一些知识点并没有给予学生足够的时间去消化,比如三圈环流部分,这一抽象的全球性的大气环流学生凭借已有的知识经验很难理解,教师在课堂上为了节省时间只是简单地呈现给学生,让学生"知其然"但并没有"知其所以然",导致的结果就是学生对此知识点的掌握只能靠机械的记忆,容易遗忘。基于时间限制,课堂上学生探究结束后汇报展示探究成果的涉及面也不够广泛。二是师生之间没有很好的交流和互动。本节设计学生的自主探究和合作探究都比较多,但是师生之间的互动交流相对较少,整节课学生处于紧张的学习状态,课堂气氛没有很好地做到张弛有度,其结果可能让学生容易感觉疲劳,不能很好地发挥教师的主导作用和学生的主体性。以上不足的解决办法及本节课的成功之处有以下几个方面：

1. 设置问题，创设难忘的开始

良好的开端是成功的一半，一堂成功的课很大程度上取决于课堂开始时的情境创设，创设符合学生认知水平又具有一定探究价值的情境和问题，可以有效地激发学生问题意识，从而积极主动的探索问题，点燃学习的热情。本节课以学生熟悉的家乡作为导入，通过观察同纬度地区大陆东岸和西岸景观图片，提出问题：为什么在纬度相似的大陆东西两岸，东岸气候潮湿，植被葱郁，而西岸却形成了沙漠。通过问题引发学生积极的思考。

2. 自主合作，引领难忘的过程

合作学习是新课程背景下提出的学习方式之一，这一学习方式充分体现了学生的主体地位，让学生成为合作的伙伴，在互相合作的过程中探索知识，从而培养学生在互相交流合作中解决问题的能力，本节课中涉及四人以上的合作探究的活动主要是两个：一是绘制南半球近地面的气压带和风带图，二是讨论气压带和风带对气候的影响。在绘制南半球气压带和风带示意图时，学生对于近地面气压带的掌握还是比较好的，教师在巡视过程中发现大部分同学都可以根据南半球的三圈环流，准确绘制出气压带的位置，写出气压带的名称，但在绘制南半球风带，尤其是画风向的时候，部分同学没有注意风向是从高压指向低压，还有部分同学忽视了南半球水平运动的物体是向左偏转，在探究结束展示成果的环节中，教师对于这两个问题作重点点评，引发学生深入思考，一边思考一边修改，最后绘制出完整的气压带风带图，这一过程通过错误引发思考，通过思考不断完善，从而加深对知识点的巩固和理解。

关于探究气压带风带对气候的影响，这是本节的一个难点，学生要知道从哪些角度去描述气候特征；气温应该怎样描述；降水又是如何形成的？为了便于学生展开活动，避免无从下手，设计时先给出一段关于气候的资料，通过资料的分析再去讨论，学生各抒己见，课堂气氛达到高潮。

合作学习已经成为新课改下重要的课堂教学形式，合作学习使课堂气氛变得更加活跃，但也存在一些低效现象，比如有的学生比较内向，不能积极参与到活动中，失去了思考和发言的机会，甚至有同学坐享其成，人与亦云。因此本节课在设计时也加入了部分自主学习的内容，比如根据书本的提示，绘制北半球近地面的气压带和风带；归纳气压带和风带的分布和移动规律等。事实证明，课堂上教师提问，学生带着问题自主探究，找到答案，更能让学生体验成功的喜悦，充分挖掘学习的潜能。

3. 展示成果，构建难忘的结局

自主探究、合作探究都是过程，如何达到“课虽终，趣犹存”的境界，归纳总结，展示探究成果无疑是一个很好的举措。通过归纳、展示，可以让学生更加深入地理解探究的内容，分析知识之间的联系，为学习新的知识打下基础。本节课在探究活动后，采取学生单独发言、到黑板前面展示、小组派代表发言等多种形式，充分体现学生的主体性。最后首尾呼应，学生归纳出回归线附近的大陆西岸，受副热带高压和信风带的影响，降水较少，气候干旱，而大陆东岸则是受到海陆热力性质的影响，形成季风气候。教师适时提出，季风气候是下节课的学习内容，为下一节课的学习又埋下伏笔。

（陆晓莉　供稿）

体育学科“难忘课堂”构建方案

体育学科“难忘课堂”教学模式是基于“问题引领、自主探究、互动合作、知情融合”的操作要义指导下的，为完成特定的体育教学目标和内容，形成的比较稳定的、具体的、可操作的教学范式。体育学科通过探索，形成了一定的“理性概括”。

一、体育学科对“难忘课堂”的理解

一是所学的知识与技能难忘。学习时的感受性强，则所学知识、掌握的运动技能、锻炼的方法不易遗忘，巩固持续经久。这样的学习是有效的学习，自然也是成功的学习，应该值得我们提倡。因此，体育学科“难忘课堂”教学应该是直观的，情境的，能够引发学生情感共鸣的，不断增强学生学习的感受性，让学生留下深刻的印象，给予学生相当长时间内的教育记忆，达到难忘。

二是学习的经历（过程）难忘。作为学生来讲，喜欢运动是学生的天性，体育学习如果是一段美丽历程，它在学生的记忆中一定是难忘的。很难设想，一个在学校没有积极的运动体验、没有阳光的体育情怀的学生，会在日后走上社会后成为一个热爱锻炼、享受运动的人。所以“难忘课堂”指导下的体育课程，应该是能够触发学生运动情感的、能够给学生留下深刻印记的、能够让学生走出校园还坚持锻炼的、能够让学生毕业多年后还依然怀念的。当然这样的经历（过程）不是一节课就可以做到的，毕其功于一役也是不现实的，这是一个量变到质变的过程，这需要滴水穿石的坚持。

二、体育学科“难忘课堂”的基本特征

基于以上体育学科对“难忘课堂”的理解，体育学科难忘课堂的构建，难于用固定的模式来表述，但是可以具有以下的特征。

1. 学生的主体地位是坚实的

这是体育学科难忘课堂最最关键的标志，这也是对“自主探究、互动合作”的最为根本的保证。

在体育教学中有着这样的现象:“在没有进行篮球教学的时候,有人就会打篮球了;学习一段时间之后发现有些没有教的动作技术,学生已经会做了;还有就是有些动作老师做不了,但是学生却能够做得很好。”这样的例子一定不是特例,而是体育老师经常会遇到的情况。这引起我们很多的想象和思考。篮球没有教,他会打了;运动技术没有教,他会做了;老师做不了的,他也会做了。我们可以下结论,在没有“教”的情况下,“学”一定是可以发生,所以说学习应该是一种自我建构,当然这也是需要一些条件的,比如想学,有一定经验基础,外部给他一些帮助等等。

所以,体育学科“难忘课堂”一定是“以学生为中心”的,一定是“以学定教”的。体育课堂上呈现的是“让学”——让学生学会学习,让学生自主学习,让学生合作学习,让学生创造性地学习。有人也许会说,在“以学生为主体”的背后,紧跟的是“以教师为主导”啊? 是的,教师依然是教学的主导,但是对于其中的“导”,最好的理解应该是“指导、引导、向导”,而不是“领导”。学习就像走一条未知的路,教师不能抱着学生走,也没有必要领着学生走,只要在关键的时候指一下路就可以了。教师是应该站在学生的身后,教会学生自主学习,教会学生享受学习。

2. 学生学习的过程是快乐的

对学生言,享受快乐,才是他做一件事情的动力。体育对学生来说,本来就是一件快乐的事情,但是可惜的是曾经一度流行学生“喜欢体育,不喜欢体育课”的说法,那就是直接指向了体育课由于老师的教而变得不快乐了,更谈不上难忘了,实在要说难忘,那只能是痛苦的回忆。当然也有老师说体育学习是一个身体力行的过程,有些过程注定是不快乐的,甚至是一种意志的磨炼,比如发展耐力素质(耐久跑),发展力量素质,虽然结果直接指向健康,但是练习的过程对大部分学生来说是比较痛苦的。我们认为学生在身体上已经经历着挑战、经历着煎熬,那么在学生的心理体验上是不是可以快乐一些,学习的方式是不是可以多样化一些,耐久跑是不是可以不要像驴拉磨一样转圈呢? 可不可以让学生带着任务主动去跑进,从而让学生获得更多积极的心理体验呢? 正如操作要义中提到的“难忘课堂”倡导知情融合就是期望学生在获得认知的同时能够获得积极的情绪调动和愉悦的情感体验,逐步形成积极、主动的学习态度。

以“学习的过程是快乐的”为基点出发,我们就会更多关注让学生对体育学习有兴趣,我们会更多考虑体育学习对于学生来讲是一种享受、一种愉悦的体验,而不是一种负担。这就要求体育教师在教学内容的选择上要更加重视选择趣味性、健康价值更突出的运动项目,教学方法和教学组织形式的采用要多样化,从而使学生对运动产生更加浓厚的兴趣。如果课已尽而意未尽，体育学习也就会成为学生的主动行为。学生如果表现出主体意识，就会去不断地追求。也许这样的过程可能会遇到很多的困难，但是对于学生来说这是一种莫大的快乐。这就是学习的快乐、追求知识的快乐、追求理想的快乐。达到这样的境界，体育学习就会是难忘的。所以，“学习的过程是快乐的”一定是体育学科“难忘课堂”的标志之一。

三、体育学科“难忘课堂”的构建思路

《难忘课堂：内涵特征与建构》一文提到：难忘课堂是一种组织记忆，是班级成员共享课堂的过程和结果，主要包括对课堂场域中通过自主探索、学生合作、师生互动等行为方式获得个体成长体验等方面的铭记。

能够让群体铭记的，一定是美好的、能够打动人的。这种美好，这种动人，一定是情绪的体验、学习的感受。通过对可能令人难忘的心理感受进行梳理与分析，我们做出了特定的、明确的指向，进行了列举式的描述并根据这些感受梳理出了一些教学设计的思路。

表 1　体育学科“难忘课堂”构建思路

难忘的特定指向	学生的学习感受	教学设计的思路
得到回报的付出	学习的东西有价值 我的努力没有白费 克服了困难	让学生学有所获，掌握技能 结合学生的特点，学以致用 能够让学生看到自己不断的进步
情绪的高峰体验	体育课很嗨 挑战自我 愿意参与到运动中去 期待着上下一节课	了解学生的喜欢的东西 精心设计练习手段与方法 同课异构的思维，求新，求变
良好的社会交往	有了归属感 与老师能够平等交往 有好伙伴，有竞争对手	老师要多倾听 多采用多人练习或小组学习的形式 形成良好的师生、生生交往
精神需求的满足	有成功体验 可以展示自己	尊重个体差异，有个别化的教学方法 设立恰当的目标，让学生能够体验成功 为学生提供自我表现的平台 给予鼓励与表扬

表 1 是一个阶段性的成果，是一个可以不断丰富的范例。在这些范例中我们

可以管窥体育学科“难忘课堂”的教学设想在课堂教学中如何去实现，特别是在学生的学习感受中我们可以看到学生自主、自发、主动参加体育运动的态度，很好地体现了“自主探究，互动合作，知情融合”的操作要义。

在这里只提到三个操作要义是因为“问题引领”作为操作要义之一，还只是方法论的范畴，只能是选项之一，不是所有的课堂都是从“问题引领”开始的，而“自主探究，互动合作，知情融合”应该成为所有难忘课堂的基本原则。

四、构建体育学科“难忘课堂”的注意事项

1. 体育学科“难忘课堂”强调让学生在快乐的运动中促进身心健康

体育学科“难忘课堂”首先就是提倡有付出、有努力、有收获，具体就是要让学生在快乐的体育学习中，获得体育知识，掌握运动技能，提高身体素质，培养锻炼意识。学生感受到学习内容是有价值的，是学生需要的，有了需求就有了学习的动力，也就愿意在体育学习中付出。

虽然有人认为付出不一定有回报，但是有回报的付出是可以让人感受到快乐的。所以体育学科“难忘课堂”是可以让学生看到自己的进步的，是可以让学生觉得努力是没有白费的，甚至还可以让学生认为高投入是可以高产出的。

2. 体育学科“难忘课堂”强调激发学生参与运动的兴趣

皮亚杰说：兴趣实际上就是需要的延伸。我们之所以对一个对象发生兴趣，是由于它能满足我们的需要。但是在体育学习中学生参加运动的兴趣并不总是从意识到需要才开始产生，而往往是由于体育活动在情绪上的吸引力而自发地、无意识地产生出来的。精心设计的活动使人体验到情绪上的满足而产生兴趣，有了兴趣自然就能乐学。

因此，体育学科“难忘课堂”要求老师不仅要了解学生的爱好与才能，了解学生的精神世界，设计出符合学生身心特点的练习；同时还要求老师对练习手段与方法要不断地求新、求变，能够给学生强烈的刺激，吸引学生积极参与，能够让学生获得情绪的高峰体验。

3. 体育学科“难忘课堂”强调学生能够形成学习共同体

归属感在人生过程中是非常重要的，一个人感觉自己被别人或被团体认可与接纳时，就会体验到一种“在家”的归属感，就会有安全感，就会感觉到团结与美好，就会感觉到快乐，自然就容易形成美好的组织记忆。

因此，体育学科“难忘课堂”要转变传统的体育教学观，体育学习不再是告诉与

指令，而是对话与交往。体育学习变成了学生个体与他人相互对话、相互沟通而展开学习的行为，同伴之间相互协作、相互交流，达成沟通、分享、共进，形成了学习共同体。在这个群体中，当学生个体的观点、行为符合共同体的要求，大家往往会加以赞许和鼓励，得到群体认同感，个体会获得更高的自尊、自信。

4. 体育学科“难忘课堂”强调尊重学生的个体差异

传统的体育课堂表面上是给了每个学生均等的学习机会，但由于学生个体差异的存在，统一的教学在不同条件的个人身上所得到的只能少数人能够获得成功，多数人成了体育学习的失败者；少数人有机会展示自己，多数人成了为他人鼓掌的观众，学生找不到自己的位置。

因此，体育学科“难忘课堂”强调尊重学生的个体差异，体育教师努力为学生创造各种体验成功的机会和条件，为学生提供可以展示自己的平台，满足学生自我的认同感、成就感，让每个学生都可以做精彩的自己。前苏联教育家马卡连柯曾经精辟地概括了教育的成功之道：尽可能多地尊重学生。他认为尊重学生、信任学生是教育人的前提，只有从尊重学生、信任学生出发才能产生好的教育措施，学生才有可能快乐地学习。

五、结语

成尚荣先生说“课改必须改课”，“难忘课堂”作为一种实践范式，是对新课程理念指导下课堂教学的一个实证，告诉大家教学不再是灌输、填鸭，也可以是一种美好的记忆。所以说，在我们的课堂，体育教师应该精心设计出符合学习规律、符合学生身心特点、学生乐意参加的活动，用一切可能的方式把孩子们学习的欲望激发起来，使学生能被一种不可抵挡的吸引力诱导着去学习，进而达成体育教学目标。我们目前在做的就是尝试着将“难忘课堂”的教学思想（或主张）逐步转化为课堂教学行为，进行实践层面的建设。我们希望能够用有效的教学实践推动“难忘课堂”向纵深发展。

（潘雪峰　执笔）

示例 1

行进间单手肩上投篮

一、课题来源

人民教育出版社《体育与健康》第七章“选项学习的指导与提示”第三节“球类

运动”篮球。

二、教材分析

篮球运动是一项深受中学生喜爱的体育项目，是新课标球类教学的主要内容。它涵盖了跑、跳、投等多种身体运动形式，且运动强度较大，因此，它能全面、有效、综合地促进身体素质和人体机能的全面发展，保持和提高人的生命活力，为人的一切活动打下坚实的身体基础。行进间单手肩上投篮是篮球运动中的基本技术之一，是一项攻击性很强、运用广泛的组合技术，掌握了上篮动作可以说为篮球的进攻技术奠定了一定的基础。

三、学情分析

高中学生具备一定的身体素质和篮球基础，但是学生之间的篮球技术水平存在较大的差异，所以在教学中应以各个基本动作的学习为主，重点是正确掌握三步步法（一大、二快、三跳起）以及行进间运球和三步上篮动作之间的衔接，通过比赛的形式激发学生学习的兴趣，在教学上结合常规教学方法中的讲解、示范等方法，尝试采用“逆向”教学，接球上篮练习作为辅助教学内容，提高学生控球能力，使学生能够达到更好的学习效果。通过自主、合作、探究的学习方法逐渐加深学习的要求，提高学生运用篮球技术的能力。

四、教学目标

通过学习，能熟练掌握行进间单手肩上投篮的技术动作要求，了解行进间单手肩上投篮在篮球比赛中的重要性。

基本掌握行进间单手肩上投篮的技术动作，找到正确的运球节奏和合适的起跳点，并能把这一技术动作运用到实战中去。

培养团结合作的集体主义精神，激发参加篮球运动的兴趣，为终身体育打下扎实的基础。

五、教学流程

1. 情境导入，激发兴趣

师：同学们，我们经常会在电视里看到篮球巨星们精彩的投篮、扣篮，那么你们知道这些花哨的上篮技术叫什么名称吗？

生：“三步上篮”！

师：我们今天就一起来学习“三步上篮”中的一种，行进间单手肩上投篮。首先，我们一起来模仿一下明星们的动作。

助跑起跳摸高练习：斜线助跑，单脚起跳，单手摸篮板或者篮网。要求在练习的过程中找到合适的起跳点，全身协调用力，最后一步要快速蹬地制动，充分向上跳起。

设计意图：通过助跑摸高的形式导入，学生体会起跳前充分蹬地的动作，对学习三步上篮的技术动作起到了潜移默化的作用，同时激发了学生对本节课内容的学习兴趣，提高学习效率。

2. 自主学练，发展提高

(1) 原地持球脚步练习。① 跨一步起跳：双手持球于胸前，右脚在前，左脚向前跨出屈膝蹬地起跳，同时右腿屈膝上抬，双手持球上举，将球向上投出，落地后接住。② 跨两步起跳：左脚在前，右脚向前跨出一大步接一步起跳的动作。③ 原地运球一次跨两步起跳：原地运球一次，双手接球同时跨出右脚接两步起跳。

设计意图：行进间单手肩上投篮的技术动作比较复杂，包含了跑、跳、投等技术动作，其重点是上篮前三步的脚步动作节奏，所以，要以脚步练习为主。由于最后两步是连贯动作，顺序分解练习会破坏动作节奏，所以先从最后一步的起跳开始练习，逐步完成三步动作。

(2) 上篮练习。① 原地接球上篮：左脚在前，右脚跨出的同时接固定球，跨过体操垫上篮。② 助跑接球上篮：助跑，右脚跨过体操垫的同时接固定球，跨步上篮。③ 三步上篮完整动作：行进间运球接三步上篮。

设计意图：学生通过跨体操垫等辅助器材，体会三步上篮的节奏："一大、二快、三跳起"，在掌握正确的动作节奏以后，可以进一步通过调整步伐找到适合自己的起跳点，提高命中率。教师讲解示范，学生分小组自主学练，互相合作，互相竞争，相互提高。

(3) 行进间单手肩上投篮接力赛：从起点处运球三步上篮，球投进以后接篮板球将球放到篮球车内，直线跑回和下一位同学击掌，排到队伍后面。其余同学依次进行，直到最后一位同学跑回为止，用时最短的两个队获胜。

设计意图：在正确掌握技术动作的基础上，通过接力比赛的方式提高学生对球的控制能力，感受从投篮不中到补投命中的心理体验，增强学生的集体主义荣誉感，培养团结合作的精神。同时游戏最后学生还球到位，提高效率。

3. 结束小结，恢复身心

(1) 放松操：在音乐伴奏下，教师带领，学生模仿练习。

(2) 对本课进行小结，学生参与自我评价，小组评价和综合评价。

设计意图：消除肌肉的疲劳，身心得到恢复。提高观察动作能力和自我评价能力。

4. 学生身心状况预计

(1) 心理状况预计：教学过程中学生在教师启发、点拨下，能积极探索，自主学习，课堂气氛活跃，师生情感融洽，学生的积极性、主动性得到充分发挥，并使每一个学生都有成功的心理体验。

(2) 学生都能学会原地三步上篮，90%以上的同学能模仿行进间单手肩上投篮的动作，其中大部分同学能掌握动作的节奏并能找到合适的起跳点，且有一定的命中率。

(3) 生理状况预计：练习密度：65%～70%，平均心率：120～140 次/分。

5. 场地器材

标准篮球场两片、篮球 40 个、标志桶 4 只、呼啦圈 4 个。

六、教学反思

行进间单手肩上投篮是篮球运动的重要组合技术，对于高中生来说，应该熟练掌握并能运用到实战中去。因此，考虑到学生的身体素质、技术水平以及学生身体的协调能力等因素，我们对行进间单手肩上投篮做了新的尝试。通过助跑摸高的形式导入，让学生通过简单的助跑起跳的动作体会起跳节奏，进而对三步上篮进行练习预热。在步法练习上，采用"逆向"教学方法，先从最后一步的起跳投篮开始学习，逐步过渡到完整的技术动作的学习。在教学模式上，由示范、讲解、实践、引导、探索合作练习、互相纠错的步骤来进行：

(1) 在细节动作要领讲解上，把动作要点编成口诀，讲解给学生听，更好地帮助理解动作要领，体会动作方法。

(2) 细节教学上采用集中讲解、示范，学生分组练习，进行对比、合作练习，提高对动作认识能力(对和错、优和差、好与不好)。

(3) 教师巡回观察、指导，引导学生进行展示，学生接受教师的引导，在指导中学会评价和对比学习，并纠正自己错误的动作、掌握正确技术动作，巩固技术正确形成。

我们传统的体育教学中，一般是按照技术动作的先后顺序从前往后逐步学习，这样便于学生形成完整动作的概念，充分认识和掌握各组成部分的内在联系。但是，在篮球教学中，“三步上篮”是一个连贯动作，第一步突破防守，第二步充分蹬地，第三步积极上抬，如果按照顺序教学，每练习一步都要制动，这和三步上篮的运动规律是矛盾的。而如果采用“逆向”教学，从最后一步起跳投篮开始学习，既能够提高学生学习的积极性，获得更多的成功的体验，消除紧张、恐惧的心理，又能够保证重点技术动作的练习时间和次数。但是，“逆向”教学方法并不适用所有技术动作的学习，我们要根据动作的难易程度，关键动作的顺序等来合理地选用，要遵循运动技能形成的规律。

纵观本堂课，在采用“逆向”教学方法的时候，学生是最感兴趣的，因为这样的教学方式突破了传统的、学生习以为常的教学形式，学生容易产生兴趣。体育学习对于学生来讲应该是一种通过技能的掌握和提高而带来的愉悦的心理体验，而不是一种负担。

（葛志刚　供稿）

示例 2

毛巾瑜伽

一、课题来源

高中体育与健康课程以促进学生身体、心理和社会适应能力整体健康水平的提高为目标，在坚持“健康第一”的指导思想下培养学生健康的意识和体魄，以学生发展为中心，帮助学生学会学习，在学生运动爱好和专长的形成过程中奠定他们终身体育的基础。毛巾瑜伽是高二瑜伽选修课中的一堂拓展课，将学生生活中常见的毛巾作为学练道具有利于激发学生的学习兴趣，更重要的是能够培养学生终身体育的能力，掌握练习方法后能在日常生活中展开练习，使之成为其终身运动的一个简单方法和手段。

二、政策要求

《普通高中体育与健康课程标准》里要求，水平五学段的学生“能自觉参与体育活动，掌握和应用科学锻炼身体的方法，提高自主学习和锻炼的能力，形成坚持体育锻炼的习惯，增强终身体育和保持健康的意识”。“通过体育课能促进学生形成自己的运动爱好和专长，发展运动能力，提高体育文化素养，为终身体育奠定基础”。高中学生通过体育活动“全面发展体能，增强自我保健和预防疾病的意识，提高改善身体健康状况的能力，逐步形成健康的生活方式，以有效地提高身体健康水平”。①

因此本课在内容选择上紧贴学生生活实际，目的是能让学生在学练中掌握运动方法和技巧，在日常生活中能积极展开练习促进自己的身心健康。以保健和预防的理念引导学生加强体育锻炼，提高身体素质，为终身体育服务。

三、学情基础

本次课之前学生已经学习了简易瑜伽动作，并在课中掌握了很多拉伸练习的方法和动作，他们在前面的瑜伽拓展课中学习到了如何在简易瑜伽的基础上展开拓展，对放松姿势和冥想的方法都能基本运用。因此在本次课中，学生主要是在教师引导下学习如何借助生活中的毛巾或丝巾等展开瑜伽的练习。本次课将大纱巾作为毛巾来运用。

四、教学目标

通过纱巾舞的介绍，学生能知道印度音乐的节奏和舞蹈特点，掌握基本的舞步组合。

了解毛巾在瑜伽运动中的作用，能通过本课的学习，掌握毛巾瑜伽的练习方法，并学会在日常生活中展开自我锻炼。基本学会毛巾瑜伽的拓展方法并尝试练习。

能根据自身的情况合理选择练习目标，勇于挑战自我，在动作练习中获得成功感，在进步中培养自尊和自信。

在幽静的学练环境中，学生享受到身心的舒展与放松，在感受人与自然相依相融的气氛中学会自我调整身心，体会人与自然的和谐相处，并能懂得个人和社会环境发展之间的关系。

五、教学过程

毛巾瑜伽的这堂实践课中，教师运用的教学方法是从学生的学习情况和教材的特点出发，充分运用多种教学手段与方法帮助学生掌握学习动作。

1. 序曲——灵风舞动

师：同学们，纱巾舞是印度舞的一种，我们一起跟着音乐来感受一下这种舞蹈的风格和特点，大家在完成的时候要注意手臂的舒展性。

---

① 中华人民共和国教育部.普通高中体育与健康课程标准(实验)[S].北京：人民教育出版社，2003：13.

生:手持纱巾,跟做纱巾舞。在完成过程中要求能将纱巾舞动起来。

师:大家在完成纱巾舞的过程中有没有发现如果要让纱巾舞动起来,我们就需要动作更舒展,力度加大?纱巾既给我们的舞蹈带来了灵动美,同时作为道具给我们的动作提出了更高要求。今天我们要用纱巾来作为瑜伽的道具,大家想想会有什么效果呢?

生:根据教师提问回答问题。

设计意图:热身的同时过渡到新动作的学习。

2. 第一篇章——展体舒心

师:我们大家一起来想想,在前面的课中我们已经学习了哪些简单的瑜伽动作?

生:回忆动作,并将回忆好的动作带领大家复习。

师:检查动作完成情况,并进一步强调动作要领。

生:认真练习,感受身体的拉伸。

师:同学们,大家在完成有些动作的时候还存在一些问题,比如说由于柔韧比较差,动作完成不到位。那么今天我要让刚才用到的纱巾来辅助你们,让每个同学都能较好地完成大部分动作。现在我们一起来把刚才的练习中大家觉得有困难的几组动作一起来通过纱巾的辅助更好地完成。纱巾在大家的日常练习中,可以换成大点的毛巾,这样更有利于动作的完成。

生:在教师引领下,在刚才简易瑜伽的基础上展开毛巾瑜伽的练习。(船式、牛面式、伸展式、深蹲式、直角式、单腿独立式)。

设计意图:"展体舒心"部分是本次课的主体——毛巾瑜伽操的学习。内容是在复习已学动作的基础上学习毛巾瑜伽的练习方法,使学生掌握瑜伽练习中毛巾的使用方法,通过练习毛巾瑜伽强化动作练习效果。对学习有困难的同学能提高他们完成动作的成功率,加强自信。同学们还可以根据自己的情况,通过调节毛巾的长短来增加练习的难度。

3. 第二篇章——心领神会

此环节是毛巾瑜伽的拓展提升学练。

师:同学们,你们觉得在我们的日常锻炼中还能利用毛巾展开哪些练习呢?

生:根据提问回答问题。

师:根据学生讨论,带领大家一起设计生活中便于锻炼的毛巾瑜伽动作,学会自己利用生活中的道具展开体育锻炼。

生:根据已经学习过的双人瑜伽、简易瑜伽、拉伸运动以及生活经验来设计简易毛巾瑜伽的动作。小组讨论共同设计动作结构。

设计意图:学习是为了更好地运用,这部分主要是让学生学会将课堂学习的内容转化到生活中,让学生掌握学习的方法,自己展开健身练习。

4. 尾声——清静无为

师:播放瑜伽冥想音乐,引导学生进入放松状态。

生:冥想;放松姿势练习。

设计意图:在这个放松部分,主要采用婴儿式、仰卧式的放松姿势,配合呼吸和冥想来让学生得到身心的放松。在放松部分里,将毛巾叠起来放在额头下,使头和脊柱成一条直线,放松肩背部,要求臀部坐在脚后跟上,全身肌肉放松。这个内容既呼应了本课教学内容毛巾瑜伽,又让学生能更好地完成动作。将毛巾叠成瑜伽砖的形状从而帮助学习有困难的同学更好地完成动作。

5. 教学效果与质量评价

在纱巾舞部分,学生要能掌握印度音乐的节奏特点,动作的练习与音乐节奏相一致;基本掌握纱巾舞的分解动作,并能完整地展示组合动作。教师用肯定地语言引导激发学生,对动作完成较好的学生给予表扬、评价。

毛巾瑜伽的练习部分,所有同学应该较好地练习已经学习的动作,大部分同学对新授内容能基本完成。每个同学都应该拓展出一至两个毛巾瑜伽的动作。教师对学练认真的同学给予关注和欣赏的评价,并让他们展示。对学习有困难的同学给予鼓励。教学过程中将学生拓展的动作进行点评、修正后带领学生一起练习。

放松部分以学生的表情状态、姿势的舒展性、情绪的调控来评价学生放松的状态。能让大部分同学在3～5分钟内基本进入半睡眠状态为佳。

六、教学反思

在难忘课堂的设计中,本课从内容、形式和学生个人体验三个方面让她们感受难忘。

瑜伽是一个相对其他运动比较静的项目,所以在课的设计和练习中要抓住瑜伽本身的特点和辅助道具——毛巾。课的开始部分用纱巾舞调动了学生的学习热情,异域风情的简单舞蹈动作是对之前学习的韵律瑜伽的巩固,也是逐步过渡到下面主体内容的学习的衔接。进行纱巾舞的学习会让学生深切感受到印度音乐和舞蹈的魅力，很多同学第一次接触到这种舞蹈，在新鲜感的带动下能让学生产生强烈的学习兴趣。纱巾舞的选用让学生对学习内容印象深刻，也许若干年后听到印度音乐风格或者看见纱巾舞时还能记起自己曾在体育堂上接触过这类舞蹈。通过音乐来调动学生情绪、感染学生。学练过程中有部分比较内向的同学在完成动作过程中存在不好意思的情况，所以会动作完成不到位。教师要多鼓励他们积极展示自我。

主体部分让学生了解毛巾瑜伽便于我们在日常生活中练习，掌握基本的动作方法。学生在对毛巾长短的控制上不够熟练，会造成动作练习的停顿，因此，在教学过程中要根据不同的动作告诉学生如何调整毛巾的长短，让学生在熟练掌握基本动作、简单动作的基础上根据自身的运动水平进行难度选择。这堂课的教学要让学生能够将课堂内容转化为日常生活中便于展开的、有益于身心健康的活动，当他们有运动需要时能正确运用，将课堂内容生活化、日常化，从而达到教育难忘。

毛巾瑜伽的选择就是为了告诉学生，体育课的学习是为了让他们掌握基本的动作技术并能运用到课后的锻炼中，了解不同动作对身体不同关节、肌肉的健身作用和保健作用，在以后的工作、学习生活中有需要的时候能够想起来并展开练习。

难忘的情绪体验应该是长久的，能在长时间后被激发起来的记忆或感受，因此，在愉快、新颖、多样的教学设计中让学生掌握一个能让其终身受用的方法、技术就是我们体育难忘课堂的重要目标。在课堂学习展示中，学生自己能完整展示部分动作，从而感受成功的乐趣，体验自身努力获得的成就感，在情感目标达成中达到课堂教学难忘。

（吴桂燕　供稿）

艺术学科“难忘课堂”构建方案

艺术学科难忘课堂，是指音乐、美术课堂教学在实施过程中，探究难忘教育在艺术教学中的操作要义，以艺术课程（音乐、美术）特有的体验、感受、审美等方式激活受教育者对事物的理解和认识，产生强力的情感作用，从而在教学实施过程中，实现教育的难忘。

一、艺术难忘课堂的特征

根据学科特点，我们艺术学科难忘课堂体现了“情感性”“审美性”“高雅性”“趣味性”的特征，将课堂价值体现在“情· 雅· 趣 ·智——高品位音乐课堂的生命力”上。学科的建设从优质的艺术作品及效果、高聚性整合的人文内涵与感召力、学生高强度的情感体验和个性飞扬的课堂生成及教师审美感悟和实践智慧的高投入几个方面张扬难忘课堂的生命力。

1. 情感性

一直以来，情感教育备受关注和重视，艺术的情感渗透会带给学生一段情感的体验和震撼，学生在情感渗透下，使艺术真正能走进学生的心中。因此，难忘艺术课堂必须选择高品质的艺术作品，引领学生通过聆听、赏析一大批古今中外优秀的音乐、美术作品，领略世界优秀作品的深刻内涵，提高审美情趣，使学生在艺术鉴赏过程中，在有限的艺术空间中汲取丰富的艺术营养。学生在艺术情感体验和冲击下，能获得多样化的艺术经验和艺术能力发展，并在一定情境中，激活人的心理情感活动，达到记忆深刻、情感升华，从而实现高品位音乐欣赏的教育目标。

2. 高雅性

难忘艺术课堂的雅，需要着力挖掘艺术的人文内涵，使艺术与文化高聚性地整合为一体，以发挥寓于艺术美中的高雅人文精神感召力。音乐、美术是一种大文化的融合，一种获得丰富审美享受的文化传递。艺术难忘课堂要更深刻地了解和感受艺术作品的人文性特质，逐步加深自我文化内涵的深层次，从深刻的理性审美去加大和拓宽艺术课堂的宽度和深度，正确地引导学生完整地掌握艺术作品的内涵，使学生敞开广阔的胸怀，拓宽文化的视野，热爱本民族艺术文化，接受人类一切优秀的文化形式，建立多元文化意识观，提升宽泛的审美价值认知，从而使艺术教学活动成为一种以爱为根本的文化传递。高品位艺术课堂“雅”的深层次内涵也就能体现得更为充分。

3. 趣味性

难忘艺术课堂的趣，将着力在教学中使教学内容情趣化，关注学生的能力特征、知识积累，在情感性的基础上，科学地选择教学内容、创造性地设计教学方式，努力激活学生生动活泼的、高强度的情感体验和个性飞扬的课堂生成状态。课堂上从学生的兴趣爱好出发，灵活地安排实践活动，重视学生的参与与实践，在实践活动中师生共同合作，并付诸情感性的参与，获得情感性的体验活动，让学生的情感随着艺术涌动，促使学生迸发出更多的富有个性的创造火花，产生独特的体验交流，使课堂教学融情于声、寓趣于学，从而达到理想中的教学情境。

4. 审美性

难忘艺术课堂的审美性，主要体现在艺术上的“睿智”。它更多地要求本学科的教师审美感悟和实践智慧的高投入。教师是教学活动的组织者和引导者，教师把握充满创造和活力的动态过程，以个性化的专业技能对学生以情激情、以自己的审美感悟激发学生的感悟，在高水平实践智慧的引领下，使师生之间、生生之间知识汇聚、心灵交汇、产生精神的交流与对话，让教师感知教学过程中学生心理变化和对知识的敏锐感受，及时把握和应对教学中的矛盾和冲突并巧妙化解，同时可以获得教师自我不断的积淀和提升。只有这样才能更有利于学生的成长和进步，才能更加丰富教师自身的生命内涵，使自己的职业使命与自我生活和生命质量联系在一起。因此，只有在教师高智慧的投入引导下，在学生情感性的个性化认知过程中，才能充分地彰显高品位音乐课堂的生命力所在。

二、难忘课堂的基本范式

1. 难忘艺术课堂教学设计要点

难忘艺术课堂的教学设计必须以学生学习目标为出发点，确定学生的需求和教学中需要解决的问题，并设计解决问题的方法和步骤，以实现本课最佳教学效果为教学目标，同时在目标的引领下，以教材内容为基点来整合教学内容、合理进行拓宽，用适合本课教学的、丰富的教学手段贯穿起整节课的教学过程。

难忘艺术课堂教学设计既要体现教师丰富的情感，又要结合学生的年龄、知识结构、心理需求等方面的特点，以鲜活的、趣味性的教学手段，引领学生走进艺术欣赏大门，在生动的教学环境、快乐的教学过程中，获得音乐艺术的审美积累和提升。

在进行艺术课堂教学设计时要关注以下几点：

● 教学设计要从情入手，第一要以生为本，关注学生情感需求，确定学生的学习需要和学习目标；第二挖掘艺术课程中丰富的情感内涵，建立起学生正确地情感态度和价值取向。

● 要确定通过怎样的教学内容来提升学习者的知识与技能，并能在此基础上拓展、延伸，从而满足学生的学习需要。

● 要确立实现具体学习目标的过程与方法，在学习过程中使学生掌握正确的方法。

● 对教学的预设、结果要有较全面和有效的评价策略，以检测学生学习的结果，从而获得最有效的教学。

2. 难忘艺术课堂操作程序

(1) 确定教学目标。首先明确本节课学生在学习过程中和学过以后要建立怎样的情感态度。对于艺术学科而言，情感态度与价值观应该是第一位的。

教学的主要环节是什么？采用哪些教与学的方法？

学生需掌握哪些知识和技能？知识技能之间的结构层次是怎样的关系？

教师制定的教学目标必须围绕三个维度来定位，以学生为主体，站在学生的角度来进行设计。

(2) 选择教学内容。在课堂教学中，教学内容是连接学生和教师的桥梁，是教师设计课堂教学的依据，也是开启学生智慧的媒介。因此，合理地、准确地选择教学内容(艺术素材)，能为情趣的教学设计注入鲜活的生命力。

① 选择教学内容要以教材为基础。教材上的教学内容，是以一条主线贯穿，系统地把艺术课程的相关知识和基本技能以及审美表现、活动创造等串联起来，并以代表性的、经典性的、民族性的作品作为媒介，为学生的学习和教师的教学提供素材平台和导向。在教学中，教师应该从教材中选择最合适、最有效、能很好地体现教学主旨的教学内容和艺术作品来为教学服务。

② 合理地拓宽。艺术贯穿于社会生活的多个方面，音乐美术中有丰富的文化内涵，且艺术作品的表现手法丰富多彩。立足课本，合理进行拓宽是难忘艺术课堂教学设计的重要方面。教学中可以从教学需求的角度、从文化内涵的角度及学科

横向联系的角度进行拓宽。教师在研究的教材过程中要从情上挖掘、从趣上着手，使拓展的内容与教学目标有机地联系起来，并恰到好处地落实到教学的相关过程之中。有效的、合理的拓宽，能更好地拓展学生艺术素养和能力，拓展艺术教学学习空间，拓展学生的艺术视野，从而让学生在艺术审美中获得更多的体验和感受。

③ 满足学生需求。学生的需求可以分为情感上的需求和认知方面的需求。艺术教师在分析教材的同时，要考虑都学生的需求，有选择地整合教材内容，从学生的情感态度、审美价值取向、已有知识经验等来确定教学目标和教学过程，让学生在体验感受艺术的过程中，产生学习音乐的动力。

(3) 采用合理的教学结构。课堂教学结构是否优化直接关系到一节课的教学目标能否完成以及能否调动学生的学习积极性。艺术课堂教学结构不是固定不变的，而是随教学目标、教学策略、学习评价的不同而变化的艺术学科难忘课堂的结构形式有以下几种：

① 递进关系的教学结构。设计这种教学结构必须从最浅显的知识开始，由基础向知识深度和宽度推进，每个环节之间是循序渐进关系，由浅入深，紧密相连。这样学生会在清晰的教学过程中获得知识。

② 并列关系的教学结构。并列教学结构是指教学各环节之间是相互独立的，每个环节需要讲述的内容并重，每个教学环节都有各自的侧重点和教学结果，但每个教学环节可以采用不同的、最有效的教学手段去实现做中的结果。

③ 活动贯穿的教学结构。这样的教学结构，以活动贯穿，这样既符合了学生的心理需求，又能使课堂呈现出轻松活跃的气氛，学生乐在其中，学习其中、享受其中。

(4) 采用可操性强的教学手段。艺术难忘课堂的教学方法，要以培养和发展学生艺术审美能力为核心，要激活学生的主体性及学习的主动性，培养学生学习艺术的兴趣和爱好，体现他们学习的自主性。

在选择课堂教学方法时要注意以下几点：

——教学中要有意识地引导学生形成正确的审美价值观。

——所采用的教学方法要促使学生掌握艺术审美的基本知识和技能。

——教学实践活动要符合学生的年龄和心理需求，体现科学性与趣味性、音乐性与人文性相结合。

——采用直观的、有趣的教学方式，营造民主、和谐、轻松、愉快的课堂学习氛围。

——根据教学的动态变化，适时、适度地调整教学方法，使教学更切实际、更有效。

——鼓励学生参与课堂实践活动，在活动中获得音乐的体验和感受，建树学习的自信。

① 巧妙的课堂导入。一节课好的导入，是在课的开始能否抓住学生的心，能否用有效的教学手段把学生牢牢地吸引住的关键所在。根据教学的不同情境和要求，艺术课的导入可呈现多种形式，如活动式导入、情境式导入、直接式导入、辨析引导式导入、激励式导入、示范引领式导入、问题式导入等等。

② 听辨、对比、赏析。难忘课堂的听辨和对比、赏析是常用的教学方式，通过听辨，学生能深入地思考相关的问题，寻求正确的答案。通过素材的对比、不同表现手法的对比、艺术要素的不同所表现的艺术形象不同的欣赏感受，促使学生在听辨中激活艺术思维，使学生以饱满的学习状态投入到学习当中。

③ 合作、探究。自主、合作、探究的学习方式，目的是充分挖掘学生的潜能，调动学习的积极性，使学生主动探索实践，在自主性、合作性的学习中，掌握正确的学习方法，使学生具有团队合作意识。从而使学生乐于合作探究、乐于学习、善于学习，使学生真正成为学习的主人，让课堂焕发生命的活力。艺术课堂的合作、探究需要做到：明确合作学习的任务；合理地组合学习小组；教学任务切合学生的能力；教师适时适度进行指导。

④ 关注艺术本体。艺术本体通常是指构成艺术作品的各种因素，即“艺术的形态”。在难忘课堂的教学中，让学生以具体的艺术作品为对象，借助各种丰富多样的方式以及其他辅助手段来充分体验和领悟艺术形象，提高学生艺术审美能力、感受力和想象力，拓宽艺术视野，从而得到精神愉悦与享受。

⑤ 拓宽文化内涵。艺术课堂的难忘教育，要求教师要有意识地把作品中的多元文化，通过一定的教学手段呈现给学生，在不断的教学过程中，点滴积累，逐渐渗透，使学生在感受艺术的情感和表现手段时，能得到更多的文化浸染，在以专业为本的基础上，加强学科间的联系，拓宽文化视野。这样，提高学生的音乐文化素养才能真正落到实处。

⑥ 师生互动。良好的互动是艺术难忘课堂教学过程中一个重要的课堂活动形式。在互动中，教师能够技巧性地传递知识信息，学生在良好的师生关系下，达成课堂教学合作，真正实现课堂教学的有效性，同时能激发学生主动探究，让教室里“活”起来，在此过程能更好地了解学生，并及时调整教学方式，完善教学效果。

艺术欣赏课中的师生互动可以有以下几种形式：

——师生共同完成某一教学任务，在平等的、民主的教学过程中，相互沟通，相互影响，相互补充，在互动中，促进学生的个性和创造能力的发展。

——参与学生合作探究，起引导作用，形成真正的学习共同体。

——在激发学生积极参与课堂教学活动的过程中，教师适时、适度地展示和示范，使师生间在情感、技能、价值观等方面都得到充分的交流，加强师生间的情感沟通，提升教师的亲和力，促进学生自信地参与教学过程之中。

三、难忘艺术课堂评价方式

艺术难忘课堂的教学评价应着眼于诊断、激励与改善的功能，通过评价可以了解学生的学习状态及结果，有利于学生自我发现和改进。同时能明确学习目标提高学习的热情和自信。艺术课还没有完善的评价体系结构，需要我们在教学工作中不断探索，找出一条既适合学生的学习和发展，又能促进教师专业成长和教学手段的更新变化的新路。我们从过程性评价内容和方式、终结性评价的内容和方式、师生互评的模式探究三个方面来简述艺术难忘课堂的评价。

1. 过程性评价的内容和方式

过程性评价不是仅看学生学习的评价等级，而是要从学生自身的发展上找出成长的轨迹，发现成长过程中的问题和不足，把学生个体的过去与现在进行比较，或者把个体的有关侧面相互进行比较，从而得到评价结论的教学评价。

在教学过程中观察学生参与学习的状态，关注学生在教学过程中解决问题的能力、素养的提升，并及时地对学生的学习作出客观的判断。这样能及时地反映学生的学习情况，促使学生对自我学习的过程进行积极地反思和总结。

(1) 课堂评价内容。在教学过程中，关注学生对欣艺术作品的兴趣与情感体验，评价学生在音乐实践活动中的参与态度与程度、合作愿望与能力，欣赏作品的方法与成效，艺术实践能力与编创能力，对相关文化的认识、理解，审美情趣的形成以及掌握知识、技能的实际水平等。

学生参与学习的状态——在艺术课上，学生学习的状态直接影响着学生是否能够真正关注艺术作品、关注课堂、走进艺术天地，理解艺术形象的结果。

课堂上生成的学习结果——学习结果是学生获得知识的最显性的标志。在艺术课上，学习的结果会在很多环节中体现出来，例如：学生在欣赏艺术作品时所表达的思考方式和结果；在小组活动中，通过合作探究而获得的共性和个性化的认知；学生在某一教学环节中所获得的知识和技能；在某一节课上通过师生共同努力而生成的教学成果等等。这些学习结果可以成为课堂评价的内容和依据，能促进学生关注课堂学习的多个角度和方式。

（2）活动性评价的内容。活动性评价主要是指对课堂教学活动过程与结果与课外艺术活动的过程与结果做出的一系列的价值判断行为。课堂活动涉及多种形式，例如，上课通过积极思考，主动回答问题的情况；自信、积极参与课堂艺术实践活动的情况；小组共同探究的结果；参与课堂创编活动情况；师生互动，共同演绎某一作品情况以及课前才艺展示的情况。课外艺术实践活动会体现在积极主动参与校园艺术节以及社团活动等方面。活动性评价贯穿于学生学习的全过程。有效的活动性评价能更大程度地体现课堂教学的外延，彰显艺术教学的价值和意义，学生能够更加自信地参与艺术实践，并在实践过程中获得艺术美的积累及审美能力的提升，同时带给学生学习的无穷动力，挖掘学生更多的艺术潜能，激发学生学习、发现、探索的欲望。

（3）评价的方式。新的课程评价要求教师建立多元的评价观来评价学生的成长。评价的方式从单一性逐步向多视角发展。难忘艺术课堂从表现性评价、形成性评价、激励性评价、发展性评价等方面对学生的成长进行客观、全面的“考察”，促使学生积极参课堂活动，真正获得艺术素养和艺术品位的提升。

表现性评价——在艺术教学中，教师要以欣赏眼光去对待学生，去发现学生的优点，用鼓励的方法鼓励学生参与、享受、表现艺术，使学生通过学习，审美能力得以提升，审美品位不断升华，在艺术情感熏陶和感染下，建立热爱美好事物的真挚情感，从而用活积极乐观的态度对待生活和追求。

形成性评价——形成性评价是对学生发展过程的记录、反思而做出的评价。难忘艺术课堂的形成性评价是指对学生学习过程中的表现、所取得的进步及艺术欣赏时的情感反应、态度、解决问题的方法等方面的发展做出客观的评价。这样能使学生从被动接受评价转变成为评价的主体和积极参与者，能帮助学生有效地调控自己，使学生能更好地发现自己、完善自己，获得成就感，增强自信心，同时也能使教师更好地关注学生的成长，并及时地发现问题，进而有助于学生身心素质的全面发展。

发展性评价——发展性评价核心概念是关注学生进步状态、促进学生不断发展进步。发展性评价是一种动态行为评价，必须关注学生的发展，关注学生在发展过程中的进步状况，不能在学期结束、或学年结束时给一定性的评价。甚至是在某个环节、某种认知上，也要对比学生前后的发展情况而给与客观评价。

2. 终结性评价的原则和方式

难忘艺术课堂的终结性评价是指对课堂教学预设所形成的结果进行恰当的评价。如某一教学环节、某一节课、某一单元、某一模块或一个学期的教学结束后，对学生的学习最终结果所进行的评价，都可以说是终结性评价。

终结性评价目的之一是对学生一段时期的学习情况给予评价，目的之二是通过评价让学生发现自我还存在哪些不足，为今后的学习扫除障碍。

(1) 终结性评价的原则。终结性评价要遵循以下几点原则：

——艺术教学终结性评价，要注重学生艺术能力的发展，淡化通过评价来给学生排名。

——坚持终结性评价与过程性评价相结合。既要注重过程中学生艺术素养的提升和发展，也要从结果上发现问题，并解决问题。

——以自评、互评、师评等多元化的评价方式，为每个学生提供发现自我、评价他人、督促老师的机会。

——评价结果不只是给学生一个定性的评价，更重的是以评价结果促进学生更加关注自我艺术素养的积累，为今后更好地发展提供必要的依据。

——在评价内容上更加关注学生在艺术发展上的全面情况，强调对学生进行综合性考察。

(2) 终结性评价的内容及方式。难忘艺术课堂以课堂检测、合作学习、学习表现(包含了表现性评价、形成性评价、发展性评价)艺术实践，期末考试等方面作为终结评价的方式。

课堂检测——在课堂教学中，每一个教学环节、片断都需要一个教学结果的呈现，因此，教师必须根据具体的教学内容和要求，对课堂教学的某一环节、某一知识点，通过一定方式进行检测，这样能更好地了解学生的学习情况，了解课堂教学的实施手段是否有效，帮助教师及时调整教学手法，采取相应的手法去完善课堂教学。这个检测，既是对学生的检测，也是对教师的检测，更是完善课堂教学的依据。

合作学习——合作学习是课堂教学中的一种手段，也是终结性评价中的一个重要组成部分。在合作性学习过程中，既可以激发学生的合作意识，又可以在合作过程中共同探讨，解决难点，同时也可以在讨论过程中各抒己见，有利于学生发表个性化的艺术见解，促进其自信心的提高。合作性学习作为评价的一部分，可以使得评价更全面、更客观地反映学生的情况。

艺术实践——艺术实践包含了课堂艺术实践(这其中分为课前才艺展示和课上艺术实践)、学校艺术实践和社会艺术实践活动。目的是通过艺术实践活动,提升学生的艺术表现力,在艺术实践中进一步感知和强化与课堂学习内容相关联的知识和技能;同时在艺术实践活动中,锻炼学生的心理素质和自信心,敢于在众人面前表现自我,这也正是现代人才所必须具备的素质之一。教师鼓励学生参与艺术实践,不唯分数论,不唯等级论,只要是积极参加的同学,都将获得艺术实践的评价得分。

期末考试——期末考试是对学生学习情况的综合性评价。这一考试摒弃了过去音乐考试一首歌曲、一幅美术作品、一张脱离音乐特性的试卷来评定的形式。考试完全在音乐、美术的范畴之内,90%的试题都要通过聆听艺术素材和美术作品的赏析去完成,有的题型是知识性和个体性的,有的则是综合类的题目,涉及课堂学习的所有方面。

3. 师生互评的模式初探

难忘艺术课堂教学中,通过师生互动,使教师和学生间达成信息沟通、产生相互影响,在教学要求上达到共识、共求,在教学结果上达成共进、共享。所谓教学相长也正是如此。

在师生互评中要做到以下几点:

——在师生互评中,充分调动参评人员的积极作用,促进教师更多地了解学生的需求,并在评价中寻求教育教学的新思路,完善自我,努力满足学生的需求,做到师生同成长。

——教师对学生的评价一定要以人为本,从共性和个性等方面、多角度地给予学生客观、真实的评价。要使评价成为学生更快、更好成长的“助推器”,在评价的激励下让学生获得知识、能力、素养的多赢。

——在评价中充分彰显学生学习的主体地位,调动学生主观能动性,使学生能在评价老师的过程中,参与教师的教学过程,逐渐懂学习、会学习,为实效教学效益的最大化寻求新想法。

艺术难忘课堂的实施,带给学生无穷的艺术求知欲望和动力,它促使每一个学生去积极地学习艺术、发现艺术、探索艺术、享受艺术。有效的艺术课堂教学使我们的艺术课堂焕发无限生机,学生在积极主动的学习中成了艺术的真正主人。当然,一些举措、想法还在不断地探究、摸索中,还有很大的优化空间,这就需要我们在今后的教学中逐步去完善它。

(蒋维　执笔)

示例 1

汉族民歌

一、课题来源

湖南文艺出版社《音乐鉴赏》第三单元音乐与民族——汉族民歌。

二、政策要求

音乐鉴赏是高中音乐课程应首先得到突出和加强的基础性模块，是增进学生音乐文化的主要渠道，学习中国传统音乐，感受、体验音乐中的民族文化特征，认识、理解民族民间音乐更是《普通高中音乐课程标准》《音乐鉴赏》模块的内容标准中一项重要的内容。

教科书通过《赶牲灵》《船工号子》等汉族民歌的欣赏，要求教师引导学生积极参与音乐体验，鼓励学生主动探究汉族民歌，了解汉族民歌在体裁与形式、风格色彩、表现手段等方面的丰富性和多样性。

综上可知，课程标准和教科书等政策要求，主要是应从高中学生的生理、心理特点出发，采取多种教学形式，引导学生积极参与音乐体验，鼓励学生主动探究并对所听音乐有独立的感受与见解，帮助学生建立其音乐与人生的密切联系，完善学生的素质结构，为每个高中学生终生学习音乐、享受音乐奠定基础。

三、学情基础

高一的新生在初中阶段，已初步具备音乐体验、感知能力，但在更理性的层面尚缺乏审美判断能力，需要在学习过程中通过逐步的音乐渗透和积累来提升。

由于音乐的特性，绝大部分同学热爱音乐，有参与音乐实践表演的欲望，但还缺乏正确鉴赏音乐的方式，需要通过有效的教学手段来提升学生的审美素养。

四、教学目标

(1) 在认识了解中国汉族民歌的过程中，拓宽音乐视野，增强热爱民族文化的意识。

(2) 在演唱、欣赏、合作、探究、自主问题建构等教学过程中感受汉族民歌的体裁分类及不同地域的汉族民歌的不同风格特点。

(3) 学会分辨汉族民歌的不同体裁风格，并能在欣赏、学习过程中尝试自主总结其特点。在与老师、同学合作创编表演中巩固对民歌特点的认知。

五、教学过程

1. 导入

师：同学们我们一起来欣赏一首宋祖英和多明戈演唱的《爱的火焰》，听听这首歌中引用了哪首民歌的音调。

生：《茉莉花》。

师：能不能唱几句？（学生唱，老师带着学生跟唱）

设计意图：以2008年北京奥运晚会主题歌《爱的火焰》导入，让学生体会到中国民歌的艺术生命力与震撼力。

2. 介绍小调

(1) 以江苏《茉莉花》为此教学环节教学素材一。

师：今天这节课我们一起来认识汉族民歌。我国的汉族民歌从体裁上分为哪几类？

生：劳动号子、山歌、小调。

师：刚才这首茉莉花属于三类中的哪一类？

生：小调。

师：刚才我们演唱的《茉莉花》是由江苏的鲜花调发展而来的，接下来我们来欣赏一段纯正的江苏《茉莉花》。

(2) 学生自主探究。

师：听完这首《茉莉花》你们需要了解什么问题？每小组边欣赏边讨论，设计两个你们需要了解的问题。

生：活动（略）。

(3) 以东北《茉莉花》为此教学环节教学素材二。

师：接下来我们再来听一首《茉莉花》，请同学们听听它们在音乐表现上有什么不同点。

生：聆听音乐并回答（略）。

(4) 分析比较。

师：出示两首茉莉花的第一句谱例，请同学画旋律曲线图，分析它们的不同点。

江苏《茉莉花》：节奏紧密、旋律流畅平稳。（婉转甜美）

东北《茉莉花》：节奏舒展、旋律起伏较大。（热情爽朗）

师：出示图表。

		江苏《茉莉花》	东北《茉莉花》
不同点	旋律	旋律平稳	旋律起伏大
	节奏	比较紧凑	比较舒展

(5) 学生自主总结小调特点。

师:通过自主的探究和认知,我们了解了小调具有怎样的音乐特点。我们对小调进行一个定义,你认为定义里有哪些关键词?

生:学生总结,老师黑板记录。民歌产生于民间日常生活和风俗活动中,是流行于广大城乡的民间歌曲。

[备注] 结束后幻灯片:小调又称"小曲"、"俚曲"、"时调"等,是人们在劳动之余,用以抒发情怀、娱乐消遣的民歌。曲调性强、旋律流畅、婉转曲折,旋律线丰富多变,表现力强。

设计意图:以学生自主问题建构唤起学生学会学习的意识,激发学生探究汉族民歌的求知欲望。

3. 介绍山歌

(1) 以《赶牲灵》为此教学环节教学素材一。

师:接下来我们来介绍山歌,我们南通也有山歌,你觉得最著名的在哪里?

生:狼山。

师:我在想,你们是不是认为在山里唱的歌就是山歌?其实不然,下面我们一起来了解一下山歌,首先来欣赏一首《赶牲灵》。旧社会陕北人民生活十分辛苦,有一部分人靠赶牲灵谋生,即用牲畜长途为他人运送货物,风餐露营,十分辛苦。

师:我们请两位同学来模唱《赶牲灵》的第一句,看看哪位同学的演唱更能体现脚夫在山里行走时的情绪?为什么?最后一声有什么特点?

[备注] 学生说,教师板书。沟川遍布,人们习惯站在山坡上,沟底远距离地大声呼叫或交谈,常把声音拉得很长,于是便在高低长短形成了自由疏散的韵律。

(2) 以《田秧山歌》为此教学环节教学素材二。

师:欣赏感受了《赶牲灵》,你们肯定想,山歌不就是在山上唱的吗?接下来我们再来听一首《田秧山歌》,它是在哪儿唱的?和上一首有什么不同?它和哪首更接近?

生:它是农民在劳动过程中演唱的,和上一首相比节奏比较规整,更接近于江苏的《茉莉花》。

(3) 学生自主总结山歌特点。

师:通过探究,山歌具有怎样的特点?我们再对山歌进行一个定义,你认为定义里要有哪些关键词?

生:旋律质朴的、节奏自由的、曲调高亢的。

师:(总结)山歌是广大劳动人民在田间、山林、牧场劳动过程中即兴演唱的歌曲。旋律爽朗、质朴、悠扬,节奏自由,曲调高亢嘹亮。

(4) 拓展练习。

师:在我们中国属于山歌体裁的民歌有好多种类,他们都有自己的习用名称,下面请听歌曲片段,完成连线。四川的《槐花几时开》;甘肃的《下四川》;山西的《想亲亲》。

设计意图:通过学生的表演,让学生获得情感性的体验,寓教于乐,使教学内容情趣化,从而促使学生迸发出更多的个性创造,并能在欣赏、学习过程中尝试自主总结其特点。

4. 介绍劳动号子

(1) 号子导入。

师:欣赏完山歌,我请同学们欣赏一段电影,从这个作品中,请同学们告诉我它是属于哪一类。

生:回答(略)。

师:为什么第二个人上来后,显得那么协调轻松?

生:回答(略)。

师:从刚才的片子中,可以看出协作性强的劳动只有在劳动号子的引领下,协调大家的劳动动作,统一大家的劳动步伐,才能提高劳动效率。

(2) 合作表演《军民大生产》。

师:接下来我们欣赏一首创作号子《军民大生产》,进一步感受号子的特点。

师:为了加深同学们的印象,我们一起来合作一次。

生:师生合作表演。

(3) 学生自主总结号子的特点。

师:同学们欣赏了号子、分析了号子、感受了号子,请思考并回答以下问题:

——号子的旋律有什么特点(简单的,复杂的)?

——节奏有什么特点(规整的,自由的)?

——在劳动过程中需要怎样的演唱形式?

生：（总结）劳动号子是人们在从事体力劳动过程中创作并演唱的一种带有呼号性的歌曲。节奏固定，与劳动强度有关，旋律简单质朴，铿锵有力，律动感强。

（4）根据歌曲创编号子

师：在我们生活中有很多种劳动形式，那就有很多劳动号子比如说……

生：回答（略）。

师：其实我们在生活中，随时会遇到合作性的劳动，接下来请同学们做一个创编。假设你们一起搬运一块水泥板，六个人合作，请用某一首你们认为合适的音乐为劳动号子的素材，来统一协调大家的劳动动作。

设计意图：让学生通过与老师、同学之间的合作创编表演，再次巩固加深对民歌的特点认知，使学生愉快轻松地掌握并体验汉族民歌的魅力。

5. 拓展与延伸

师：其实我国的民歌，不仅存在于人民的生活和劳动中，并且它还以更绚丽的姿态呈现在很多艺术作品中。

师：再请大家欣赏一首歌曲，思考以下问题：

——这首歌曲呈现了哪类音乐风格？

——它是引用了那首民歌的基调？

师：请同学们再欣赏河南的《王大娘钉缸》片段，它的旋律基调以怎样的形式呈现在我们现代的哪部作品中？

师：请同学们跟着音乐一起演唱，并在歌声中进一步感受中国民歌在艺术创作中的生命力。

生：活动、演唱、思考、回答（略）。

设计意图：欣赏、演唱现代歌曲，体验传统基础上演变出的时尚风格，让学生进一步感受中国民歌在艺术创作中的生命力。

5. 总结

师：我国的民歌在长期的劳动生活中口口相传，并在流传的过程中得到不断的完善，它根植于我们民族文化之中，并且会随着社会的发展变化而更加丰富多彩。我们应该热爱自己民族文化，让民族音乐文化在我们手中发挥光大。

六、教学反思

根据学科特点，艺术学科难忘课堂时刻体现了“情感性”“审美性”“高雅性”“趣味性”的主旨思想。

教学设计能做到从情入手，以生为本，引导学生在认识了解中国汉族民歌的过程中，使学生敞开胸怀，拓宽音乐视野，提高审美情趣，增强热爱民族文化的意识，让学生的审美价值认知得到充分的提升。

在课堂教学中，能做到从学生的兴趣爱好出发，紧扣“难忘艺术课”的趣，着力使教学内容情趣化，以活动贯穿课堂。灵活的安排艺术实践活动，重视学生的参与与实践，在实践活动中师生共同合作，并付诸情感性的参与，获得情感性的体验活动，寓教于乐，从促使学生迸发出更多的个性创造。

在教学活动中，教师更多地要求自己审美感悟和实践智慧的高投入，把握创造和活力的动态过程，以扎实的专业技能对学生以情激情、以自己的审美感悟激发学生的感悟，并引用多种导入方式来激发学生探究的欲望，以学生自主问题建构唤起学生学会学习的意识。在演唱、欣赏、合作、探究、自主问题建构等教学过程中感受汉族民歌的体裁分类及不同地域的汉族民歌的不同风格特点，并能在欣赏、学习过程中尝试自主总结其特点，在与老师、同学合作创编表演中再巩固对民歌的特点的认知，使学生愉快轻松地掌握并体验汉族民歌的魅力。

这节课学生乐在其中，学习其中，享受其中，获得了正确的审美感受，真正实现“难忘教育”在音乐课中的体现，充分彰显了情雅趣智艺术课堂的生命力所在。

（季云霞　供稿）

示例 2

从传统走向现代——印象派与后印象派

一、课题来源

人民教育出版社《美术鉴赏》中的外国美术鉴赏第七课“从传统走向现代——印象派与后印象派”。

二、政策要求

《普通高中美术课程标准》要求：“学生在欣赏、鉴别与评价美术作品的过程中，逐步提高审美能力，形成热爱本民族文化、尊重世界多元文化的情感和态度。”《普通高中课程标准教学要求》中提到：“分析具有代表性的……印象派与后印象派等艺术流派的风格及代表人物和代表作品。”

高中美术教材以欧洲美术的历史发展为主线导入印象派和后印象派，明确了这两个画派在西方美术史上的重要地位。教材分别从“印象派的由来”、“印象派绘画主要追求什么”、“反印象派的后印象派”这三个方面介绍了印象派和后印象派发展中呈现出的代表人物和代表作品，并分析了其艺术特色。

从中我们不难发现，美术课标和教材的要求是让学生积极主动的参与到印象派和后印象派绘画的鉴赏活动中去，了解印象派和后印象派的代表人物、作品和艺术追求。在鉴赏作品的时候，要求学生能恰当使用美术术语，以自己的观点描述、分析和评价作品，并从中能够了解到西方美术发展的大体脉络。

三、学情基础

在初中美术的“欣赏·评述”学习领域中，学生了解到欣赏美术作品的相关知识，也已经初步接触过印象派和后印象派的绘画作品，但是学生的欣赏只是一般意义上的审美活动，属于初级阶段，偏重感性。大部分学生能够说出印象派画家莫奈和后印象派画家梵高和他们的一些最著名的作品。但对什么是印象派、印象派和后印象派的区别、它们有什么样的艺术特点这些重要的方面学生还不够明确，关于印象派和后印象派在西方美术史中的地位和影响，学生了解的就更少了。对于印象派和后印象派作品的鉴赏，要帮助学生恰当使用美术专业术语表达自己对作品的感受，在欣赏、对比、评价美术作品的过程中，逐步提升鉴赏审美能力。

四、教学目标

(1) 了解印象派和后印象派代表人物与代表作品，理解各自的艺术追求。

(2) 积极主动地参与研究、讨论，感受印象派和后印象派绘画的艺术魅力，获得审美能力的提高。

(3) 提高学习美术的兴趣，进一步提高对西方绘画作品的鉴赏能力，培养美术文化素质及个性潜能素质。

教学重点是在对比分析中，理解印象派、新印象派和后印象派的艺术追求。

教学难点是理解后印象派绘画中画家主观感受的表达。

五、教学过程

1. 视频、图片导入新课

师：2005年的春节联欢晚会上，由残疾人艺术团表演的一个精彩的舞蹈节目至今令人难忘，那就是——

生：《千手观音》(异口同声)！

师：看来《千手观音》真的有很大的魅力啊！那好！我们就一起来重温一下其

中的精彩片段。(播放春节联欢晚会《千手观音》舞蹈片断)

师:同学们都沉醉于优美的舞蹈中了,不过有件事不知同学们有没有发现,演员上台的时候穿的是什么颜色的服装?

生:黄色的、金色的。

师:那么为什么在舞蹈的过程中服装的颜色在不停地发生着变化呢?

生:因为舞台灯光的关系。

师:对了。物体在彩色灯光的照射下,原本的颜色会发生变化。那么在自然光线的照射下物象的固有色会不会发生变化呢?带着这个问题,我们来欣赏一位画家画的草垛系列组画。(播放幻灯片,配乐《月光曲》)

师:从刚才的欣赏中,你们发现了什么?

生:黄色的草垛在不同时间、不同季节、不同光线的照射下颜色发生了变化!

师:在常人眼中,黄色的麦垛在这位画家的笔下竟然呈现出这样多的色彩变化,多么奇特的绘画风格啊!在19世纪的画坛上,就出现了一批标新立异的画家,他们被称为印象派。而刚刚欣赏的草垛组画的作者就是印象派的领袖——莫奈。那么以莫奈为首的印象派以及其后的新印象派、后印象派的绘画与传统绘画有什么区别?它们对西方油画的发展作出了什么样的贡献呢?今天这堂课就带领大家一起走进19世纪西方绘画史上的这个重要的变革时代。(出示课题:从传统走向现代——印象派与后印象派绘画)

设计意图:从学生熟悉的《千手观音》舞蹈片段入手,营造一个轻松愉快的氛围,让学生感受舞蹈中变换无穷的灯光魅力。通过设疑,使学生带着问题进行草垛组画欣赏,激发学生的学习兴趣,让他们能够很快地进入学习状态,并能初步感受印象派绘画的独特魅力。

2. 印象主义代表莫奈代表作品赏析

师:1874年,莫奈与他的志同道合的画家朋友们联合举办了一次画展。画展中,他的一幅绘画特别引人注目。(展示《日出·印象》)请一组同学用很简短的语言描述一下你对这幅画的感觉和印象。

生:朦胧、虚幻、色彩很美、看不清、模糊、有意境。

师:从同学们的回答中能够得知有些同学并不是很喜欢这幅画。而事实上这幅画在展出时也是备受嘲讽的,有人批评画家拿了一幅未完成的画来展出;有人甚至更恶毒,称年轻的画家是一个疯子。

师:我们回过头来再看一看这幅画,它真的是那样另类、不能让人接受吗?

生:其实我觉得这幅画的颜色还是很丰富的,有一种意境。

生:水和天在朦胧弥漫的朝雾中融成一片,虽然简单,但是变化万千。

师:这在以前的追求精致描绘的传统绘画中是从来没有过的。也难怪一些人会觉得不习惯。有一个美术评论家借用这幅画的标题,嘲笑年轻的画家为"印象主义",西方美术史上重要流派印象派的名称由此而来。

师:印象派的画家们走出画室,用一种崭新的绘画技巧来描绘他们眼中的美好事物。在法国,有一座哥特式的卢昂教堂引起了莫奈的兴趣,他曾在三年内画了50幅卢昂大教堂。同学们有了刚才欣赏草垛组画的经验,你觉得莫奈会怎样描绘这座教堂呢?

生:一定是把这座教堂画成五颜六色的。

师:(展示卢昂教堂组画)庄严的哥特式教堂在他的眼中成为一簇充满着色彩旋律的光的结晶,看了令人目眩。灰色石头建造的建筑似乎被一层厚厚的光所包裹。现在老师从组画当中抽取其中的四幅,你们能不能将其按照某种顺序重新排列一下?

生:(排列顺序)

师:你为什么这样来排列?

生:我是按照时间来排的。第一幅是清晨,因为是一种带蓝的冷色调,还有一些朦胧感;第二幅是白天,有阳光的感觉;第三幅是正午,觉得画面很亮,光线特别强烈;最后一幅是傍晚,有晚霞照在上面。

师:说的非常好!组画的用笔看似狂放不羁,实际上是画家在长时间观察后才落笔的。当画家完成卢昂大教堂组画时,视力几乎不能恢复。法国作家莫泊桑在一封信中曾经记载了他所目睹的莫奈绘制"组画"时的情景:"我常常跟随莫奈寻找他的印象……说实在,他不再像是画家,倒像是一个猎人。孩子们跟在他的后面,携带五、六幅取材相同,但表现着一天中不同时间和不同效果的油画。他根据天色的变化,把这些画布接过来轮流地画着。画家就这样坐在对象前面,等待着阳光和阴影……"

师:我们再以浏览的方式欣赏一组印象派的绘画。(放幻灯片,音乐起)

师:通过刚才的分析与欣赏,我想大家应该对印象派的绘画有了一个大致的了解了吧?现在我们结合大屏幕上的传统绘画与印象主义绘画的区别,你们能不能对印象主义绘画做出一个客观而全面的评价。我们现在分成4组,大家讨论一下!

生:(分组讨论,代表发言)印象派绘画的颜色很鲜艳,比传统绘画更明亮;画家从画室内完全走出来,突破传统固有色,把对自然清新生动的感觉放在首位;将画家对物体在光线中微妙色彩变化的感受和描绘作为其追求的目标;印象派画家能够用色彩来表现不同的时间和光线。

师:4组代表讲的很好!印象派绘画追求光与色的变化,极大地提高了画面色彩的明度和纯度,从而使绘画发生了伟大的变革。但是这样的画真的就完美无缺了吗?

生:通过与传统绘画比较,发现印象派绘画的物体轮廓有些模糊不清。

师:对了!印象派画家太过追求光与色的变化,忽视了物象的本质。在印象派画家看来,世界上的任何具体的事物只是传达光与色的媒介罢了。物体本身已不重要,重要的是能够将对于光与色的变化表现出来。这种重形式轻内容的局限性使得画面中的物体都失去了坚实的结构,所以印象主义绘画不宜近看,只能远观。

设计意图:这一环节努力营造平等和谐的学习环境,学生能自由地发表自己对《日出·印象》的感受,在这里没有对与错,学生充分体会到自己教学主体的地位,师生完全处在平等地位。排序活动的设计使学生能初步了解到印象派画家的作画方式与他们的艺术倾向。通过教师的点拨、启发,学生在欣赏和比较的过程中,总结出印象派绘画特色。在这一自主、合作、探究的学习过程中很好地培养了学生的综合能力。

3. 新印象主义(点彩派——印象派的一个分支)

师:通过讨论总结,同学们对印象派的绘画的认识又加深了。现在出现在屏幕上的这幅画叫做《大碗岛星期天的下午》。你们觉得它是印象派的绘画吗?

生:不是,是新印象派。

师:哦?看来大家课前已经预习过了。好的,我就请一位同学来为我们大家介绍一下新印象派。

生:新印象派是印象派的一个分支。新印象派的画家利用光学原理将纯粹的色彩用小点块的方法,彼此相邻近地排列在画布上,追求比在画板上进行调色混合更高的明度和纯度。新印象派又被称作点彩派。

师:很好,非常详细了。同学们在了解了点彩派绘画的技法之后,能不能说说你对新印象派的这种绘画方式的看法?

生:我觉得用点画出来的画不会很清晰。

生:我觉得方式很机械,作画速度一定很慢。

师:对了。这种机械的画法毫无激情与个性。据说这幅《大碗岛星期天的下午》整整花了画家修拉一年的时间。大家都说出了它的缺点,难道就没有优点?

生:我想优点就是颜色很鲜艳吧。

师:对了,颜色不经调和,并列在一起,很好地提高了色彩的明度。

设计意图:新印象派是属于印象派的一个分支,与印象派颇有渊源。以辨别环节引入新印象派,环节过渡上比较自然,并且通过比较,学生能比较清晰地了解新印象派的绘画特色与局限,能够做出自己的评价。

4. 后印象主义

师:虽然印象派和新印象派都突破了传统固有色的观念,以崭新的绘画技法表现着不断变化的光与色,对西方油画的发展作出了重要的贡献。但是其绘画重形式轻内容的局限性渐渐引起了一些曾经拥护印象派的画家们的不满与反对。他们认为绘画不能仅仅将注意力集中在对自然瞬间印象的描绘,而应该有着更高的艺术追求。画史上称他们为后印象派画家。

师:塞尚就是后印象派画家中极具代表性的。他的静物画最能体现他的艺术追求。如果将塞尚的《有苹果和桃子的静物》与一幅传统静物画和一幅印象派静物画相对比,我们就不难发现他孜孜以求的目标。他的追求是什么呢?大家发表一下意见。

生:我觉得既不像传统绘画那样中规中矩用明暗来表现物体的质感和固有色,可也不像印象派在表现光与色的同时忽视物体的轮廓。

生:我觉得他是将传统绘画的坚实的结构和印象派明亮的色彩结合在一起了。

师:塞尚曾说:"世界上的一切东西都是按球体、锥体、圆柱体的形式塑造出来的……真实的描绘自然,绝不意味着原原本本的再现它,而是要将自己的感受表达出来。"这幅画充分地展示了他的这一理念。白色桌布与鲜艳水果的强烈对比,反衬出冷暖的色彩关系。画中的物体在他的眼中都被概括成一些几何体,并有意进行艺术变形。简洁的笔触、单纯的色彩、交错的线条组成了和谐统一的效果,这里表现的再也不是可食用的水果,而是具有坚实、沉稳、永恒的实体。

师:塞尚用色彩的冷暖来塑造形体(用色彩造型),用几何因素构造出结构厚重而严谨的物象(几何程式),适当地进行艺术变形,正是由于他的这些艺术贡献深深地影响了现代派的绘画,所以塞尚被称为"现代绘画之父"。

师:欣赏了这么多的作品,同学们是否有些审美疲劳了呢?现在我们来调节一下,我请一位同学来完成这个拼图游戏——《加歇医生》。

生:(同学自告奋勇,一位同学40秒完成)

师:这幅画的作者是谁?

生:梵高!

师:看来同学们对梵高是非常熟悉的。梵高也是后印象派画家的杰出代表。

哪些同学能够为我们简要地介绍一下梵高这个人。

生:我知道梵高是荷兰的大画家,他画过很著名的《向日葵》还有《星月夜》。

生:梵高一生很贫困,靠自己弟弟的资助画画。

生:他是自杀的,很年轻就死了。

生:梵高精神上有问题,是个疯子,还割掉了自己的耳朵。

(学生回答的同时大屏幕上出现一幅幅梵高自画像,音乐)

师:在其坎坷的一生中,他只卖出过一幅画《红色的葡萄园》。为了加深对梵高的认识,我们来看一段关于梵高的影片。(2分钟)

师:在影片的最后提到人们把向日葵和所有可以找到的黄色的鲜花放在梵高的棺木上,为什么呢?

生:梵高喜欢向日葵和黄色的花,画过向日葵。

师:世上有许多的花朵,比向日葵美丽,香味浓郁的花太多了,为什么梵高会这样热衷于描绘向日葵呢?

生:向日葵像太阳一样象征着光明,画家这些黄色的花表达了他对光明自由的向往和对生活的热爱。

师:说得好!这些融入画家情感的炙热的黄色,洋溢着生命的感觉。

师:除了《向日葵》,同学们还熟悉梵高的哪些作品?

生:《星月夜》。

师:这幅画堪称梵高绘画中的精品,初中时已经学过,在这里我就不多讲了。在梵高所有的作品中还有一幅极其重要的绘画。(展示《麦田上的鸦群》)针对这幅绘画,我们思考几个问题:这幅画描绘了哪些景物?你能给这幅画取一个名字吗?你能不能分析一下这幅画的用色和用笔有什么特点?绘画给你怎样的内心感受?画家借这幅画想要表达什么?大家讨论一下。

生:(讨论并交流)我觉得这幅画画了金黄的麦子和蓝色的天空,还有一群黑色的鸟;我想给这幅画取名为《田野上的乌鸦》;这幅画颜色很鲜艳,黄色的田野和蓝色的天空对比很强烈,画家用笔很率意;虽然颜色鲜艳,但是蓝色的天空好像有黑压压的一片颜色压下来,麦田的笔触也很杂乱,好像被大风吹得东倒西歪;乌鸦给人荒凉和不祥的感觉;我感觉画家当时的内心也一定是很混乱的。

师:《麦田上的鸦群》是梵高自杀前的最后一幅大型油画作品。在长条形的画布上,翻滚着浓云的天空,呈现深不可测的蓝色,鸦群只是一些浓重飞动的黑线构成,下面金黄色的麦田滚着波浪好像就要燃烧起来。强烈的色彩与狂放的笔触,给人一种震动感。麦田上黑色的鸦群，远处下坠的残阳，好像有不祥之兆，画家似乎预感到生命快要走到尽头，并用画笔记下了这种忧伤与绝望。终于，在这片恐怖而悲凉的土地上，梵高用手枪结束了自己的生命！

师：在《向日葵》中，梵高表达了自己对生活的向往和期待；在《星月夜》，他表达自己内心的烦躁不安；在《麦田上的鸦群》中表达出自己的绝望、悲凉、孤独与彷徨。在对世间最平凡的事物的描绘中，都寄托了画家内心的情感。

设计意图：这一环节是本课的难点，后印象派画家真正地开创了从传统走向现代的先河，为了使学生充分了解后印象派代表人物塞尚和梵高的绘画特色，采用传统绘画、印象派绘画、塞尚绘画三者比较。为再次调动学生的积极性，设计拼图游戏，一方面调剂一下课堂气氛，也为接下来介绍梵高做出铺垫。课前已布置学生搜集梵高相关资料，所以课上学生自己介绍梵高生平事迹，体现他们课前的自学成果。以视频加深学生对梵高的认识。选取梵高经典作品分析让学生在分析探究的氛围中总结出梵高的艺术特色，让学生与艺术家的作品在情感上产生共鸣。

5. 课堂小结

（1）完成表格，总结印象派、新印象派和后印象派的艺术追求。

印象派	追求物象的光色变化
新印象派（点彩派）	色彩分割，用原色点表现光色
后印象派	探索艺术形式，表现主观感受

（2）设计竞赛活动，复习、巩固所学知识。

师总结语：印象主义绘画专注于对外光和色彩的描绘，打破了传统绘画的一贯格局，是一项有益的革新；而后印象主义画家强调艺术要表达主观情感和自我感受，开创了西方绘画发展的新方向。从此西方绘画告别了传统，走向了现代。

设计意图：这堂课的内容比较多，在下课前将本课核心知识点再次强化，以表格呈现。设计竞赛活动，便于检查学生学习是否有效，帮助学生及时巩固、消化。

6. 课后拓展

（1）为什么从印象派到后印象派这样的一个绘画的变革时代会发生在19世纪？

（2）印象派中除了莫奈还有哪些画家，他们的绘画又有哪些各自的特点？

（3）都说梵高的绘画受东方绘画的影响，那么从哪些地方能看出其中的渊源？

设计意图：课时有限，课上来不及讲的，布置下去让有兴趣的学生继续探究。

六、教学反思

教学的过程不仅是教师的教与学生的学，更是师生双方情感和思想的交流。教学过程中充分创设情境，形成欢乐的气氛，使学生一直保持着愉悦的心态。和谐的教学环境是让学生充分感受快乐美术的前提条件，通过教学环节的精心设计、恰到好处的点拨与启发和多彩的活动，让师生在率真、坦诚、相互尊重的环境里一起学习；在各抒己见，对比讨论的浓厚氛围中共同成长，以达到最有效的学习效果。本课以美术教材为基础，从教学实际需求、从美术文化内涵的挖掘和关注学生的心理、能力需求的角度来选择教学内容，向学生介绍了印象派和后印象派的绘画。通过情境的创设、平等活跃的课堂氛围、教师点拨发散、多种形式的活动，使学生了解印象派绘画探索的艺术原则和表现形式的独特风格，以及印象主义绘画尤其是后印象主义绘画在主观与客观艺术与自然的关系的革新及重大意义，体现出艺术学科难忘课堂的“情感性”“审美性”“高雅性”“趣味性”的特征，并最终达成高效的美术课堂。

（陈旭　供稿）

信息技术学科“难忘课堂”构建方案

一、信息技术难忘课堂概述

按照难忘课堂的操作要义的指导精神，结合已有的信息技术课程模式，根据过去的教学实践和体会，信息技术课程难忘课堂可以包含设计学习任务、引领自主学习与合作学习、多元学习评价三个主要的方面：

一是设计学习任务，通过规定学生所要完成的任务目标、成果形式、活动内容、活动策略和方法来引发学生的思维加工，从而达到发展其学习能力的目的。

二是引领自主学习与合作学习，学生会根据自己已有的知识经验来理解新的知识，知识的形成是由自己主动建构而非被动地接受。教师提供学生主动建构知识的支架，协助学生建构自己的知识。网络学习系统使学习者可以自主地利用丰富的多元资源、有效的沟通工具，建构自己的知识。

三是多元学习评价，主要指学生学习效果的评价，包括对任务完成、实践作品、创新精神和信息素养的评价。网络学习系统能自动记录学生的活动并成形报表、日志、讨论记录、实践作品作为过程评价的依据，网络学习系统提供了丰富的评价功能，如作业评价、同侪互评、问卷调查等工具。

二、信息技术难忘课堂实施环节

教学模式是教学思想与教学规律的反映，它把比较抽象的理论化为具体的操作性程序和策略，有利于理论研究和指导教学实践。适合高中信息技术课堂的教学模式很多，这里推荐使用的网络探究教学模式（WebQuest），是基于网络以探究为导向的教学模式，它突出了信息技术难忘课堂所包含设计学习任务、引领自主学习与合作学习、多元学习评价三个主要的方面，所以 WebQuest 教学模式来实施信息技术学科的难忘课堂可操作性强。

以苏教版《信息技术基础》课程中网站制作为教学主题，说明 Moodle 学习管理系统中创建 WebQuest 教学主题的方法与过程，如图 1 所示。

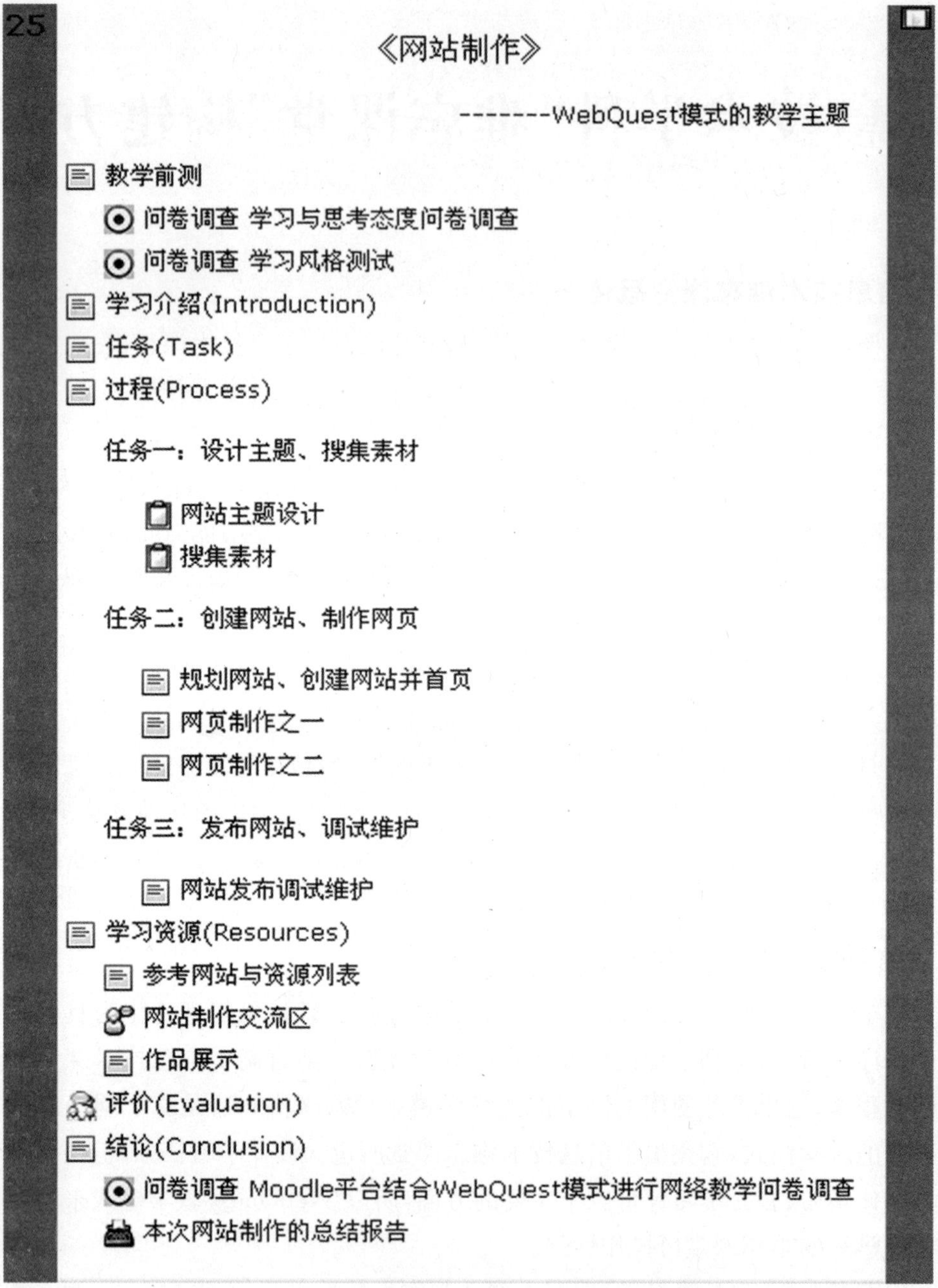

图 1　利用 Moodle 平台创建 WebQuest 教学主题

1. 情境介绍(Introduction)

从学生出版黑板报、电子小报制作等实际学习生活中引入网站制作教学主题。情境介绍内容如下：

当你成功出版了一期黑板报、制作了一个电子小报或者是制作了一份电子贺卡时，你是否意识到你的工作是整合多种素材加工合成了一个信息集成的作品。对，信息集成，这项技能在我们学习、生活中经常用到。现在，我们有一个更大的挑战就是制作一个网站。

做网站，很难吗？不，一点也不难，与你以前做的信息集成的工作流程是一样的。有四个阶段：选题立意、规划设计、开发制作、评估测试。

让我们开始吧，你想做个什么内容的网站呢？

2. 任务(Task)

针对教材内容和学生基础，分析教学目标(如表1所示)，确定本主题的任务。

表1 网站制作教学目标

目标维度	行为目标
知识与技能	(1) 设计网站主题，搜集素材 (2) 掌握 frontpage 创建网站，会使用表格设计网页布局，能注意网页风格、导航链接的一致性 (3) 掌握 frontpage 制作网页的技能：图片、表格、超链接、视频动画、表单等制作与设置
过程与方法	掌握网站制作、发布、维护的一般过程以及相关软件使用方法
情感态度价值观	能通过亲身实践体验网页制作的乐趣与艰辛

任务阐述如下，任务二与任务三交叉进行：

你现在是个网站开发者，为了完成你的网站，你可以完成下列任务：

任务一：为你的网站选定主题，可以是你的爱好、收藏或你感兴趣的内容作为主题，并搜集整理素材。(约2课时)

任务二：使用 frontpage 建立网站，制作约7个网页。(约4课时)

任务三：利用 CuteFTP 发布你的网站到你的网站空间，相互交流。(约2课时)

3. 过程(Process)

完成任务的探索过程的步骤如下：

◆选题立意，搜集素材：

1）请将网站主题的设计思想写下来。网站的规模控制在7个页面左右。书写时，先写出主题内容，再分类写出几个具体内容。约500字。

2）实践：请根据你的主题，在互联网上搜索并整理素材。可以 Moodle 系统中上传。也可以上传到你的 FTP 空间：服务器：ftp://192.168.8.21；账户：2008xxyy，其中 xx：两位的班级号，yy：两位的学号，密码：1。请用 CuteFTP 登录后修改密码，命令是 site pswd oldpswd newpswd。

◆创建网站，制作网页：

1）在 frontpage 中创建一个空白网页的网站，用表格来布局页面，制作导航链接，完成制作 index.htm。会插入图片、表格等。

2）添加更多网页。会插入 flash 动画、插入视频、图片链接、热区链接、表单等。

3）网页属性设置。会设置背景色、背景图片、背景音乐等。

◆发布网站，调试维护：

1）学生站点浏览网址

五班为 http://192.168.8.21:8085/xx/

六班为 http://192.168.8.21:8086/xx/

xx 为每个学生的文件夹名，对应学号，可以浏览网站。

2）你制作的网站可以通过 FTP 上传到你的空间。可以使用 cuteFTP 软件。你的账户是 20080526，密码是1。其他同学以此类推。

3）你可以在 CuteFTP 修改你的密码。

4. 学习资源(Resources)

基于网络应用的研究性学习从学习对象组成的视角来看，一般最需要的是这样一些资源——知识资源、智慧资源、工具资源。

◆参考网站(知识资源)

古玩今玩 http://moodle.wuxc.cn/jiulianhuan

黄山 http://moodle.wuxc.cn/huangshan

◆资源列表(知识资源)

好素材 http://www.haosc.com/

素材网 http://www.sucaiw.com/index.asp

◆frontpage 网站制作教程(知识资源)

1) 从一个网页开始 http://moodle.wuxc.cn/fp2k/fp2k0101.htm

2) 编辑网页 http://moodle.wuxc.cn/fp2k/fp2k0201.htm

…………

12) 站点的发布 http://moodle.wuxc.cn/fp2k/fp2k1201.htm

◆frontpage 教程资源(知识资源)

简明教程 http://tech.sina.com.cn/introduction/focus/frontpage.shtml

系列视频教程 http://www.it.com.cn/f/edu/067/19/299246.htm

◆教程文章 (知识资源)

http://www.webjx.com/frontpage/

http://www.pconline.com.cn/pcedu/sj/wz/frontpage/index.html

http://www.dlcom.org/article/frontpage/

◆cuteFTP 教程(知识资源)

http://moodle.wuxc.cn/mod/resource/view.php? id=146

http://moodle.wuxc.cn/mod/resource/view.php? id=147

◆交流讨论区(智慧资源)如图 2 所示

http://moodle.wuxc.cn/mod/forum/view.php? id=142

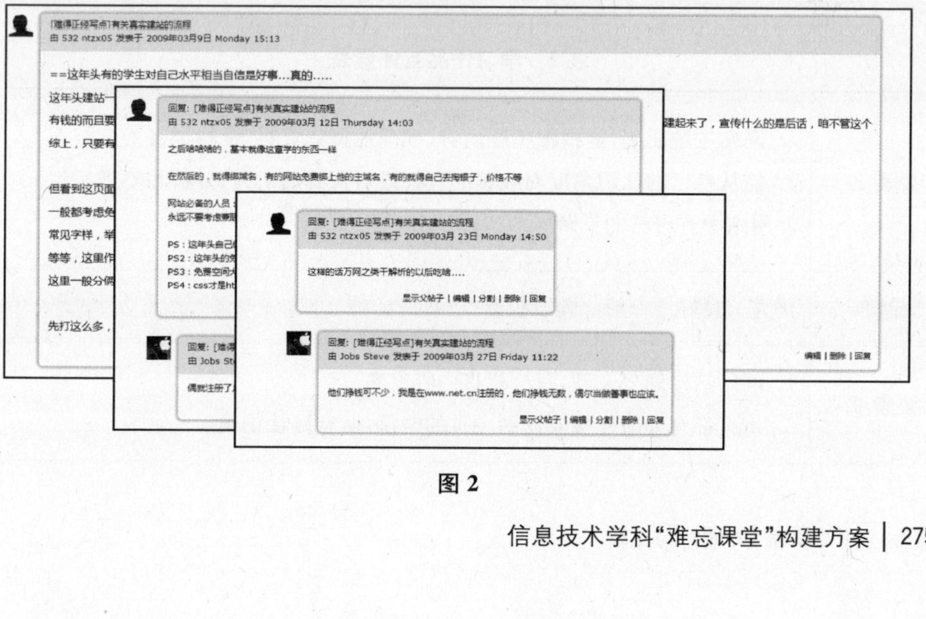

图 2

◆作品展示(智慧资源)

为了加强学生的交流和同伴互助,筛选了一部分同学的作品来观摩参考。如图 3 所示。

图 3

5. 评价(Evaluation)

利用 Moodle 系统的互动评价活动来实施学生之间的观摩评价。同学之间的评价更容易接受,促其反思,使学生能够更公正地看待自己。评价量表如表 2 所示。

表 2　学习作品互评量表

要素 1:	1. 网站主题明确,能根据主题内容,准确地搜集资料,资料丰富 2. 能从自己的认识角度对收集的资料进行认真的研究、分析和整理 3. 网站中有自己的见解
成绩:	优秀　良好　一般　差　极差
要素 2:	1. 网站结构划分合理,每个栏目内容充实 2. 每页都有导航连接及返回主页的链接,所有链接正确

成绩：	优秀　良好　一般　差　极差
要素 3：	1. 设计风格能很好地体现主题，色彩搭配合理 2. 有个人风格，形式新颖，视觉效果好
成绩：	优秀　良好　一般　差　极差
要素 4：	页面布局合理，内容表现形式多样化，包含文字、图片、动画
成绩：	优秀　良好　一般　差　极差
要素 5：	网页包含表单，有作者联系方式及作者自我介绍或网站创意介绍
成绩：	优秀　良好　一般　差　极差

比如下图中每个学生评价另外五个同学的作品，老师可以评价学生的作品，并对他的评价工作作出二次评价。如图 4 所示。

显示互动活动注释

姓 / 名 ↓	评价	评价等级	标题	评价日期	教师评价	同伴评价	提交作业评分	总计成绩
ntzx04 1	{85 (96)} {95 (99)} {95 (97)} {90 (98)} {90 (100)}	98.0	gyq	2008 / 11 / 19 00:04	评价	{100 (100)} {95 (99)} {95 (99)} {95 (99)} {90 (98)}	95.0	193.0
ntzx04 2	{100 (100)} {100 (100)} {100 (98)} {100 (100)}	79.6	daisy	2008 / 11 / 19 00:10	评价	{100 (100)} {100 (100)} {85 (96)} {60 (89)}	86.3	165.9

图 4　学生作品互动评价

6. 结论(Conclusion)

通过问卷调查、心得报告让学生自己来反馈、总结本单元主题的学习情况。

(1) 通过问卷调查收集学生对本单元学习之后的反馈。如图 5 和表 3 所示。

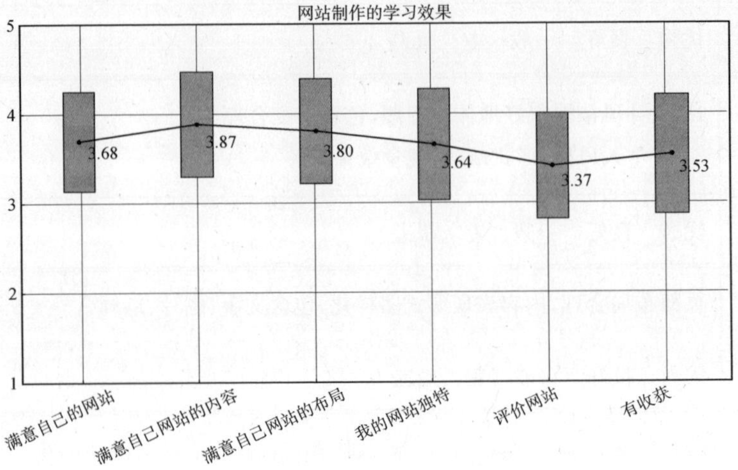

图5 学习效果

表3

认可程度 / 问题	5	4	3	2	1	认可(≥3)
我对自己制作的网站总体很满意	18 24.7%	28 38.3%	17 23.3%	6 8.2%	4 5.5%	63 86.3%
我对自己制作的网站中的主题内容很满意	29 39.7%	18 24.8%	19 26.0%	2 2.7%	5 6.8%	66 90.5%
我对自己制作的网站中的布局、色彩很满意	25 34.2%	23 31.6%	17 23.3%	2 2.7%	6 8.2%	65 89.1%
我制作的网站有独特的地方,我很满意	24 32.9%	18 24.7%	17 23.3%	9 12.3%	5 6.8%	59 80.8%
我很认真地参与同伴评价	16 21.9%	16 21.9%	27 37.0%	7 9.6%	7 9.6%	59 80.8%
通过网络教学与学习很有收获	22 30.2%	19 26.0%	17 23.3%	6 8.2%	9 12.3%	58 79.4%
	平均认可度					80.0%

(2) 通过“心得报告”反馈学生的学习反思。

在 Moodle 系统中添加“心得报告”活动模块，要求学生撰写学习心得，总结网站制作单元学习的体会。选了两位同学的心得报告如表 4 所示。

表 4　学生心得报告节选

	ntzx05 517　最近编辑：2009 年 03 月 12 日　星期四　14:17 通过这次网站制作，我受益匪浅。通过电脑制作可以表达我们心中的想法，更好地与他人交流。在制作过程中，我学会了搜集信息、筛选信息、加工信息、整合信息，不仅锻炼了我的能力、陶冶了我的情操，还让我学会了与他人交流，怎样向他人学习。我从别人的身上找到了自己以前没有的东西，让我学到了别人身上的优秀品质，提高了我的综合素质。 在网站制作过程中，我也遇到了许多困难，首先是素材方面，网络上信息量大，资源多，给我搜集材料增加了很大的难度，但我最终完成了任务。 其次，是网站制作方面的，因为我以前从未接触过这方面内容，所以做起来有很大困难，但在同学们的帮助下，我的电脑水平得到了很大提高。 总之，这次电脑制作让我有了很大收获，它将影响我的一生。
	ntzx05 501　最近编辑：2009 年 03 月 12 日　星期四　14:16 还好了。主要选题选的圣经，和我最近看的一系列书的内容的相近，不觉得累，而是一种知识的归类的感觉。 我觉得在“有限”的时间内，我应经把该做的做好了。 其实，做网站也不难。就是时间很紧，真的，找资料，筛了一遍又一遍，像淘金子似的，在大海似的互联网上。 还有些没有能够尽善尽美的地方，第一次尝试嘛，给自己留一些提升的小小空间——以后还会做网页的，一定会。下一次，就会有经验多了，不会像这次这样，开始时有些慌，要和同学一步步研究做法…… 这也是一次创造的过程，是不是？ 这也是一次经历，或者说经验。不断完善，不断美化。相信做的最好的网页永远是下一张。 i believe... 活在当下，我应经用心了，尽力了，享受了过程，一切无怨无悔. 像功夫熊猫里说的那样 Yesterday is history, tomorrow is a mystery, but now is the gift from the god, that's why it is called the “present”. 引用完毕，我的文章应该也可以暂时打住了。

三、如何创建 WebQuest 教学主题

1. 利用 MOODLE 系统的课程主题来创建

Moodle 系统提供的丰富的功能很方便地创建 WebQuest，并能很好实现 WebQuest 模式倡导的学生自主探究、教师教学辅助、同学间的互助交流以及促进深层思维等。如前文所述。

2. 在 Moodle 系统的 WebQuest 活动模块来创建

利用 WebQuest 活动模块创建 WebQuest 教学主题的步骤如图 6 所示。其特点第一涵盖了 WebQuest 模式的主要结构，能引导学生自主探究学习；第二可以自定义小组成员，与课程小组功能相区别，这一点很好。小组中只有小组长能上传作业；第三“任务、过程”过于简单，只能罗列问题、资源列表，缺乏交互，不能记录学习过程；第四评价功能弱，只能教师对学生的作业进行评价，缺乏学生互动评价；第五从整体考虑，该模块可应用于短时的简单任务的教学主题。

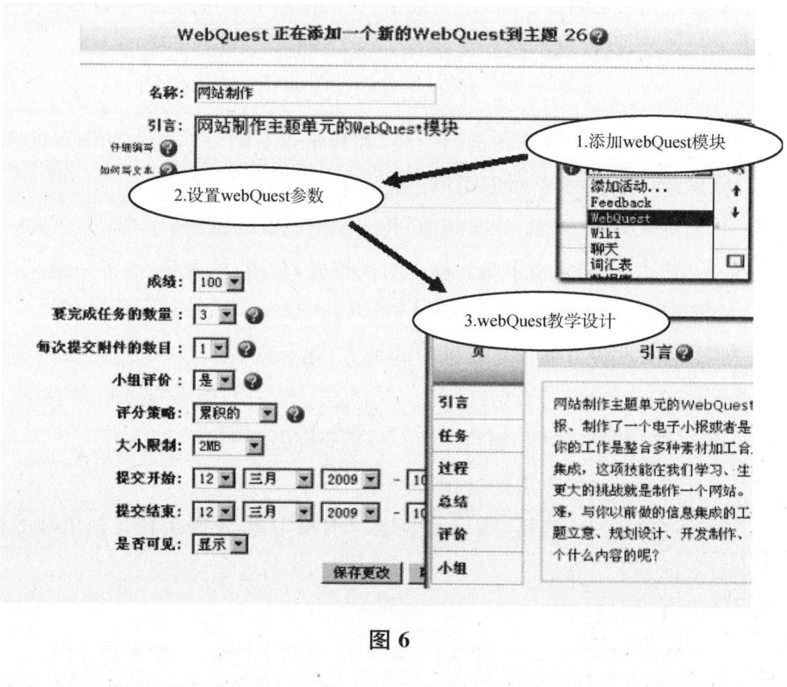

图 6

3. 利用 eXe 等第三方软件创建 WebQuest 教学主题后导入 Moodle 系统中

eXe(elearning XHTML editor)是一个桌面编辑软件，用于协助教师制作发布网络课件，能建立课程结构及灵活并易维护的学习资源。eXe 是一个开放源码的

软件，可以免费使用。其制作的课件可以输出三种模式：

独立的网站、SCORM 课件包、IMS（教学管理系统）课件包。

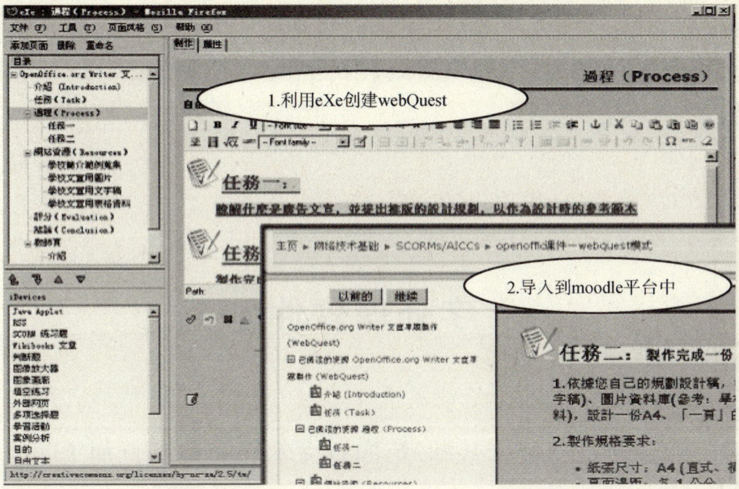

图 7

如图 7 所示，是下载了我国台湾学者王胜雄（Kevin Wang）利用 eXe 创建的“OpenOffice Writer 文宣制作”的 WebQuest 课件导入到本人的 Moodle 系统中的情况。用 eXe 创建 WebQuest 教学主题，教学呈现灵活有弹性，便于交流分享。但课件的交互性欠缺，作品展示评价不能实现。

四、关于信息技术难忘课堂建构方案的说明

在教学模式的应用过程中，根据我们自身的实际情况，灵活选择，加以改进，以达到难忘课堂的知情合一与应用自如的境界。

这里推荐的网络探究模式（Webquest）作同行学习的素材与参考，期望大家认真学习学校关于难忘课堂的操作要义，在自己的教学实践基础上对这个模式加以改进，形成自己个性的难忘课堂的教学模式。大家在教学实践中有好的经验和积累，可以一起交流，互相学习，共同进步。

创建 WebQuest 模式的方法与系统很多，大家可以在 Moodle、Claroline、Atutor 等学习管理系统 LMS 中来创建，也可以自己用动态网页来设计一个小巧的交互网站来组织这种模式的教学。当然，网络上可以搜索下载一些 WebQuestr 网站模板来使用，不过大多都是静态网页，不能体现交互，无法记录学习过程和提交作品，作品评价也不能进行。所以可以使用上述推荐的开源的网络学习系统来实现网络教学，其中 Moodle 学习管理系统应该是不错的选择。

实际教学中并不是每堂课都要按某一教学模式来组织教学，教学可以根据当时情况自由选择教学方法与教学模式来进行。如果我们的信息技术课程能提炼出本文最初提出的设计学习任务、引领自主学习与合作学习、多元学习评价三个主要的方面，并达成我们的共识，作为今后选择教学模式的参照，必将对我们的教学工作有所裨益。

（吴晓春　执笔）

示例 1

字处理软件

一、课题来源

教育科学出版社《信息技术基础》第四章文本和表格信息加工 4.1.2“字处理软件”。

二、政策要求

关于《信息技术基础》中的“字处理软件”，《江苏省普通高中信息技术课程标准教学要求》的要求是：“根据任务需求，围绕主题，使用合适的字处理工具，加工、组织文本信息，表达设计意图。”

虽然教材中只是很简单地进行了说明，但是课程标准和测试说明都对 Word 2000 的基本操作作了比较详细的要求。根据学生生活实际，紧扣课程理念，层层推进，为学生设计了海报制作任务，有效地提高了学生文字处理的综合运用能力。

三、学情基础

文本信息的加工，主要是 Word 2000 的使用。这部分内容在小学、初中都有涉及，高中课本上基本上没有关于操作技能方面的描述。我校高一学生来自于不同的初中，经过了解，发现大部分学生之前都或多或少学习过 Word 的使用（已不太熟悉），少数几个之前根本没学过。

针对这个情况，利用南通市教育局的 BlackBoard 教学平台（以下简称 BB 平台），采用任务驱动法，让学生设计并制作一份简单的海报。有基础的学生可以直接完成任务，而没有基础的学生可以先学习微视频再去完成任务。两个任务要求有差异，当然分值也有差异，这就可以调动不同基础学生的积极性，从而实现分层学习。

四、教学目标

(1) 能掌握 Word 的基本操作技能,具有一定的平面设计能力。

(2) 能够根据任务要求寻求问题的解决方法,了解 Word 海报这种表现形式。

(3) 通过对海报设计的学习,进一步加深对 Word 设计的了解,并激发学生求知欲望,了解颜色的搭配和布局的设计,增强学生美感。

五、教学过程

1. 创设情境,提出任务

最近几年关于雾霾的话题,一直是热点。首先让学生观看一段视频关于全国雾霾天气的报道,引出主题,再请同学们感同身受我们周围的天气情况,认识到雾霾的严重性。

师:那么我们如何来预防雾霾?如何来保护自己、保护我们周围的环境呢?

生 1:买口罩来预防雾霾,不乱扔垃圾!

生 2:用空气净化器!还可以节约用电,少开汽车,减少碳排放!

师:好,大家都说得很对,看来大家都研究过的。我们学校邀请了南大的专家来校作关于雾霾的讲座,让我们到时候一起听听专家会有什么样好的建议!这节课需要请大家帮忙设计一个海报,让全校更多的同学都来聆听这个讲座,更多地了解雾霾。

设计说明:情境的创设要与学生的生活相关,要与教学目标有联系,要能够让学生感兴趣,才能起到事半功倍的效果。雾霾是最近几年我们面临的最严重的环境问题,通过这个情境的创设,学生可能会正视周围的环境,能够以主人翁的姿态去认识雾霾、了解雾霾,保护环境从身边做起。任务的提出是水到渠成的。海报设计任务的提出有这样几个考虑:首先,考虑海报制作的时间相对来说比较短,内容比小报要简单;其次,海报制作中包括了 Word 操作中的文字输入、字体设置、文本框的使用、图文混排、段落设置、图形的使用等知识要点,通过整个海报的制作过程,学生能够学习到 Word 的基本操作。

2. 明确任务,知识准备

需要了解什么是海报?如何来设计制作?BB 平台中展示了一些海报作品,学生来总结海报的特点;其次,请学生了解海报制作的步骤,对接下来的制作做到心中有数。

师:请同学们登录 BB 平台,首先了解:什么是海报?我们生活中常见的海报有哪些？海报的特点有哪些？

生1：海报是一幅宣传画，我们学校门口的社团招新海报、社团表演海报，电影院的电影海报都是海报。

生2：海报的特点应该就是主要针对某一个活动，内容比较简洁，一般会包括主题标题、时间、地点及其他信息。

师：我们平时看到的海报很多，那么如何来设计制作呢？在BB平台中，我提供了一个简单的海报设计制作视频给大家做一个参考，相关的Word技术微视频也已经上传。

设计说明：明确任务是让学生知道接下来海报设计制作过程，该如何去完成，是起到一个指引的作用，也可以让学生学会如何来分配时间。这个环节是难忘课堂的关键环节，学生需要改变平时的学习习惯。我们将课堂相关知识都放到BB平台，学生在制作海报过程中，主动的学习。在这个过程中，基础的差距就会比较明显，一些基础好的同学，可能很快就跳过学习，直接进入制作；而一些基础不好的同学，可能就无从下手，只能先通过视频学习再慢慢制作。老师也可以根据学生学习情况提供相应的帮助。

3. 自由学习，合作探究

根据任务提示和提供的素材，海报设计制作过程主要分成四步：

(1) 海报页面(横版还是竖版设计)。

(2) 设计海报背景图片，要做到图片铺满整个页面。

(3) 海报版面布局设计，并添加海报标题。

(4) 制作海报主体区域内容。

最后，学有余力的学生进行海报美化，进一步提升海报整体效果。

师：同桌的两位同学为一个小型学习小组，两人可以进行合作探究，可以共同设计、制作完成一幅作品。

设计说明：在本环节可以让学生自由的学习，学生通过三种方式来学习，第一是登录BB平台，观看微视频学习相关操作技能。在平台中，将整个海报设计制作过程做了一个完整演示和分解演示，学生可以选择任意一个自己不会的片段进行学习。第二是跟周围的同学一起讨论如何操作。学生可以在自主学习过程中，跟周围同学进行交流。第三是举手示意老师，如果有问题自己实在解决不了，可以跟老师反馈，请老师帮忙解决。

4. 反馈评价

学生通过 BB 平台提交自己小组的作品，并对照老师给的海报评价标准，评选出最佳设计奖（整体效果最好），最佳制作奖（使用技术最多），优秀奖（顺利完成任务的）。

师：哪位同学愿意在课上跟大家分享自己的作品？

生 1：36 号。

师：那么我们就一起看看这位同学的 36 号作品。请其他同学来帮忙点评一下，这幅海报哪些方面设计的比较好？哪些方面还有待改进？

生 2：海报整体设计布局比较合理，只是一些色彩的搭配上有点乱，我给他打 85 分吧。

由于时间关系，我挑选了 5 位学生作品进行展示评分。同学们从两个方面为其他人打分，并根据分数高低评选出奖项。

设计说明：反馈评价是课堂教学中的一个重要环节。通过设计一个评奖环节，带动了课堂气氛，激发了学生的参与积极性。在课堂上进行当众点评作品，本身就是调动学生的课堂参与性和主动性，增强学生的勇气和自信。

六、教学反思

1. BB 平台的特点

(1) 开辟了学生自由学习的空间。南通市电教馆搭建了 BlackBoard 学习平台，并进行了相关培训。经过学习考察后，笔者觉得这个平台主要有这样几个方面比较好：作为一个教学平台，能够形成一个完整的课程体系，便于学生从整体把握整个课程；这个平台为学生自主学习提供了可能，通过 BB 平台，可以将这些微视频、平时上课的 PPT 以及其他学习资源都整合到一起，学生就可以随时学习，反复学习；BB 平台还提供了课程辅助工具，可以通过测试作业来检测学生的学习效果，可以通过调查来了解学生的学习情况，还可以让学生写博客分享学习的经验，论坛发帖交流彼此遇到的问题。

(2) BB 平台，改变了老师备课上课的习惯。为了让学生能用好 BB 平台，笔者在课前必须要做这样几个准备：一是进行详细的教学设计，需要考虑如何引导学生学习，建立学生学习体系，设置什么样的学习反馈，有文字反馈、文件反馈、微练习等形式。二是准备大量课程相关资料，信息技术的教材本身内容是有些过时，我们不能照本宣科，必须要将最新的技术理论介绍给学生。课程还用到各种各样的软件，我们也得找全提供给学生下载使用，尽量多地让学生尝试不同的方法解决同一个问题。三是将一些重点难点理论知识讲解、一些操作要领录制成微视频，学生能够各取所需，从而达到因材施教的效果。

2. 需要改进的地方

（1）将任务分解落实，学生更容易接受。本课在课堂任务的设计上，没有明显的层次感。整个就一个任务，设计制作海报，学有余力的同学进行海报的美化。其实可以将任务进行分解，一是设计海报背景，二是设计海报的布局，三是设计海报的标题、内容等，学生应该就能够更好地接受。

（2）更多关注需要帮助的学生。BB平台的使用，更多地要求学生能够有比较好的学习主动性和自学能力。整个课堂实践下来，笔者发现有些学生基础比较薄弱，即使学习了视频，也不太懂，整个学习进度就会比较滞后。还有些学生学习主动性不够，他不会操作，也不看微视频，也不与周围同学交流。这些都需要在课堂上给予更多的关注。

（3）调动学生与学生之间的互动积极性。整个课堂上，师生互动比较多，主要体现在BB平台互动，举手提问互动，个别疑难解答互动。然而生生之间的互动比较少，信息技术课堂上，学生的个体差异比较大，我们可以让基础好的学生与基础薄弱的学生形成一个学习小组，共同学习，共同进步。

（于小兵　供稿）

示例2

表格信息的加工

一、课题来源

教育科学出版社《信息技术基础》第四章文本和表格信息加工“4.2 表格信息的加工”。

二、政策要求

《普通高中技术课程标准（实验）》对信息技术课程理念的解读要求：“通过高中信息技术课程的学习，让学生在信息的获取、加工、管理、表达和交流中，掌握信息技能，感受信息文化，增加信息意识，内化信息伦理，培养创新思维，提高实践能力。”

本课教学设计紧扣课程理念，明确教学目标，立足学情铺陈教学过程，做到层层递进、环环相扣，为学生在认知发展的不同过程合理设置对应的探究任务，有效提高了学生的信息技术能力，在探索“难忘课堂”的实践中取得显著效果。

三、学情基础

学生在学习和生活中都有“表格信息加工”的应用需求和经历，通常能用比较简单的方法完成表格数据的收集、整理、美化等任务，对进一步学习和利用表格加工软件的高级功能，表格数据的多元化加工、利用，提升原始信息的价值等活动比较感兴趣。本教学设计，在教学内容、教学方法与技巧方面，针对不同层次的难度，步步引导、层层展开，帮助学生在探究的过程中逐步达成信息加工目标，发展思维，理解并掌握更多、更高效的信息技术方法。因此课堂任务分为基本任务、升级任务和高级任务三个级别。

在课堂教学的设计中，有意识地运用网络数据库，现场采集学生生活中最熟悉的数据，作为表格信息的加工对象，增加了原始信息的现场感。案例选取尽量贴近学生生活实际，创设生动有趣的学习情境，吸引学生关注课堂活动，积极思考，在“探索与发现”的过程中，感受技术的魅力，激发学习动机，从而实现学生主动探究、积极思考，努力掌握知识与技能，最终达到学以致用的境界。

四、教学目标

掌握表格数据排序的方法；运用电子表格软件的数据筛选功能列出指定数据；掌握用电子表格软件进行计算的要点；了解分类汇总的操作过程。

分析信息加工需求，寻找解决问题的办法；探究电子表格软件强大的数据处理功能，提高解决问题的效率；学以致用，选择科学的方法解决表格信息加工的实际问题。

在学习、掌握、运用电子表格软件强大的表格数据处理功能的过程中，体验驾驭技术、解决实际问题的快乐；体验加工效率的显著提高和加工目标的精准达成，直观感受信息技术的实用性，提高学习信息技术的热情和动机。

本课重点是表格数据的排序、筛选、计算和分类汇总技术；难点是选择、运用恰当的技术，准确解决表格信息加工的实际需求。

五、教学过程

任务1：获取信息：用网络数据库现场采集本课将要分析处理的原始信息：班级、分组、姓名、生日以及最近一次过生日的开支信息。

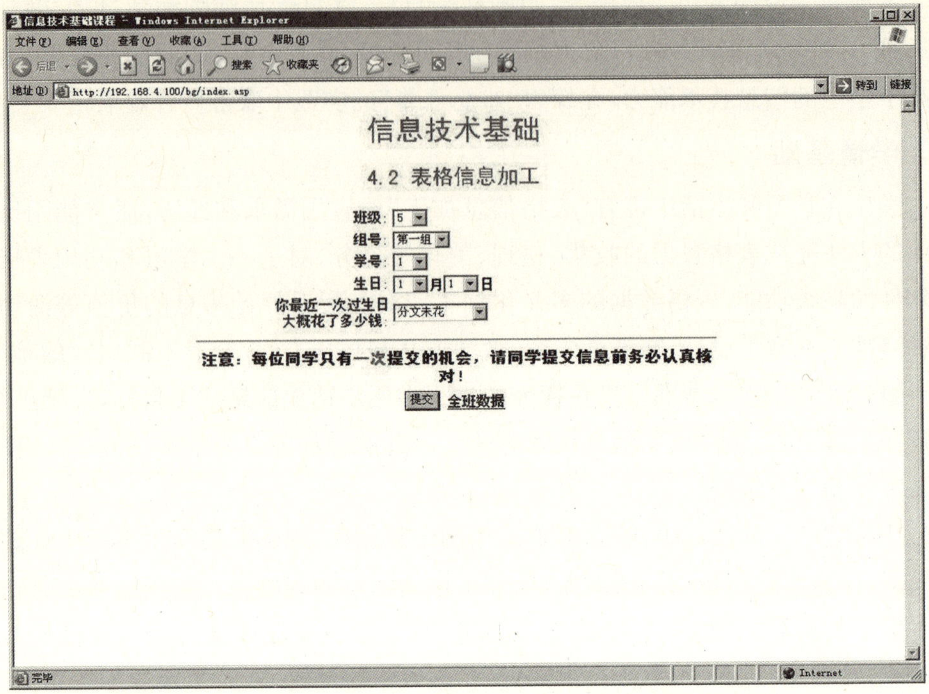

图 1

课前基于网络数据库技术设计的网络课件，目的用于当场采集信息，让学生体验从“原始信息采集”到加工的过程，提高学生的参与热情和认同感，有利于学生比较完整地掌握信息的加工过程和方法，为建立“通过加工信息、实现原始信息的价值提升”理念奠定基础。

任务 2：找出在提交“签到”信息过程中第 1 名、第 22 名和最后一名同学，为符合条件的同学姓名设置所在单元格背景色为粉红色(排序、自动填充序列、单元格背景色)。

作为表格信息加工基本任务的第一个环节，由于“第 1 名、第 22 名和最后一名”目标的设置，学生将很快放弃直接目测的自然观察方式，自主选择利用 Excel 进行单字段的排序。这一任务和“设置单元格背景色”，对所有学生来说都比较容易实现，能将全体学生在轻松愉快的体验中，引入到“表格信息加工”的目标情境里。着眼于情境导入，引导学生开始从原始信息中挖掘潜在内涵，目标指向在整个课堂的教学中，指引学生逐步发现潜伏在原始信息中更多和更有价值的资源，为后续教学铺设了适合全体学生的第一级台阶。

多数学生并不熟悉“自动填充序列”的方法，此时根据课堂实际情况进行选择，让能够做到的学生作演示或者教师用简明扼要的步骤轻松演示，都能引起全体学生的关注和兴趣。由于步骤简洁、易于掌握，对于在整节课开始阶段迅速强化全体学生的自信心很有益处。

任务 3：找出本组第 5 个过生日的同学，为该同学的姓名设置文字颜色为红色。（多字段排序、文字颜色）“本组”和“第 5 个”两个要求的同时出现，目的在于引导学生探究“多字段排序”的技巧。

这是一个需要简单学习的过程，学生在对“数据→排序”菜单的研究中，可以观察到对多个字段排序过程中，可控参数的设置方法，比如“升序、降序；有标题、无标题”，对细节的观察程度，将直接影响到学生对同一组数据的掌控程度，个体认知水平的差异开始呈现出来，教师及时对观察细致的学生给予恰当的表扬，表扬的同时注意简要说明表扬的原因（希望所有学生都能观察到的具体细节），这样既能提高该类学生的成就感，也能同时启发观察不够仔细的学生，让他们能及时弥补观察程度的差距。“文字颜色”的任务设置没有技术难度，目的仅仅在于让学生及时将课堂任务的完成结果显示出来，便于教师观察和课堂评价。

任务 4：按组别顺序排列全班的信息（自定义序列）。

作为本课基本任务的第三个环节，对技术难度的要求有所提升。此时学生从前文（图 1）的界面中可以发现，在课前的网络课件设计中，教师有意识地将级别标识为“第一组、第二组、第三组……”，这个细节设计的目的就是在本环节设置相应的技术目标，由于相关软件默认的排序方式是按数字或者字母的顺序排序，简单的排序操作并不能直接完成“按组别顺序排列”的任务，此时学生通常非常乐意探究“自定义序列”的方法。学生中如果有佼佼者，此时一定乐于展示这种相对高级的技术；即使班级中未及时出现已经领先掌握这项技能的自愿演示者，全体学生也完全能够及时关注、仔细观察和学习教师的演示。合理的难度提升，控制在保护学生探究信心的范围内；教师在备课中预备了步骤清晰的演示讲解，在课堂现场根据学生的需求程度，酌情提供恰到好处的帮助。

到这里为止，本课设计的基本任务已经完成，多数学生会由于到目前为止的任务完成而体验到成功的乐趣，进而拥有继续探究的热情。

任务 5：在不删除其他组成员信息的情况下，仅显示本组成员的信息（自动筛选）。

从“自动筛选”任务的开始，升级了课堂任务的难度。绝大多数学生从未体验过这样的过程，给予学生的课堂探究时间不宜太久，以学生探究遇阻而尚未失去信心的时机为宜。自主探究的目的依然在于让探究能力较强、有可能尝试过该项操作的学生拥有优先的展示机会。

教师在课堂教学实践中发现，在学生进行探索之后，用学生演示替代教师演示，能有效提高其他学生的关注度和进取心。即使脱颖而出的学生可能为数不多，也可能这部分相对出色的学生在探究之后，最终未能顺利解决问题，这里让学生进行探索和展示设计，对激发全体学生的参与热情和对课堂目标的关注程度显然是有益的，同时也是对全体学生作出的努力非常有效的支持。

到目前为止，绝大多数学生依然坚信自己是可以学会并掌握本课技能的，因此学生会继续保持关注程度和学习热情。

任务6：统计每个月过生日的人数（分类汇总）。

作为升级任务的第二个目标，技术难度有较高提升，涉及相对复杂的过程，需要分步骤的演示讲解。如果学习过程不够完整，学生很可能因为觉得困难而选择放弃。因此，教师在这个任务的设计中，有意识地将具体的任务目标设计成相对来说更有可能激发学生关注热情的“统计每个月过生日的人数”，使较难的任务在内容上多一点趣味性，旨在扶植学生刚刚建立的自信和探究热情，增强克服困难的决心和勇气。

任务7：计算全班生日总开支、人均开支、每位同学生日开支占全班总开支的百分比，并设置合适的表达方式（函数计算求和、求平均值，公式计算，设置百分比格式）。

这最后一个课堂任务的设计，是为认知水平和探究热情都较高、同时具有较好数学基础的学生量身定制的，在课堂设计中，教师预先告知学生“这是一项高级任务”，一方面用于激起勇于继续探究的学生的自豪感和探究热情，另一方面也给已经做了努力但确实尚有困难的学生留有余地，不至于因未能完成这项任务而感到沮丧和失望。

六、教学反思

本教学设计做到了循序渐进，旨在充分展示技术魅力的同时，帮助学生步步为营，渐渐体验探究过程带来的乐趣，同时逐步巩固自信心，去学习和掌握更多的信息技术，目的是为学生的终身发展服务。本教案整体设计的内容较多，需要两个课时，也需要更好地把握课堂的节奏，让学生在每个环节上都能更加游刃有余。

在课堂实践中，发现对原本就存在个体差异的学生而言，整体设计弹性不够，并非所有的学生都能完全跟上节奏。在目睹大多数同学顺利完成任务的时候，节奏较慢的少数学生不免感受到挫折。这时如果能在设计中再多留出一点弹性，照顾到这个差异性，面向全体学生的教学目标应该会得到更好实现。

通过实践和反思，笔者认为可以设法帮助这部分学生把遇到的困难转变成具体的问题，在课堂上呈现出来，随即指导生生讨论，现场梳理解决问题的方法。这样不仅有利于妥善处理好这部分学生的挫折感，而且更好实现了本课难点的梳理和对策的设计，对实现“难忘课堂”的教学目标有良好的促进作用。

笔者通过对课堂实践的观察和研究，发现对于需要演示讲解的环节，除了可以采用设计中原有的现场学生演示、现场教师演示两种形式，还可以针对相关知识点预设演示讲解的微视频学习资源。微视频的引入，一来可以用于课堂教学中现场播放，满足课堂教学的需要；二来可以作为学生在课堂任务探究过程中的辅助资料，能够按需播放并且反复播放，便于学生根据需要观摩学习；三来通过日积月累获得丰富的微视频教学资源，是学生复习时不可多得的原始资料；四来教师通过教学实践的观察和研究，又能将教学中的得失及时反馈到微视频资源库的更新中，使微视频教学资源日趋完善，更具价值。这样的改进可谓一举多得，非常值得深入研究和充分运用。

（陆雪梅　供稿）

通用技术学科“难忘课堂”构建方案

《通用技术》课程是从学生实际出发，注重培养学生的技术素养，对于学生的全面发展有着举足轻重的意义，是培养学生创新能力和实践能力的良好载体。新的课程理念要求我们要用创新的观念，创新的教学方法培养学生的创新意识和能力。

中学通用技术课程的教学过程中可按照综合性的原则，使用多种教学方法相配合，采用以教师讲述为主的课堂授课方式与学生动手实践，教师辅助指导的教学方式有机结合，使两者优势互补。

通用技术学科“难忘课堂”应着重体现培养学生技术兴趣、技术感受、实践能力、创新能力、技术素养等。教学基本模式可遵循一条主线：情境导入—明确目标—合作探究—自主发现—能力展现—总结提升。

一、情境导入，培养学生学习兴趣

通用技术是为了培养学生的技术素养和创新精神而开设的课程，而要想培养学生的技术素养和创新精神，抓住学生的兴趣是个关键。兴趣是维系学生学习的主要动力。学生对通用技术有了学习兴趣，就会产生强烈的学习欲望。这就要求我们在教学过程中要精选教学案例，变枯燥为生动有趣。

课堂中的案例在精不在多，通过对具有典型意义案例的分析，让学生通过案例，看到案例之中蕴含的知识原理、思想方法，达到相应的教学目标。尤其是在应用案例进行讲解时，要巧妙安排，精心设计，把知识点融入案例中投放给学生。

情境导入要巧用资源，关注日常生活的衣食住行，可采用多媒体教学方式，以激发学生的学习兴趣。

作为一门全新的课程，学生对其充满了好奇与新鲜感，如果教师把握不好，只是一味地去灌输教材内容，通用技术课堂将会变得非常枯燥乏味，学生也将失去最初的新奇感，进而失去学习的兴趣。因此，采用多媒体教学就变得尤为重要。在教学中，利用多媒体技术渲染课堂气氛，让学生主动参与、积极探索，使学生始终处于学习的主体地位，建立起学习者和认知材料之间的直接联系，是调动学生学习兴趣并进行自主学习的有效方式。

例如:《技术的价值》中案例分析“从火到灯——人类走向文明的历程”。在了解从“火”到“灯”的过程中,通过多媒体播放“钻木取火”的视频,并演示了多个有关灯具造型的趣味图片,引发出学生极大的兴趣。学生可以从多个角度去思考问题,既欣赏了美图,也掌握了知识。学生可以通过分析案例情境,使其成为探究创造性活动的主体,以此来增长探究创造的能力。经过多次课堂试验,说明采用多媒体技术教学,能够真正的调动学生的学习积极性,从而达到教学目的。

教师应当有目的、有意识地去培养学生的学习兴趣,促使学生产生质疑问难、探索求解的学习动机,从而提高学生的创造性思维能力。

二、明确目标,提高学生技术素养

技术素养是当代青年的基本素养,高中通用技术课程是一个以提高技术素养为基本目标、以技术设计为主要载体的课程。同时,以动作技能学习与心智技能发展相结合,技术与人文相结合为基本特征。通用技术课程是普通高中学生人人必须修学的课程。

1. 学习兴趣是培养技术素养的关键

心理学研究表明,所谓兴趣,是人们在认识过程中产生的具有倾向性的一种心理现象。兴趣的基础在于需要,对需要的满足就是成功,这种满足又会产生新的需要,即产生新的兴趣。对于学生来说,这种兴趣就是学习的积极性,学习的动力,就是求知欲。兴趣是成功的开始,成功能带来更浓的兴趣,没有兴趣就没有求知欲。

2. 技术知识是培养技术素养的基础

通用技术知识对于技术素养的形成是不可或缺的。技术知识是培养技术素养的基础。同时,就技术知识的基础性。它是高中通过学习可以容易获取的,并在人们的日常生活中所应用的知识。

3. 现实生活是培养技术素养的源泉

技术源于生活,服务于生活,并在应用的过程中不断发展。技术本身的这些特点决定了通用技术课程的教学应面向学生的生活实际。同时,技术也是不断发展变化的,任何技术都是一个时代的产物。通用技术课程紧密联系学生的生活实际、课程内容在注重基础性、通用性的同时还注重技术的先进性。通用技术既注意学生在现实生活中所接触的那些技术内容,又合理、适当地向现代技术和高新技术延伸,使学生有机会接触和了解现代农业生产和日常生活中技术发展的新走向、新成果。

三、合作探究，培养学生的技术素养

合作是人类社会赖以生存和发展的重要动力。联合国教科文组织的报告《教育——财富蕴藏其中》指出，学会合作是面向21世纪的四大教育支柱之一。通用技术课程中的合作探究可理解为利用团队间的合作学习来培养学生的技术素养。

1. 技术思想和方法是培养技术素养的灵魂

技术思想和方法是技术本身所固有的思维方式，是思考、解决技术问题的方式、方法。技术思想和方法是技术素养的灵魂，占据着技术素养思维层面的至高点。它从宏观理论层面上提供了解决技术问题的思路和处理技术问题的方法。技术思想和方法可以在技术知识、技术行为能力获得的过程中得以发展，技术思想和方法也促使技术知识、技术行为能力进一步完善。

2. 技术行为能力是培养技术素养的核心

技术能力是人们使用技术和运用技术原理解决技术问题的能力。技术行为能力是技术素养的核心。技术行为能力以技术知识为基础，同时离不开技术思想和方法的指导。技术行为能力的形成不能脱离具体的技术实践。

四、自主发现，提高学生自主学习的能力

通用技术课堂需要活的气氛，就需要避免枯燥乏味。学生的主体地位得以充分发挥，就要积极讨论、踊跃发言，使得整个课堂灵动起来。例如：实践课上让学生设计多功能笔筒，在制作产品之前让学生分组讨论，指导学生如何设计，如何了解在制作的过程中需要遵循设计的一般原则，从而使学生对将要设计的产品有一个大概的构思方案。学生带着极大的兴趣投入到讨论中，热情高涨、主动性很强。

五、能力展现，加强学生实践能力的培养

在技术试验的过程中可以激发学生的创造欲望，培养学生的创造性想象能力、批判性思维能力，形成积极、合作、进取、团队意识等品质。因此，加强技术试验，为学生提供动手操作的机会，鼓励学生积极思考，勤于动手。把理念转化为操作方案，勇于向其他人展示自己的方案、作品等。有助于学生动手能力的提高和创新精神的培养。另外，对学生的设计方案和作品要给予及时的评价，不仅包括教师的评价，也包括学生的自评和其他生的评价，这样有利于调动学生的学习积极性，帮助

学生增强自信心。

六、总结提升，开发学生的创新潜力

在日本，从幼儿园开始就开设了设计课，孩子们充分发挥想象力，用泥巴、木片、钢丝等材料做有形物体，这样尽早地激发孩子们的创造力。

技术是以设计为核心的，技术设计活动往往蕴藏着批评思维、求异理、冒险精神和创造潜能，这些素质恰恰是未来社会所需要的。因此，在我们的教学过程中我们应该注意以下几点：① 在教学过程中运用成功的设计案例，激发学生创新意识和创新热情。② 在教学过程中根据学生兴趣设计教学方案，促进学生创新能力的培养。③ 在教学过程中注重学生动手能力的培养，激发学生实践创新能力。④ 在教学过程中采用灵活多变的教学模式，提高学生学习兴趣。⑤ 在教学过程中及时进行作品评价、感悟创新。

（储书军　执笔）

示例

设计中的人机关系

一、课题来源

江苏教育出版社《技术与设计 1》第二章“技术世界中的设计”第二节“设计中的人机关系”。

二、政策要求

关于《技术与设计 1》中的“设计中的人机关系”，《普通高中通用技术课程标准》的要求有三个方面：一是能理解什么是人机关系；二是能熟悉人机关系在设计中要实现的目标；三是了解如何实现合理的人机关系。《江苏省普通高中通用技术课程标准教学要求》将其细化为：“了解人机关系的含义，能分析生活中常见的人机关系，了解在设计中如何合理运用人机关系，能列举实现合理的人机关系需要考虑的几个因素，提出合理设计的建议。”

“设计中的人机关系”是全书的基础内容之一，和上一节“技术与设计的关系”都是围绕技术与设计的问题展开的，是技术与设计的基本知识和思想方法的重要组成部分，也是“技术是为了满足人的需要”这一思想的具体体现。教材从开门、关门这样的日常生活事例入手，深入浅出地分析了什么是人机关系，剖析了人机关系的丰富内涵，让学生知道人机关系在设计过程中的作用和实现的目标。当然这里的人机关系更多地是反映了一种“以人为本”的设计理念，重在使学生能够在人机关系的视野中认识设计，为以后学生学习设计中的构思、评价、优化方案打下基础。本节课的重点是要求学生能够从人机关系的角度对生活事件进行思考，理解什么是人机关系，知道人机关系在设计中的重要性。

三、学情基础

通过第一节的学习，学生理解了技术与设计的辩证关系，为本节的学习作了铺垫。高中阶段学生在生活和学习中已经体会到了一些人机关系的具体内容，但对“人机关系”这一专业名词很陌生，需要教师善加引导。

我校高一同学学习自觉性较好，学习能力也不错，这节课的知识点对他们来说也不难。在具体的教学中，可以从学生的生活经验出发，有针对性地设置情境，列举学生身边熟悉的具体实例，从人机关系的角度对这些事例进行思考和剖析，帮助学生理解人机关系的含义及其在设计中的应用，在此基础上，使学生树立“以人为本”的设计理念。

四、教学目标

通过观察、思考和讨论，理解人机关系的含义。

通过学生的体验活动和对身边熟悉事物的分析使学生能够对生活中所存在的人机关系进行简单分析，体会设计中的人机关系，初步掌握人机关系在产品设计中的应用。掌握一些设计分析方法的知识，形成“以人为本”的设计理念。

利用图片和学生生活实际创设情境，引导学生探究、质疑，让学生领悟人机关系在设计中的应用。

通过对案例的分析、实物的演示及对日常事件的思考，引导学生归纳出产品在设计中要实现的目标。

通过人机关系的分析，从中体会到在产品设计中人性化、人文关怀的设计思想，并形成认真严谨的态度，一定的创新精神和实践能力，进而树立起正确的设计观念。

五、教学过程

（一）谜语导入

提出问题：一小孩家住十楼，每天都要到楼下玩耍，下楼时乘电梯，而上楼时经常是爬楼梯回家，为什么不乘电梯回家？

学生讨论：指出存在的问题。

答：小孩矮小，手够不着电梯内 10 楼按钮。

总结：人与物的配合关系不和谐。引入新课“设计中的人机关系”。

设计意图：以有趣的话题切入，吸引学生的注意力，激起学生的学习兴趣。学生因此形成人机关系的初步概念。

（二）合作探究

通过前面引入的例子，引导学生分析人机关系的概念，并总结出人机关系含义。

什么是人机关系？

生活中，我们每时每刻不与身边的物品发生联系。当我们使用这些物品时，物品就与人产生了一种相互的关系。这种相互的关系就称为人机关系。

举例说明人机关系：

（1）强调人机关系中“机”的含义。

除了人们通常所说的机器外，还包括各种各样的工具、仪器、仪表、设备、设施、家具、交通车辆以及劳动保护用具等。

我们设计的产品都是从人的需求出发，为人服务的，因此，人机关系也就成为设计活动中必须考虑的核心问题之一。

（2）案例分析：请说出下列人机关系？

A. 教师拿着粉笔板书

B. 农民用锄头锄地

C. 渔翁在河边用钓鱼竿钓鱼

D. 司机手握方向盘开车

E. 妈妈拿着拖把拖地

（3）案例分析：以开门为例，分别讲出以下各图形构成了哪些人机关系？

引导学生回答：

A. 人与门　　B. 人与手把

C. 人与门板　　D. 人与门框

（4）案例分析：分析人在“乘电梯”时的人机关系。

学生讨论得出：

A. 人与电梯门的人机关系　　B. 人与电梯外按键的人机关系

C. 人与电梯箱体的人机关　　D. 人与电梯内按键的人机关系

设计意图：理解“人”与“机”的内涵是丰富的，在不同的层面上构成不同的联系，进一步理解人机关系的含义。

(5) 提出问题:说说身边的人机关系。

学生讨论回答,巩固人机关系的含义。

师生分析得出:“人”有不同的部位、不同的层面,“机”也有不同的部位、不同的层面,分析人机关系时要具体化,才有意义。

(6) 分析案例:说出“人坐在椅子上”时人和椅子间的人机关系。

同学讨论:

A. 人的背部与椅子靠背的人机关系

B. 人的臀部与椅子垫间的人机关系

C. 人的腿部与椅子高度的人机关系

D. 人的脚部与椅子脚间的人机关系

通过以上学习,我们知道了人与机之间存在着各种复杂关系,我们在设计中要考虑人机关系,那么人机关系要实现哪些目标呢?引入第二部分:人机关系要实现的目标。

(三) 自主发现

人机关系要实现的目标(板书)

试验一:请一位同学到教室前面分别用高矮不同的凳子坐在同一张课桌边上,谈谈自己的感受。

引导学生回答:不舒服,不合适。引出人机关系的舒适的要求。

试验二:1) 请将你手中笔的笔尖向前摆放在桌子右侧上。

2) 再用右手将它旋转 90 度放在桌上。

请看现在的笔尖的方向朝哪边?为什么?

3) 再用左手试一下?

学生活动,分析结论,我们的产品都是为人设计的,都是为人所用,所以进行产品设计时应以人为本。

案例分析:人体工程学键盘。

分析案例,得出结论:人在使用产品的过程中,人体能处于自然的状态,操作或使用产品时的姿势能够在人们自然、正常的肢体活动范围之内,从而使人不致过早地产生疲劳。同时人机关系中的舒适也包括心理上的舒适感受。

案例分析:操尝造花园一所;造成,操往观之,不置褒贬,只取笔于门上书一“活”字而去。人皆不晓其意。

同学讨论分析回答:曹操在园门上写“活”字。说明曹操心理上的感觉:对门的尺寸不满意。

提出问题：如果长期坐刚才那位同学的凳子会怎么样？

学生回答：对身体健康产生影响，引出第二个目标：健康。

案例分析：8 月初，《首都医药》公布了一项令人触目惊心的调查结果：在北京近 11 000 名职业驾驶员和日驾驶 2 小时以上的有车族中，75％超重肥胖，85％患有 3 种及以上的疾病，如脂肪肝、高血脂症、颈椎病、高血压、腰椎间盘突出等，甚至有 3％的人患有 8 种疾病。

师生一起分析，产生原因是汽车人体工程学落后的设计漏洞引发“驾车病”。座椅高低不适，减震系统欠佳，座位太高，驾驶者就要低着头看前方，身体前倾的坐姿容易使其脊柱发生生理弯曲，处于一种紧张状态，长此以往就会发生病变。所以人机关系中“健康”目标就是：人在长期操作或使用产品的过程中，产品对人的健康不会造成不良影响。

视频一：播放背背佳广告。

提问：1）背背佳的作用是什么？

2）如果我们班上每个同学都穿上一个背背佳坐在教室里上课行吗？

同学热烈讨论。

师生分析，如果我们每个人都穿上背背佳，听老师讲或者看黑板，那我们每个同学都坐得笔直的，身材肯定好（同学笑，纷纷坐直），但是要写字时就不一样了，人的眼睛是向前长在脸上的，而不是向下长在下巴上的，而人的眼睛又倾向于对对象作正面的观察。这样，看作业本就要求面部向下倾斜，这时要挺直脊柱，必然导致颈部弯曲角度的加大（同学演示）；如果又要挺胸又要直颈，大家就只好使劲向下撇眼睛。

补充：四川在线一天府早报消息，又有近百名背背佳的“家长”打进本报热线，反映孩子使用背背佳出现的状况。他们纷纷表示，孩子使用背背佳后，不但没有达到厂商所承诺的效果，反而让孩子的身体出现了一些或大或小的毛病。两名家长直接找到了工商部门进行投诉，要求背背佳给个说法。

分析背背佳产品的作用，有没有可能对人产生的影响，引出第三个目标：安全。

案例：汽车的安全带设计，儿童座椅的护栏设计。

师生一起分析：人机关系中的安全目标是指在操作或使用产品的过程中，产品对人的身体不构成生理上的伤害 。

想一想：在我们学校有哪些地方的设计实现了人机关系的安全目标？

学生讨论回答。

楼梯台阶设计的防滑凹条，也是看得见的警示带。

公共场所的大门开启方向必须是向外的。

案例分析：

玻璃门“若隐若现”隐患多，商家应设警示标志。

视频二：小旅馆的门是玻璃门，未贴标志，房客没看出来，结果鼻子被碰。

案例：玻璃柜前的防撞护栏。

案例：货车后部强制安装的低位防撞杠。

试验三：用锯条切断一块材料。

1）请学生直接用锯条锯下一段塑料管，说出自己的感受和需要。

2）请学生用带锯弓的锯条再试一次，说出自己的感受。

学生对比试验，引出人机关系的第四个目标：高效。

视频三：搬铁块实验：你相信吗？钢铁厂搬运铁块的工人，每人每天搬 12～13 吨铁块，经过改进操作方法，同样是用人搬运，平均每个人能搬 47 吨铁块！

案例分析：铁锹的作业试验。

思考：“铁锹作业试验”中改进了哪些具体的人机关系而使工人的工作效率大大提高？

学生讨论分析：主要改进了铁锹的运载量与人的负荷强度的关系；装载强度、次数与人的疲劳度的关系等等。

进一步分析得出：人机关系中的高效就是设计中应把人和机作为一个整体来考虑，合理或最优地分配人和机的功能以促进二者的协调，提高人的工作效率。人机所处的环境也会影响人的工作效率。

案例分析：超市怎样通过环境布置来提高顾客的购买力。

（四）能力拓展

讨论：课代表经常要乘电梯到教师办公楼交作业，指出这个过程中包含哪些人机关系？并说一说有哪些缺陷？提出改进意见。

现有缺陷	改进意见